Ne méprisez pas les prophéties..... car toute prophétie, qui s'accomplit, vient de Dieu qui seul connaît l'avenir.

St Paul I Thess. V, 20. — Deut. 18, 22. — Is. 46, 9, 10.

PROPHÉTIES AUTHENTIQUES

SUR

S. S. le Pape Pie IX et la révolution de Rome;
S. M. Napoléon III, Empereur des Français;
La longue durée promise au grand Empire Britannique;
La triple alliance de l'Angleterre, de la Turquie et de la France;
L'Empereur de Russie et la TERREUR que l'Élu du peuple français,
la Reine d'Angleterre et l'Empereur des Turcs étaient destinés à lui inspirer;
La guerre d'Orient, ses causes, ses vicissitudes et ses résultats définitifs;
Le siége, la prise et la ruine de Sébastopol;
Enfin le rétablissement de la Pologne, la chute partielle du schisme Gréco-Russe,
Et celle du Mahométisme Européen;

IMPRIMÉES POUR LA PREMIÈRE FOIS EN 1555,

EXPLIQUÉES POUR LA PREMIÈRE FOIS EN 1855,

PAR

M. WEYLAND,

ANCIEN PROFESSEUR DE RHÉTORIQUE
A L'INSTITUT ACADÉMIQUE DES NATIONS EUROPÉENNES, A PARIS,
ANCIEN MEMBRE DE L'UNIVERSITÉ IMPÉRIALE DE FRANCE,
MEMBRE CORRESPONDANT DE L'ACADÉMIE DE NANCY,
AUTEUR DE DIVERS OUVRAGES DE PHILOSOPHIE ET DE THÉOLOGIE.

Metz.

A LA LIBRAIRIE CATHOLIQUE, RUE FOURNIRUE, 8.

—

1856.

METZ. — IMPRIMERIE F. BLANC.

TABLE DES MATIÈRES.

INTRODUCTION.

SOMMAIRE.

I. Démonstration mathématique et philosophique de l'immensité des chances qui s'élèvent contre la prédiction rationelle de l'avenir et l'accomplissement des prophéties par le hasard. — II. De l'exactitude géométrique et toute divine des prophéties véritables, ou réfutation des objections faites par le philosophisme contre les prophéties et leurs obscurités. — III. Des conditions que, d'après la philosophie et la théologie, doivent remplir les prophéties pour être logiquement admises par la raison humaine. — IV. Les prophéties publiées dans ce volume remplissent les conditions exigées par la philosophie et la théologie. — V. Connaissance biographique et anthropologique du prophète, auteur des prophéties publiées dans ce volume. — VI. Le règne des nombreux adversaires du prophète expliqué dans ce livre a été prédit par lui-même aussi bien que la fin de ce règne amenée par la publication de plusieurs de ses prophéties résumées dans cette introduction. — VII. Démonstration par les faits historiques non moins que par les chiffres de la rigoureuse exactitude des prédictions du prophète interprété dans la présente publication. — VIII. Conclusions.

I.

Si un homme, il y a vingt ans, à chaque tirage public des cinq grandes loteries royales qui existaient alors en France, avait deviné un quaterne qui rapportait 75 mille fois la mise, et gagné ainsi chaque fois 300 000 francs pour 4 francs de mise ; si cet homme, continuant son jeu, avait invariablement, sans jamais se tromper, gagné un quaterne à chacun de ces tirages publics, c'est-à-dire quinze fois par mois, et se fut ainsi amassé, au bout de l'année, une somme ronde de 54 millions, qu'aurait-on dit de lui dans la France et dans l'Europe entière? comment aurait-on expliqué son bonheur?

Nous sommes convaincu, certain même, et nos lecteurs le sont comme nous, que personne, dans le monde entier, n'eût expliqué cette *continuité* de bonheur par le *hasard*, qu'on sait être quelque chose d'instable, d'inconstant, d'irrégulier, qui ne se répète jamais ou presque jamais deux ou trois fois de suite, et dont d'ailleurs on ne connaît pas un seul exemple dans les loteries de 90 numéros, comme étaient celles de France, où il y avait, *très-exactement*, 511 mille et 38 à parier contre 1, qu'un joueur ne devinerait pas un des 5 quaternes qui sortaient à chaque tirage.

Ne pouvant donc expliquer cette continuité de bonheur par le hasard, on eut d'abord cherché à l'expliquer par quelque supercherie secrète, par quelque connivence, ou même, selon les dispositions des esprits, par l'influence de quelque puissance mytérieuse. Mais les recherches les plus exactes de la justice, de la police, de la science et de l'administration de la loterie, ayant clairement démontré la vanité, l'injustice ou même l'impossibilité de ces explications, on fut resté, comme en la mémorable année 1853, dans la stupeur et dans la confusion, en présence d'un fait nouveau, qui dans ce siècle de phénomènes, aurait encore pris la liberté grande de paraître devant le public sans en demander la permission à nos hauts et puissants seigneurs de l'Institut, en présence d'un fait qui se serait nettement, franchement, carrément prononcé dans des centaines d'expériences, en présence d'un de ces faits que le philosophisme croyait avoir bravement enterrés avec *les mille superstitions* du moyen-âge, et qui ressuscitant tout-à-coup de leur tombe, venaient narguer la science hautaine du dix-neuvième siècle, venaient insulter nos sages fièrement assis dans leurs fauteuils académiques, venaient en un mot leur porter le double défi, soit de les nier soit de les expliquer.

Eh bien! ce fait nouveau, ce fait stupéfiant, ce fait indéniable et inexplicable, ce fait impossible à réaliser, nous l'apportons aujourd'hui tout réalisé et expliqué à nos lecteurs.

Que disons-nous? La continuité de bonheur de cet homme qui vous étonne tant, que vous regardez comme une chimère, comme une fable des *Mille et une Nuits*, comme une supposition faite à plaisir, est à cent mille milliards de pics au-dessous de celle d'un homme qui, pour tirer de l'urne des destinées humaines le moindre quaterne prophétique, la moindre prophétie composée de *quatre mots* seulement, a *infiniment plus de chances contre lui* que cet homme qui n'en avait, nous le répétons, que 511 mille et 38.

Nous allons le démontrer clairement, nettement, c'est-à-dire mathématiquement et sans réplique possible, de manière à soulever un coin du voile qui cache la science sans limites, la science incommensurable de la prescience divine, de manière à faire toucher au doigt l'existence réelle de cette science, de manière à ruiner toute tentative que ferait désormais l'incrédulité moderne, soit pour nier l'existence des prophéties soit pour en expliquer les accomplissements par le hasard ou de toute autre façon humaine.

Nous supposons que dans toute l'Europe, dans une petite partie de l'Asie et de l'Afrique avec lesquelles l'Europe est en relation d'affaires politiques et commerciales, il s'accomplisse par jour, pendant un espace de temps que nous limiterons à 300 ans, une *centaine de faits* tant publics que particuliers assez importants pour être prophétisés. Nous supposons en second lieu, pour plus de simplicité et pour rendre la comparaison que nous voulons faire de l'urne des destinées avec celle des loteries, plus complètement exacte et par conséquent plus concluante, nous supposons que tous ces faits, destinés à s'accomplir pendant trois siècles et s'élevant à raison de 100 par jour au nombre de 10 950 000, soient combinés 4 à 4, et produisent ainsi 599 025 067 860 711 205 309 762 500 quaternes prophétiques, à l'imitation des 2 555 190 quaternes numériques qu'on peut former avec les 90 numéros de la loterie. Chacun de ces quaternes prophétiques formera ainsi un petit événement composé de quatre faits qui auront concouru à le former et dont l'exemple suivant donnera une idée : *Le roi Cyrus prendra Babylone.*

Ceci bien compris, le lecteur voit que pour que la comparaison des deux urnes soit exacte, il faut que les chances soient absolument les mêmes pour le prophète que pour le joueur de loterie, et que par conséquent il sorte, à chaque tirage, de l'urne des destinées renfermant les 10 950 000 numéros ou faits prophétisables, une quantité de numéros parfaitement *proportionnelle* à celle qui sortait autrefois, à chaque tirage, de l'urne des loteries renfermant les 90 numéros dont nous avons parlé. En d'autres termes, puisque 5 numéros seulement ou la dix-huitième partie de 90, sortaient à chaque tirage de nos anciennes loteries, il faudra aussi qu'il ne sorte à chaque tirage de l'urne des destinées que la dix-huitième partie des 10 950 000 numéros qu'elle contient. Or cette dix-huitième partie égale 608 333 numéros ou faits prophétisables.

Les mathématiciens savent que le reste de ce calcul,

qui consiste dans la *quaternisation* ou la combinaison 4 à 4 de ces deux derniers nombres, n'est pas difficile, quoiqu'il soit un peu long et chargé de chiffres. Nous l'avons fait, refait, et voici le résultat auquel il nous a conduit et conduirait tous ceux qui le vérifieraient attentivement après nous[1].

Il nous donne le droit *non contestable* de soutenir avec *la plus complète infaillibilité* que de même que, du temps de nos loteries royales, il y avait *très-exactement* à parier 511 mille et 38 contre 1 qu'un joueur ne devinerait pas *un seul* des 5 quaternes qui sortaient à chaque tirage, de même il y a *non moins de rigueur mathématique* à parier 104 977 contre 1, qu'un homme, *qui ne serait pas prophète*, ne devinerait pas *un seul* des 5 sextillions, 706 quintillions, 239 quatrillions, 283 trillions, 210 billions, 297 millions 639 mille et 995 *quaternes prophétiques* qui

[1] Pour mettre ceux de nos lecteurs, qui ne seraient pas familiarisés avec ce genre de calcul, en état de suivre le fil de notre raisonnement, nous leur dirons que la combinaison 4 à 4 d'un nombre s'obtient en le multipliant trois fois par lui-même, de manière que le multiplicateur soit, à chacune de ces trois multiplications, inférieur au multiplicande primitif d'une unité pour la première, de deux pour la seconde et de trois pour la troisième, puis en divisant successivement le produit final par 2, par 3 et par 4. C'est ainsi qu'on trouve que les 90 numéros de la loterie, combinés 4 à 4, peuvent former jusqu'à 2555190 quaternes, et si on divise ce nombre par les 5 quaternes qui sortaient à chaque tirage de la loterie et qui sont contenus dans les 5 numéros sortants, on obtient le nombre 511038 qui indique combien il y a à parier contre 1 qu'un joueur ne devinerait pas un de ces 5 quaternes. Nous avons exactement suivi ce procédé de calcul pour quaterniser les 10950000 numéros ou faits prophétisables renfermés dans l'urne des destinées, ainsi que pour quaterniser les 608333 numéros qui, d'après notre comparaison, doivent sortir de cette urne à chaque tirage; et c'est ainsi que nous avons obtenu l'énorme dividende 599 septillions, etc., et l'énorme diviseur 5 sextillions, etc., dont il est question plus haut.

sortiront à *chaque tirage* qu'on ferait des 608 333 numéros pris sur la masse des 10 950 000 faits prophétisables existant dans l'urne des destinées pour trois siècles.

On est effrayé à bon droit de l'immensité ou du moins de la presqu'infinitésimalité de difficultés, de chances contraires qu'il faut vaincre pour mériter le nom de prophète, ne fut-ce que d'un petit événement de 4 mots exprimant une ou plusieurs circonstances des faits qui le composent, c'est-à-dire pour tirer *à coup sûr* et *autant de fois qu'on le voudra* un simple quaterne prophétique que l'événement ne manquera pas de réaliser.

Eh bien! nous allons faire voir que cet effroi que nous inspirent la divine infinité de la prophétie et l'immensité de la prescience divine n'est que trop légitime, trop bien fondé. Pour cela nous demanderons au lecteur la permission de changer le chiffre d'un des deux facteurs de notre division ou de notre proportion, ce qui ne changera rien au fond de la question ni à la rigueur de notre raisonnement, tout en lui donnant plus de simplicité et plus de clarté. Supposons donc qu'au lieu de l'énorme diviseur énuméré plus haut, le dividende 599 025 067 860 711 205 309 762 500 n'ait pour second facteur que le nombre 10, il est évident que tout en changeant un des termes de la proportion nous obtiendrons toujours, en multipliant le quotient par le diviseur 10, précisément le dividende que nous venons de rapporter. Il ne sortira donc plus à chaque tirage que 10 quaternes prophétiques, et il suffira de biffer le dernier zéro du dividende pour acquérir la certitude mathématique que, dans ce cas aussi fréquent que l'autre, il y aurait *très-exactement* à parier 59 sept. 902 506 786 071 120 530 976 250 contre 1 qu'un homme, qui ne serait pas doué du don de prophétie, ne devinerait pas *un seul* de ces 10 quaternes sortis de l'urne.

Voilà donc un résultat clair, net, positif : il y a *très-exactement* 59 septillions, 902 sextillions, 506 quintillions, 786 quatrillions, 71 trillions, 120 billions, 530 millions, 976 mille et 250 à parier contre 1 que sur 10 événements futurs de 4 mots, à deviner, celui qui n'est pas prophète, n'en devinera pas *un seul,* tandis que celui qui est prophète les devinera tous, *à coup sûr,* et devinerait même tous ceux qui sont renfermés dans l'urne des destinées.

Mais quoiqu'il n'y ait pas en ce monde de langage plus clair, plus net, plus positif que celui des chiffres, beaucoup de lecteurs, en lisant ici ce nombre énorme de chances contraires qui s'élèvent contre la divination rationnelle ou fortuite d'un de ces 10 quaternes prophétiques, ne s'en feront pas une idée juste. Nous leur dirons donc que si on voulait seulement le *compter* unité par unité, à raison d'une unité par seconde, il ne faudrait, en comptant jour et nuit avec la même vitesse, pas moins de 1 quintillion, 898 quatrillions, 195 trillions, 895 billions, 317 millions, 486 mille et 771 d'*années*, c'est-à-dire 18 981 958 953 174 867 siècles plus 71 années, ce qui fait 316 trillions, 365 billions, 982 millions, 552 mille et 914 fois *plus de siècles* qu'il ne s'en est écoulé depuis la création du monde, en le supposant vieux de 60 siècles.

Pour mieux faire comprendre encore la presqu'incompréhensible énormité du nombre de chances hostiles qui, même dans la supposition *très-modérée* d'un futur limité à *trois siècles* et d'un espace limité *au tiers* environ de la population du globe, s'éleveraient contre le philosophe qui voudrait prophétiser *rationnellement* même un petit évènement de 4 mots, ou qui soutiendrait avec J.-J. Rousseau et ses partisans, toujours nombreux encore aujourd'hui, que les prophéties se réalisent par *rencontre fortuite*, nous allons évaluer ce même nombre de 59 sept. 902506786071120530976250 en lieues de 5 kilomètres à parcourir par le fluide électrique, qui parcourt 120 mille lieues par seconde; car la célérité d'un boulet de canon, qui ne fait pas en 25 ans le chemin que fait ce fluide en 10 minutes, serait ici infiniment trop lente pour notre comparaison.

Eh bien! il faudrait à ce fluide, plus rapide que la lumière solaire qui ne parcourt, elle, que 80 mille lieues par seconde, à ce fluide qui, dans une heure franchit 432 millions de lieues et ferait 48 mille fois le tour du globe, il lui faudrait encore 15 trillions, 829 billions, 133 millions, 579 mille et 103 *années* pour parcourir cet immense espace.

C'est déjà, comme on voit, une petite éternité, mais éternité déjà si grande, qu'une mouche, on peut le dire sans la moindre hyperbole, qui se promènerait pendant tout ce temps sur un globe d'airain aussi gros que la terre, aurait eu celui de l'user avec ses petites pattes jusqu'à la dernière molécule, avant qu'elle ne fût entièrement écoulée.

C'est beaucoup, c'est incommensurable, dira-t-on, et nous, nous dirons : c'est beaucoup et ce n'est rien, si, comme nous en avions le droit, nous n'avions pas limité les temps futurs à *trois siècles* et l'espace au *tiers environ* de la population du globe, et si, conformément à ce droit, nous avions imposé au rationaliste l'obligation de deviner, par rencontre fortuite ou par nous ne savons quel calcul, un tout petit événement de *quatre mots* réalisable dans un lieu *quelconque* du globe et dans l'espace de *mille*, de *deux mille*, de *trois mille* ans ou de plus de temps encore; car nous avons une prophétie dans la Bible qui annonce, quatre mille ans d'avance, que *la femme*, c'est-à-dire la femme *par excellence*, la *femme vierge*, l'*Immaculée Vierge*, qui par ses vertus fut trouvée digne de devenir *la mère d'un Dieu, écrasera par lui la tête de l'antique serpent.* Nous en avons une autre qui annonce également 40 siècles d'avance, que l'*homme gagnera son pain à la sueur de son front*, et celle-là ne cesse de s'accomplir depuis 5855 ans, malheureusement sans le moindre respect pour les océans de punch et les montagnes de biscuits sucrés que nous a prophétisés le Phalanstère. Enfin nous en avons une troisième dont la vue télescopique s'étend peut-être encore plus loin dans l'avenir, et nous prédit que le globe terrestre ne sera plus ravagé par l'eau, mais sera purifié de ses souillures philosophiques par le feu. Quant à celle-là, il ne sera que trop facile à Celui qui l'a faite de la réaliser; il ne lui faudra qu'*une seconde* pour cela; il lui suffira d'ordonner à une de ses comètes de se rapprocher de notre globe, et quand elle ne sera plus qu'à 1 million de lieues de nous, nous serons rôtis, et quand elle aura choqué notre terre si orgueilleuse avec une vitesse de 81110 mètres par seconde, c'est-à-dire avec une vitesse 162 fois plus grande que la vitesse initiale d'un boulet de canon, et avec une masse de 3000 lieues de diamètre qu'avait celle de 1854 au 24 mars, au moment même où nos braves soldats partaient pour Constantinople, dans une seconde, disons-nous, cette terre si orgueilleuse qui nie Dieu, sera réduite en poudre impalpable, réduite à l'état d'atomes invisibles et perdus dans l'espace[1],

[1] M. Petit, directeur de l'Observatoire de Toulouse, a publié que la comète de 1854, grosse de 3000 lieues diamétriques, marchait le 24 mars avec une vitesse de 1770000 lieues de 4 kilomètres par 24 heures et qu'elle se trouvait audit jour à 10560000 lieues de notre globe, et seulement à 3540000 lieues du soleil.

A genoux donc, philosophe téméraire, à genoux devant l'incommensurable prescience de Dieu et de ses prophètes qui écrasent jusqu'à ton imagination; et vous, déplorables dupes des jongleurs du siècle passé, vous qui, sur la foi d'un Voltaire et d'un Rousseau, alliez, disant que *les prophéties sont impossibles, ou ne s'accomplissent que par hasard,* brûlez aujourd'hui ce que vous avez adoré, et adorez ce que vous avez brûlé.

Et si seulement dix tirages *consécutifs* d'autant de quaternes de la loterie royale ou impériale de France eussent contraint le bon sens public de toute l'Europe à soutenir, avec la plus énergique conviction, que ces tirages, *si constamment* heureux, ne *pouvaient,* comme nous l'avons dit, être l'œuvre de l'aveugle et inconstant hasard, qui d'ailleurs ne saurait exister, si Dieu existe, ayez assez de bonne foi, assez de respect pour le bon sens public, la logique et l'évidence, pour avouer de votre côté *qu'à plus forte raison* cent tirages *consécutifs* d'autant de quaternes prophétiques, doivent *dix fois moins* encore être l'œuvre de cet aveugle et inexistant hasard!

Mais que parlons-nous de cent prophéties ou quaternes prophétiques, alors que dans *une seule phrase* prophétique de l'Ecriture-Sainte ou même des prophéties *non bibliques*, il se trouve souvent *quinze à vingt* prophéties, alors que dans un seul chapitre d'Isaïe, de Daniel ou de Jérémie, qui en ont tant écrit, il se trouve quelquefois *plusieurs centaines* de prophéties partielles, depuis longtemps parfaitement accomplies dans l'histoire, alors que dans le seul Isaïe on peut les compter par *milliers*, alors que toutes ces prophéties bibliques, confiées, depuis près de 44 siècles, à la garde de tout un peuple qui en a compté *tous les mots et même toutes les lettres,* sont d'une authenticité telle qu'on doit les considérer comme le *beau idéal*, comme le *nec plus ultra* de l'authenticité possible, et qu'on est plus qu'autorisé à soutenir qu'au prix d'elles, les parchemins les plus authentiques de nos chancelleries royales ou impériales ne sont réellement que des papiers sans aveu ou des chiffons trouvés dans les rues. Et que parlons-nous encore de comparaison à établir entre les tirages de la loterie et ceux des quaternes prophétiques, alors que, même dans les conditions si *excessivement modérées* que nous venons de poser quant à la limitation des temps à trois siècles et à celle du globe au tiers environ de sa population, un prophète, si on ne veut considérer ses prédictions que sous le point de vue rationel, aurait encore, pour *deviner* un *seul* quaterne prophétique, 117 quintillions, 217 quatrillions, 323 trillions, 929 billions, 83 millions, 787 mille et 371 *fois plus de chances contre lui* que n'en aurait le devinateur d'un quaterne pris sur le nombre de ceux que peuvent, par chaque tirage, donner les 90 numéros d'une loterie.

Nous avons dû insister quelque temps sur cette réfutation de plusieurs objections que l'incrédulité philosophique ne se lasse pas, faute de mieux, de reproduire, depuis *plusieurs milliers d'années*, avec une opiniâtreté, un acharnement et une mauvaise foi qui suffiraient seuls pour trahir les impatiences et même les colères que les questions prophétiques ont toujours données au rationalisme. Nous avons dû le faire encore, parce qu'à notre connaissance du moins, ces objections, sur lesquelles d'ailleurs nous reviendrons dans une autre publication dont celle-ci n'est qu'un extrait, n'avaient jamais été complètement détruites ou du moins repoussées avec assez de force, de clarté, d'élémentarité, et que dès-lors il devenait utile de remplir une lacune qui semblait exister dans les moyens de défense de l'éternelle vérité. Nous l'avons fait aussi parce que tous les jours on peut entendre dans le monde, même de soi-disant catholiques, notamment des classes supérieures de la société, se faire les colporteurs, les revendeurs, les petits détaillants des arguments du philosophisme contre l'existence, le caractère divin et la force probante des prophéties en général et de celles non bibliques en particulier, et que sous ce rapport encore il importait peut-être de publier quelque moyen sévèrement logique et toutefois commode et péremptoire de leur imposer silence et de les mettre, comme on dit, au pied du mur.

Ce moyen nous a paru d'autant plus important que les prophéties authentiques sont, selon nous, les plus grands, les plus probants et les plus facilement démontrables de tous les miracles, sont, en leur qualité de *miracles perpétuels, de prodiges toujours subsistants,* la base principale des preuves du christianisme, comme l'a remarqué Pascal, et sont, en outre, une preuve à la fois mathématique et palpable de l'existence de Dieu et de celle de sa Providence universelle.

Nous avons dû considérer enfin que les enfants de ce siècle raisonneur, frondeur, calculateur, matérialiste et scientifique, ayant par leur éducation purement rationelle appris tout ce qu'il fallait pour devenir aveugles et sourds aux preuves morales, historiques, linguistiques, philosophiques et théologiques des témoignages de la prescience divine, étant devenus en quelque sorte inaptes à comprendre ce qui ne peut pas se compter, se peser, se mesurer et se calculer, il était devenu comme nécessaire, et dans tous les cas il était réclamé par la charité de leur parler le langage des chiffres qu'ils entendent si bien, et de leur faire voir que les chiffres de Dieu, comme toutes ses autres créatures, racontent la gloire de leur divin auteur, et publient peut-être à plus haute et intelligible voix que les autres l'immensité de sa sagesse et de sa puissance astronomique et prophétique ; car il est écrit que l'éternel géomètre, qui a fabriqué l'univers et qui a inventé la géométrie elle-même, *a tout fait avec nombre, poids et mesure, omnia numero, pondere et mensurâ disposuit.*

Disons toute notre pensée : nous avons toujours été étonné que depuis qu'il est démontré qu'il se trouve *une seule prophétie* en ce monde, il s'y trouve encore un seul incrédule, un seul impie ; nous nous sommes persuadé que cette anomalie surprenante tenait à ce qu'on n'avait pas répandu dans l'instruction publique, dans les livres classiques et en général dans l'éducation religieuse des idées suffisamment claires, élémentaires et exactes sur les immenses, les incommensurables difficultés qu'il faut vaincre pour prédire infailliblement l'avenir, pour lire dans des esprits, dans des intelligences qui n'existent pas encore, pour interroger dès maintenant des volontés et des libres arbitres qui ne commenceront à fonctionner que dans plusieurs siècles, pour voir dès aujourd'hui à travers les nuages condensés de plusieurs milliers d'années à naître, les faits isolés qui doivent surgir dans des temps encore plongés dans le néant, qui doivent se réunir, se grouper un jour, comme les mots d'une phrase symbolique, pour former des événements plus ou moins compliqués, pour former, comme nous avons dit, des ternes, des quaternes, des quinternes, etc. Nous avons toujours, quant à nous, grandement admiré l'immense, l'infinie pénétration qui est absolument requise pour apercevoir plusieurs siècles avant leur existence les oppositions, les résistances morales ou matérielles que ces événements rencontreront, pour peser, pour mesurer et calculer d'avance le degré de concours que les lois physiques, chimiques, minéralogiques, végétales, animales, astronomiques, météorologiques, géographiques, etc., de la nature prêteront ou ne prêteront pas à la naissance de ces faits et à celle des groupes qu'ils doivent former. Nous nous sommes ainsi convaincu que la prescience divine, qui possède nécessairement et à *priori* toutes ces vastes et innombrables connaissances, qui tient dans sa main comme un point le passé, le présent et le futur, qui est de toute éternité le *témoin* impassible de tous les faits, de tous les actes de liberté qui se passeront dans ce monde, est de tous les attributs divins celui qui nous donne l'idée la plus haute, la plus sublime et en même temps la plus claire et la plus exacte possible de la divinité, celui qui nous donne de sa puissance, de sa providence, de son irrésistible majesté l'opinion la plus accablante, la plus écrasante et la plus effrayante pour l'intelligence humaine. En effet, étant donné le radical de la prescience divine, nous n'avons plus aucune peine à souscrire à toutes les perfections divines qu'on voudra ou qu'on pourra imaginer; nous croirons tout; nous croirons que le nombre de nos cheveux est compté, que le fond de nos cœurs est déplissé aux yeux de Dieu comme un livre ouvert; nous croirons surtout que toute prophétie est *nécessairement* parole et volonté de Dieu; nous croirons que l'amour insensé du Calvaire, qui a été souvent *prédit*, était la plus haute sagesse, et que l'absurde crucifiement d'un homme-Dieu par ses misérables ennemis de ce monde, était absolument nécessaire pour nous sauver; il suffira qu'une chose ait été prédite, pour que nous la croyions et comme l'Écriture-Sainte n'est autre chose, pour ainsi dire, qu'une *série de prophéties*, nous croirons logiquement toute l'Écriture; nous deviendrons fiers d'être les enfants d'un tel père, les créatures d'un tel Dieu, et nous partagerons l'espèce de fierté majesteuse avec laquelle, ce Dieu qui savait que sa prescience est comme le *fondement*, comme *l'essence* même de sa divinité, a dit aux faux-dieux qui bloquaient la Judée de toutes parts: *annoncez-nous ce qui doit arriver dans les siècles futurs, et nous dirons que vous êtes des dieux*[1].

II.

Que répondront à cela les adversaires des prophéties si nombreux encore dans notre siècle? Ils diront que les prophéties, même celles de la Bible, sont obscures, inintelligibles, équivoques même, traduisibles en plusieurs sens, et que par conséquent ils ne comprennent pas comment elles pourraient venir de Dieu qui est la lumière et la clarté même.

Nous leur ferons observer que s'il y a, et pour de bonnes raisons, des prophéties *obscures* et *inintelligibles* avant une certaine époque, il y en a aussi de *claires* et de *très-claires*, mais que la plupart ne sont ni entièrement obscures ni entièrement claires, mais sont *mêlées de clarté et d'obscurité*. Il y a des prophéties qu'il serait très-dangereux d'expliquer avant l'époque de leur accomplissement, des prophéties qui, expliquées et publiées avant leur accomplissement, bouleverseraient et révolutionneraient le monde; on comprendra ceci sans démonstration, puisque chacun de nous a

[1] Annuntiate nobis quæ ventura siut, et dicemus quòd Dii estis. (Isa.)

des secrets sur lui-même et sur les autres qu'il se garderait bien de publier. Celles-là donc, puisque le Dieu, qui gouverne ce monde, est un Dieu d'ordre et non de désordre, doivent rester couvertes d'un voile impénétrable, jusqu'à ce que l'époque de leur accomplissement ait fait disparaître les inconvénients dont nous venons de parler et jeté ses lumières explicatives sur l'obscurité du langage prophétique, de manière à en permettre une interprétation satisfaisante.

Mais, dit-on, à quoi bon alors publier des prophéties inintelligibles avant leur accomplissement? Ceux qui font cette objection, n'ont sans doute jamais réfléchi que ce n'est pas pour satisfaire notre curiosité, notre ambition de connaître l'avenir, que Dieu fait publier ses prophéties, mais il le fait pour sa gloire d'abord, pour sa gloire surtout, laquelle consiste notamment à faire éclater sa prescience, qui, comme nous l'avons dit, est sans le moindre doute le plus admirable et le plus inconcevable attribut de sa divinité. Il le fait aussi pour notre instruction, pour affermir en nous, par des faits indéniables, la confiance que nous devons avoir en sa Providence, qui sachant tout d'avance est en mesure de pourvoir à tout. Il le fait encore pour exciter en nous le respect et la crainte que nous devons avoir pour un Dieu *qui nous a vus de toute éternité*, qui nous connaît par conséquent de longue date, pour un Dieu qui lit au fond de nos consciences, qui scrute le fond de nos cœurs, qui nous connaît infiniment mieux que nous nous connaîtrons jamais nous-mêmes, qui sait, lui, si nous sommes dignes d'amour ou de haine, et qui par conséquent, nous pouvons nous y attendre *en vertu de la certitude que nous en donnent les prophéties*, sera pour nous un juge infiniment plus sévère, que le diable, qui ne tarit pas, lui, sur la bonté de Dieu, n'est intéressé à nous le persuader en ce monde. Or ce sont surtout les prophéties *accomplies* et non celles qui ne le sont pas encore, qui produisent les effets dont nous venons de parler; il importe donc peu qu'on puisse les expliquer *avant leur accomplissement*, et il importe souvent beaucoup qu'on ne le puisse pas. *La connaissance de Dieu et la foi,* dit saint Thomas d'Aquin, *sont la fin de toute prophétie.*

La plupart des prophéties, avons-nous dit, sont *clair-obscures*. Ce sont des tableaux de l'avenir qui ont leurs ombres et leurs lumières, comme ceux de nos peintres; il s'y trouve assez d'obscurité pour que la plupart, pour que l'immense majorité des hommes, même de ceux qui sont éclairés et intelligents, ne puissent pas les pénétrer, et assez de clarté pour permettre à ceux qui doivent les comprendre, de les expliquer en effet. Car les prophéties ne sont pas destinées à devenir, surtout avant leur accomplissement, des livres de lecture courante. Elles ont absolument besoin d'être interprétées; souvent l'obscurité s'y cache sous les apparences de la clarté et réciproquement; souvent il faut des études et des connaissances spéciales pour entendre le langage prophétique, d'autant plus profond et plus difficile à comprendre que c'est une langue divine. Le prophète n'est en effet le plus souvent que le secrétaire immédiat de Dieu; il répète ce qu'il a vu ou entendu, qu'il le comprenne lui-même ou non; il ne pourrait, sans commettre une faute très-grave, ajouter un mot de son crû à ce qui lui a été inspiré, à moins d'une permission toute particulière, notamment pour ce qui concerne les époques ou la chronologie. Très-souvent toutes les études et les connaissances spéciales sont inutiles ou insuffisantes pour pénétrer dans le sens véritable, dans la pensée de la prophétie; ce n'est pas une traduction rationnelle qu'il s'agit de faire ; c'est une sorte de divination, une sorte de révélation qu'il s'agit d'attendre[1]. Cependant, quand les événements annoncés dans la prophétie sont sur le point de s'accomplir ou s'inclinent de longue main à leur accomplissement, les chances de succès semblent naturellement augmenter en faveur de l'interprète, et il peut espérer en quelque sorte d'être plus heureux que si les événements prédits étaient encore très-éloignés, et que par conséquent il y eût de la part de la Providence plus de motifs de les dérober à la connaissance des hommes. Du reste, dans les prophéties clair-obscures, le mélange de ces deux éléments varie à l'infini ; tantôt c'est la clarté qui domine, tantôt c'est l'obscurité ; la clarté va quelquefois jusqu'à nommer par leurs noms les

[1] « C'est, d'après saint Jérôme, le traducteur des prophéties » bibliques, un grand travail, dit saint Thomas d'Aquin, que de » comprendre les prophéties, et il n'est pas facile à quelqu'un de les » interpréter, à moins qu'il ne les ait pour ainsi dire déjà comprises » avant de les lire », c'est-à-dire, à moins qu'il ne soit aidé dans ce travail par une disposition d'esprit toute particulière *de quelque nature qu'elle soit d'ailleurs*, ou encore par des connaissances spéciales qui le rendraient particulièrement apte à cette intelligence des mystères de la prophétie. Voici, du reste, le passage de saint Thomas :

Magni laboris est, secundum Hyeronimum, *prophetas intelligere, nec facile est quempiam posse judicare de interpretatione, nisi intellexerit ante quæ legerit.* (Div. Thom. de Proph. cap. 35.)

Saint Thomas va même plus loin dans le chapitre L[e] du même traité ; il y compte cinq espèces de prophètes, et, à l'exemple de saint Paul, il met ceux qui interprètent les prophéties (il entendait les prophéties sacrées), au nombre des prophètes, *exponens prophetas et legens*. Ce qu'il y a de certain pour nous, qui croyons tout simplement avec le catéchisme que tout ce qui arrive de bon et de vrai à notre esprit nous vient de Dieu, c'est qu'il résulte des longues études que nous avons faites des prophéties, tant bibliques que non bibliques, cette vérité expérimentale : que les plus grandes conten-

acteurs des événements, le lieu où ils doivent s'accomplir et l'époque approximative où l'accomplissement aura lieu; d'autres fois, l'une ou l'autre de ces clefs manquera, mais alors une plus grande lumière sera jetée sur la description d'autres circonstances qui doivent accompagner l'événement principal, et qui serviront ainsi de guide ou de lanterne sourde à l'interprète. En un mot, la lumière et l'ombre se déplacent, se compensent réciproquement et changent d'intensité selon les vues de Celui qui inspire ces prédictions. Tantôt c'est le sujet et le verbe qui sont illuminés ou obscurcis, et tantôt c'est l'adjectif, l'adverbe, le régime direct ou le régime indirect qui sont voilés ou inondés de lumière. On éprouve ainsi dans l'étude d'une prophétie qu'on a connue future et qui vient de s'accomplir, une immense satisfaction de pénétrer quelques-uns des

tions d'esprit jointes aux connaissances et aux études spéciales les plus appropriées à la matière, jointes même à une disposition d'esprit particulière et à une passion violente de pénétrer les mystères d'une prophétie, sont *très-souvent* complètement insuffisantes pour atteindre ce but, et que très-souvent aussi un, deux, trois et même sept ans après, ainsi que cela nous est arrivé, lorsque depuis longtemps vous avez changé d'études et oublié jusqu'aux vaines et nombreuses tentatives que vous auriez faites autrefois pour expliquer *exactement* telle ou telle prophétie, *tout-à-coup* et au moment même que vous êtes occupé de toute autre chose, au moment que vos idées n'ont plus aucune relation avec celles que suppose rationnellement ou logiquement l'intelligence de cette prophétie, cette intelligence autrefois tant souhaitée et tant de fois inutilement demandée au travail le plus assidu, vous arrive avec l'inébranlable conviction *qu'elle est la véritable.*

Explique ce fait qui voudra et comme on voudra; quant à nous, nous nous bornons à le poser et à affirmer qu'il sera trouvé exact par tous ceux qui auraient étudié à fond cette matière, ou qui auraient passé personnellement par les mêmes épreuves, les mêmes recherches que nous.

motifs qui ont dû porter le prophète divin à répartir de telle ou telle manière les ténèbres ou la clarté pour mieux tromper l'interprète, pour mieux éloigner ou rapprocher le moment fixé pour l'interprétation exacte.

Il ne faudrait donc pas s'imaginer avec ce qu'on appelle les gens d'esprit, les gens du monde, les philosophes de salon, les matérialistes et même avec Montaigne, qui n'était lui-même qu'un bel esprit philosophe, tous gens qui se croient naïvement juges compétents de toutes les questions possibles, et qu'en général on peut définir les antipodes de l'intelligence des choses divines, il ne faudrait pas s'imaginer, disons-nous, qu'il *suffit*, comme le disait ce dernier, *d'un esprit ingénieux pour faire dire, de biais ou de droit-fil, aux prophètes tout ce qu'on voudra.*

Il faut en effet que Montaigne, que nous considérons ici comme l'orateur, l'interprète et le représentant de tout le parti rationaliste, n'ait jamais lu ni étudié une seule prophétie dans sa vie de sophiste du grand monde, pour avoir tenu le propos que nous venons de rapporter. Nous lui dirons donc, à lui, spirituel causeur qui parle de tout et surtout de lui-même avec tant d'aplomb, à lui pourvoyeur sophistique d'un monde qui vit de sophismes et de préjugés, nous lui dirons et par lui nous dirons à tous les rationalistes, à tous les adversaires des prophéties en général: que *l'exactitude géométrique* qui passe pour la première de notre planète, *n'approche pas* de *l'exactitude prophétique*, et que *la coïncidence parfaite de deux triangles égaux* n'approche pas de la ponctualité avec laquelle les faits prophétisés *coïncident* avec la prophétie qui les annonçait.

En effet, les *vérités* géométriques n'existent pas ou ne sont pas *vraies* dans la nature, dans l'application; elles n'existent, elles ne sont vraies que dans *l'esprit* de l'homme; leur sphère d'existence est purement *subjective* et pas du tout *objective.*

Il en est tout autrement de la prophétie qui est aussi vraie objectivement que subjectivement, qui existe autant dans l'histoire, dans le monde extérieur qu'elle existe dans le monde intérieur ou intellectuel de l'homme, qui est aussi vraie dans l'objet que dans l'idée. L'exactitude de la prophétie est donc *supérieure* à celle de la géométrie qui n'a qu'un mode d'existence, qu'une manière d'être, et qui s'évanouit comme une ombre de l'autre monde dès qu'on la touche, dès qu'on veut la faire passer de l'état spirituel à l'état corporel.

Il y a plus: la prophétie, comme fille de Celui qui est, de Celui qui a pu dire: *Je suis celui qui suis,* comme directement émanée de Celui qui est l'être des êtres, qui a l'existence à profusion, participe en quelque sorte de cette profusion d'existence et de vérité qui est en Dieu, son père. Elle existe non-seulement de *deux manières après* son accomplissement; elle existe encore *idéalement, spirituellement avant* son accomplissement; en un mot, et quelqu'étrange, quelque contradictoire que cela puisse paraître, elle existe avant d'exister et même après; elle a une triple existence qui se démontre et se contrôle l'une l'autre, tandis que la vérité géométrique n'a qu'un mode d'exister, l'idéalité.

Et cela était justice : la prophétie, comme le plus brillant joyau, comme la plus resplendissante étoile de la couronne lumineuse de Dieu, comme le plus prodigieux des miracles possibles, comme la plus divine preuve de la divinité, de sa Providence et de tout le christianisme, méritait la gloire de cette triple existence qui, dans ce monde et de tous les êtres *créés* n'a été faite qu'à elle.

Faut-il s'étonner maintenant que les pourceaux du rationalisme, du philosophisme et du matérialisme, connaissant instinctivement l'immense importance de ce témoin infaillible et incorruptible de l'autre monde, se doutant avec une sagacité diabolique de tout le mal que pourrait faire à leur empire d'ici-bas cet ambassadeur solennel et véridique de la Majesté Divine, se soient de tout temps rués avec rage sur cette perle détachée de la couronne de Dieu pour la souiller et la dévorer.

Tu dis, ô Montaigne! qu'il suffit d'*un esprit ingénieux pour faire dire aux prophéties tout ce qu'on voudra, comme aux sibylles,* et nous qui, suivant le conseil de l'Ecriture, *in prophetis vacabit,* connaissons quelque peu cette question que tu n'as jamais même effleurée, quoique d'ailleurs tu en parles comme tu parles de toute chose avec ta superficialité latino-payenne ordinaire, nous te disons ou plutôt nous t'apprenons *qu'une prophétie ne peut s'appliquer qu'aux seuls faits qu'elle prédit,* et qu'elle ne peut *jamais* s'appliquer à *d'autres faits* historiques *supposés semblables,* par la raison sans réplique que d'autres faits historiques, *entièrement, complètement* semblables, comme l'épreuve de la parfaite juxta-position prophétique les *exige*, *n'existent pas dans le monde,* pas plus que deux gouttes d'eau ne sont entièrement semblables, en dépit des apparences. Car entends-tu bien, ô Montaigne! il faut *absolument*, pour qu'une prophétie soit digne de son origine divine, soit digne de venir de Celui qui se connaît en exactitude, qui a créé l'exactitude elle-même, comme il a créé la géométrie, il faut que *tous les mots* dont elle se compose, *coïncident* parfaitement, géométriquement avec *tous les faits* et *leurs plus minimes circonstances* qui composent un événement prophétisé.

Voilà sans doute qui a de quoi étonner la légèreté et la superficialité de l'objectionneur Montaigne et de ses corréligionnaires en matière de prophétie. Ce philosophe de salon, la badine aristocratique à la main, se jouait agréablement de ce qu'il y a de plus imposant, de plus divinement sublime en ce monde, la prophétie, et mesurait tout simplement la littérature prophétique de Dieu à son aune, à l'aune de sa marchandise philosophique. Oui, pour cette dernière, il suffit d'un *esprit ingénieux* comme Montaigne, pour babiller à tort et à travers de *toute chose connaissable* et *de quelques autres encore*. Il n'en est plus ainsi de la prophétie qui est la prescience, la science même du Dieu des sciences appliquée à un événement donné qu'elle a vu de toute éternité, et que par conséquent, pour parler humainement, elle a eu le temps de bien voir et de connaître exactement avant de le prédire.

Pour bien comprendre celle-là, pour lui payer le tribut d'admiration qu'elle mérite, pour en bien saisir les coïncidences merveilleusemnt exactes avec les faits qu'elle annonce, il faut autre chose qu'un spirituel raisonneur, un élégant bavard de société, ou un esprit ingénieux à déviser et à discourir. David le prophète, et, d'après saint Thomas, le plus grand des prophètes de l'antiquité anté-chrétienne, disait avec raison à Dieu :

« Seigneur, je n'ai pas appris la littérature, mais vous, vous m'avez instruit dès ma jeunesse » : *Non cognovi littératuram, Déus, docuisti me à juventute meâ.*

Et maintenant, ouvrez les yeux, sophistes, rationalistes, faux-prophètes qui voulez régenter la terre, et vous, avortons de la sublunaire intellectualité, vous, coassantes grenouilles de nos terrestres marais, vous tous, myopes intelligences, qui ne cessez de calomnier les prophètes et les prophéties et qui n'avez même su, avec votre rationaliste télescope, prédire, *un quart d'heure à l'avance*, ni la révolution de juillet, ni celle de février, ni celle de décembre, comprenez enfin quelle incommensurable distance vous sépare de l'aigle prophétique qui plane au haut des cieux et qui fixe le soleil de toute justice, de toute lumière et de toute vérité.

III.

Mais, nous dira ici quelqu'un, c'est bien, c'est fort bien; vous venez de nous démontrer assez plausiblement que par suite des immenses difficultés et de l'immense exactitude qui sont inhérentes aux prophéties véritables, Dieu seul peut en être l'auteur; j'accepte cette conclusion, qui me paraît légitime et découle tout naturellement des faits prophétiques; toutefois permettez-moi de vous faire observer qu'il ne suffit pas de nous prouver, même mathématiquement, les innombrables, les indicibles difficultés dont il faut triompher pour faire la moindre prophétie, qui possède cette géométrique exactitude dont vous nous parlez; il faut nous prouver, et nous prouver par des *faits* qui seuls prouvent quelque chose, que le prophète dont vous nous apportez aujourd'hui les prédictions, en a réellement triomphé, lui, et s'est ainsi rendu digne de la confiance publique que vous venez sans doute solliciter en sa faveur. Il faut nous prouver, en un mot, par des prophéties clairement, manifestement, indubitablement accomplies, que votre prophète, que vous nous présentez comme véritable, avait réellement reçu cette inspiration divine qui, d'après vous, peut seule plonger dans le néant des siècles futurs, et seule a la puissance de leur faire raconter d'avance ce qu'ils seront, ce qu'ils penseront et ce qu'ils feront un jour.

Nous acceptons à notre tour cette interpellation qui découle des principes posés par nous, et nous paraît en conséquence parfaitement juste et légitime; nous l'acceptons d'autant plus volontiers qu'elle pose la question prophétique comme l'ont posée à la fois la véritable philosophie et la théologie, comme l'a posée, le croira-t-on, le géomètre Dalembert dans ses *Eléments de Philosophie*, et, ce qui paraîtra plus remarquable encore, comme l'avait posée avant lui, avant toute philosophie et toute théologie, Dieu lui-même.

Ecoutez en effet ce que dit Dieu aux Juifs auxquels il venait d'annoncer les prophètes qu'il se proposait de leur envoyer successivement :

« Peut-être, leur dit-il, penserez-vous en vous-même » qu'il vous sera difficile de distinguer un prophète » véritable de celui qui ne le serait pas. Eh bien! voici » la marque à la quelle vous reconnaîtrez un véritable » prophète du Seigneur : tout ce que ce véritable pro- » phète vous *prédira* au nom de Dieu, *arrivera, s'ac-* » *complira*, le contraire arrivera pour les autres [1]. »

Ecoutons maintenant la réponse qu'a faite la philosophie à cette même question des Juifs. Ce sera Dalembert lui-même qui se chargera de la faire au nom de la raison, du bon sens et de tous les philosophes, Dalembert, l'ami de Voltaire, le chef des encyclopédistes et des incrédules du dix-huitième siècle, sans doute, mais Dalembert, qui d'un autre côté était géo-

[1] Quòd si tacitâ cogitatione responderis : quomodò possum intelligere verbum quod Dominus non est locutus? Hoc habebis signum : quod in nomine Domini propheta ille predixerit, et non evenerit, hoc Dominus non est locutus (*Deut.* 18, 22.)

mètre, mathématicien, et qui, comme tel, avait souvent la bonne foi et la franchise de la logique sévère des mathématiques.

« La philosophie, dit-il dans ses *Eléments de Philo-
» sophie*, art. III, borne les prophéties à deux conditions
» essentielles : celle d'avoir indubitablement précédé
» les faits prédits et celle de les annoncer avec une
» clarté qui ne permette pas de se méprendre sur leur
» accomplissement[1]. »

Nous avons donc ici le témoignage concordant de la raison divine et de la raison humaine, et personne n'aura le droit de nous imposer une condition *nouvelle*, une condition que la philosophie, au nom de la raison

[1] Comme la langue des prophètes est et doit être souvent clair-obscure, à cause des immenses inconvénients qu'entraînerait souvent aussi une clarté parfaite, bien des gens, nous le prévoyons, voudront s'étayer du principe de Dalembert, pour repousser toute prophétie qu'ils ne comprendraient pas de prime-abord, toute prophétie qui ne serait pas rédigée dans un langage à la portée de tous les genres de lecteurs. Ce serait là étrangement abuser de la signification qu'avait ce mot *clarté* dans l'esprit de Dalembert. Certainement ce mathématicien était convaincu que la langue de l'algèbre et celle de la géométrie sont *parfaitement claires*, et cependant rien n'est plus *obscur* que ces langues si claires pour ceux qui ne savent ni l'algèbre ni la géométrie.

Il en est de même de toutes les langues scientifiques, de celle de la physique, de l'astronomie, de la chimie, de la minéralogie, de la médecine, etc.; elles sont parfaitement claires pour ceux qui comprennent ces sciences, et parfaitement obscures pour ceux qui ne les comprennent pas. Serait-il étonnant que celui qui ne saurait ni l'histoire, ni la géographie, ni les mœurs, ni les lois, ni la langue, ni les croyances religieuses des anciens israélites et celles des nombreux peuples avec lesquels ils étaient en relations d'affaires politiques et commerciales, ne comprît pas un mot de la plupart des prophéties bibliques? Ce serait, au contraire, un véritable prodige, que sans explications préalables, il pût les comprendre, quelle que fut d'ail-

humaine, et la théologie, au nom de celle de Dieu, n'auraient pas cru nécessaire d'exiger des prophètes en général. Ainsi, pour que les prophéties que nous publions aujourd'hui, soient, au nom de la logique divine et humaine, reconnues pour *véritables*, c'est-à-dire reconnues pour véritablement inspirées de Dieu, seul auteur véritable de toute prophétie digne de ce nom, et soient reçues comme telles non-seulement par tous les théologiens mais encore par tous les philosophes, les rationalistes, les incrédules et même les impies, il suffira qu'elles soient démontrées *antérieures* aux faits qu'elles annoncent, et démontrées *clairement accomplies*. Et quant à celles de ces prophéties qui seraient encore *futures* et dont par conséquent on ne peut encore démontrer le clair accomplissement, il suffira que nous prouvions qu'un grand nombre de prophéties

leurs leur clarté pour les savants munis de toutes les connaissances nécessaires à leur intelligence.

Il en est absolument de même des prophéties que nous publions aujourd'hui; elles sont *claires* pour ceux qui ont les connaissances requises pour les comprendre; elles sont nécessairement *obscures* pour tous les autres. Elles seront encore *claires* pour ceux qui auront acquis, dans les explications que nous en faisons, les connaissances nécessaires pour les entendre; elles demeureront *obscures* pour les autres.

Cependant, si ces explications ne rendaient pas *clairement, naturellement, logiquement, grammaticalemeut* et surtout *historiquement* compte de *toutes les obscurités*, qu'elles tinssent aux choses ou aux expressions, à la forme ou au fond, ce serait alors le cas d'invoquer contre ces prophéties ou plutôt contre l'auteur de leurs explications le principe de Dalembert. Jusque-là nous prierons le lecteur de s'en prendre à lui-même et non aux prophéties, si avant leurs explications, elles lui paraissent obscures, et cela par la raison que des prophéties, qui sont des révélations divines, *ne sont pas destinées*, nous le répétons, à devenir *jamais* des livres de lecture courante comme un roman, un livre d'histoire ou un article de journal.

du même prophète se sont fidèlement accomplies, pour qu'on ait logiquement le droit de réclamer en faveur de celles qui sont encore à écheoir la même confiance que le public aurait accordée à celles qui sont déjà échues. Car un prophète véritable est toujours nécessairement *infaillible*, puisqu'il est le secrétaire du Dieu *infaillible* qui lui a dicté ses prophéties.

IV.

Ceci posé, venons-en à prouver par *les faits* que le prophète que nous publions aujourd'hui, a parfaitement rempli *les deux conditions essentielles* que le philosophe et le géomètre Dalembert impose à tout prophète qui veut obtenir la confiance des logiciens et des amis de la raison.

Ces conditions peuvent être résumées ainsi : *antériorité de la prophétie aux faits prédits par elle* et *parfait accomplissement de ces faits.*

Nous allons examiner sous ce double rapport les prophéties qui sont l'objet de cette publication et celles qui la suivront.

Antériorité de la prophétie aux faits prédits. — En effet le livre de prophéties, d'où elles sont extraites, a été publié pour la première partie en 1555, et pour la seconde partie en 1558. *Cinquante éditions* conformes aux premières, successivement imprimées à Lyon, à Paris, à Avignon, à Rouen, en Belgique, en Hollande, etc., et disséminées *depuis trois siècles*, dans *toutes* les bibliothèques de la France et de l'Europe, sont là pour attester surabondamment qu'elles sont *antérieures aux faits* qu'elles prédisent. Aussi peut-on dire que jamais prophéties, si on excepte celles de la Bible, n'ont obtenu une semblable *authenticité*, une semblable *antériorité* aux faits qu'elles annoncent. Nous pouvons donc, sans en dire davantage, passer à l'examen de la seconde *condition partielle*, exigée à la fois par la philosophie et par la théologie, savoir: l'*accomplissement parfait de la prophétie.*

En réponse à cet examen, il nous suffira de dire que les nombreuses et surabondantes explications que nous donnons dans ce volume de chacune des prophéties qui y sont publiées, sont aussi une preuve surabondante qu'elles ont *largement satisfait* à *cette seconde condition*. Et cependant quelle que soit la multitude de preuves que nous apportons dans ces explications pour mieux démontrer le *clair et parfait accomplissement* de celles de ces prophéties qui sont déjà échues, nous ne laisserons pas à la fin de cette préface d'en augmenter encore le nombre afin de fermer plus complètement la bouche à ceux des rationalistes qui, dans ce siècle d'incrédulité prophétique, seraient encore tentés de reproduire les objections que, depuis trois siècles environ, on a accumulées contre les prophéties en général et contre celle de notre oracle en particulier.

V.

En attendant donc que nous soyons arrivés à cette page de notre Introduction où nous tiendrons parole, nous allons faire faire à nos lecteurs une connaissance plus particulière avec la personne de notre prophète, afin qu'ils sachent à qui ils ont affaire, et qu'aidés des lumières que la connaissance biographique d'un auteur répand toujours sur ses ouvrages, ils puissent se faire de ses prédictions une idée plus juste, plus complète et plus satisfaisante.

Nous leur dirons donc que ces prophéties ont été

inspirées à un homme qui, contre l'ordinaire des prophètes sacrés que les Pères de l'Eglise appellent *illettrés*, était aussi savant que vertueux, aussi bon philosophe que bon catholique, aussi versé dans les lettres humaines que dans les lettres divines, et de plus, aussi humble, aussi pieux et aussi pur dans ses mœurs que charitable pour les pauvres et surtout pour ceux qui ne le sont pas, ce qui vaut encore mieux ou du moins est plus difficile. En un mot, il était aussi dévoué à son Dieu qu'à son roi et à son pays[1].

[1] Le prophète dont nous parlons, était si pieux qu'il remplissait avec surérogation tous les devoirs d'un fervent catholique, et qu'il avait toujours à la bouche ce conseil de charité que Jésus-Christ donne charitablement aux riches de la terre : *Faites-vous des amis avec les richesses d'iniquité;* ou bien encore celui-ci : *La main du pauvre est la bourse de Dieu.* Il pratiquait ce conseil à la lettre, selon ses facultés et sans considérer qu'il avait cinq enfants, auxquels il aima mieux laisser l'héritage de ses bons exemples que celui de grands biens, persuadé avec le prophète David que les *enfants d'un tel père ne mendieront jamais leur pain.* Il va sans dire qu'il s'empressa toujours de donner gratuitement à tous ceux qui le consultaient et surtout aux pauvres un de ces bons conseils que lui fournissait si largement sa sagesse médicale et prophétique. Après avoir passé vingt-cinq ans dans la pratique éclairée de toutes les vertus chrétiennes, il mourut le 2 juillet 1566, environné de la vénération des gens de bien qu'il avait édifiés par l'autorité de ses exemples à une époque de dissolution religieuse, à une époque de désertion et d'abandon de la foi catholique en France. Sa mort fit éclater avec une telle force les sentiments de respect, d'affection et de gratitude qu'il avait inspirés aux meilleurs de ses compatriotes, que les RR. Pères Capucins de la petite ville où il demeurait, voulurent, par une faveur qu'ils n'avaient jusque là accordée à aucun laïc, posséder sa dépouille mortelle dans leur église conventuelle où il avait assisté tous les jours à la sainte messe, et où il fut scellé dans le mur avec une épitaphe latine très-honorable. Ajoutons encore que par suite de l'éducation très-chrétienne qu'il avait donnée lui-même et fait donner à tous ses enfants, l'un d'eux voulut consacrer sa vie à Dieu et fut admis dans

Nous ajouterons que ce prophète, le plus grand sans contredit qui ait paru dans le monde entier après les prophètes sacrés, inspirés du Saint-Esprit en vue de l'œuvre divine de la rédemption, que ce grand prophète, disons-nous, né français, honore infiniment plus

l'ordre des Cordeliers, conformément à la révélation prophétique qui en avait été faite à son père.

Quant à ses prophéties, il les attribue lui-même à Dieu qui lui avait donné l'esprit de prophètie :

« Nous, dit-il, qui sommes humains ne pouvons rien de nostre » naturelle congnoissance et inclination d'engin congnoistre des se- » crets du Dieu le Créateur, Tout procède (en fait de vaticination) » de la puissance divine du grand Dieu éternel, de qui toute bonté » procède. » (Epitre à son fils César.)

Pour ce qui est des divinations qui se font par des moyens superstitieux, le prophète, dont il s'agit ici, les condamnait tous d'une manière absolue dans cette même épitre. Voici un passage qui le prouve :

« Et aussi, mon fils, je te supplie que jamais tu ne veuilles em- » ploïer ton entendement à telles resveries et vanités qui seichent le » corps et mettent à perdition l'âme donnant trouble au foyble sens ; » mesme la vanité de la plus qu'exécrable magie reprouvée jadis par » les sacrées escriptures et par les divins canons. »

Voici maintenant ce qu'a dit de ce prophète un auteur contemporain qui l'a beaucoup connu et qui a vécu longtemps avec lui jusqu'à sa mort, Aimé de Chavigny, docteur en droit et en théologie :

« Ce prophète, dit-il, a été pour son savoir, bonnes mœurs et » sainteté de vie congneu, favorisé et honoré de trois roys ; de nostre » tems il a été excité et choisi par la benignité et providence de ce » grand Dieu pour declarer aux humains sa volonté, et prédire les » grands changemens qui nous estoyent proches, les conversions des » empires et royaumes, le renouvellement des siècles, les guerres, « les famines, les pestilences. — Il approuvait, dit-il plus loin, » les cérémonies de l'Eglise romaine, et tenait la foy et religion ca- » tholique ; il s'exerçait volontiers en jeusnes, oraisons, ausmones, à » la patience ; abhorrissait le vice et le chastiait sévèrement ; il était » fort libéral et charitable envers les pauvres ; il était fort humble, et

la France que tous les grands hommes que ce noble pays a vus naître dans la robe, l'épée, les lettres, les sciences et les arts. Sa gloire réelle, on s'en convaincra plus tard, est si grande, si éminente, si vraie qu'il faut

» dans son épître à César, il a dit : *Suis pécheur plus grand que nul* » *de ce monde, subject à toutes humaines afflictions.* »

Quoique toutes les prophéties *véritables* viennent de Dieu, y compris celles qu'il a été quelquefois, *quandòque,* dit saint Thomas, *permis* au démon ou à ses prophètes de faire connaître, cependant il y a une grande différence entre les prophéties qui ont été inspirées sur les événements *politiques* des siècles futurs et celles qui ont été inspirées aux prophètes sacrés par le Saint-Esprit sur l'œuvre future de la Rédemption, sur les mystères et les doctrines spirituelles que le Rédempteur devait révéler aux hommes. Saint Thomas compte six modes différents d'inspiration prophétique, savoir : l'*extase*, le *songe*, la *vision*, l'*audition d'une voix céleste*, la *parabole* et l'*infusion directe ou immédiate du Saint-Esprit.* Cette dernière inspiration, qui est la plus excellente, qui suppose dans celui qui la reçoit comme la permanence de la grâce sanctifiante à un haut degré, qui, par exemple, a dicté le *Magnificat* à la sainte Vierge, l'*Apocalypse* à saint Jean et en général les plus sublimes révélations de l'Ecriture-Sainte, n'est pas celle qu'ont reçue les prophètes *politiques* comme celui dont il s'agit dans le présent livre. Ceux-ci sont habituellement des *instruments passifs* dans l'acte de la prophétie, *instrumentum deficiens*, comme les appelle saint Thomas, tandis que le prophète, qui est sous l'empire de la grâce sanctifiante à un haut degré, *sait lui-même qu'il est mû par le Saint-Esprit* pour apprécier ou exprimer quelque chose, soit *verbalement* soit *réellement.* Ce dernier, qui est plus qu'un simple secrétaire, un simple copiste ou traducteur de la pensée ou de l'expression divine, appartient, selon ce grand docteur, à la classe des prophètes de l'ordre le plus élevé, tandis que les autres, chez lesquels ne se trouve pas cette *cohabitation,* cette *inspiration* de l'*Esprit-Saint* dont parle l'Ecriture, n'ont reçu, selon lui et selon la vérité, croyons-nous, qu'un certain instinct prophétique, *quidam instinctus propheticus.*

Ainsi, pour nous résumer dans cette matière d'autant plus difficile que nous ne voulons en traiter ici que transitoirement, on peut dire que les prophètes sacrés, les prophètes du premier ordre jouissent

la placer immédiatement après celle des saints que l'Eglise a placés sur les autels, et au-dessus de laquelle, si nous exceptons celle du Christ et de la Vierge immaculée sa mère, il n'y a rien et il n'y aura jamais rien en ce monde.

dans l'acte de la prophétie d'une *certaine activité personnelle*, tandis que les autres sont entièrement *passifs et impersonnels*. Cependant, ajoute saint Thomas, il ne faudrait pas croire que même les grands prophètes, les prophètes de l'ordre le plus élevé, *comprissent tout ce que l'Esprit-Saint leur donne à entendre* dans ses visions ou dans ses inspirations.

Du reste, le prophète que nous expliquons dans cette publication, a dit *lui-même* et répété dans plusieurs passages de ses préfaces qu'il y avait *une grande différence* entre le don qu'il avait reçu et celui qu'ont reçu les prophètes sacrés ou bibliques, *encore que tous ces dons soient divins*. Il en est de ces dons prophétiques comme des différents degrés de béatitude céleste; tous viennent de Dieu et cependant tous diffèrent selon le mérite des personnes et la grandeur des grâces reçues.

Saint Augustin et saint Thomas nous paraissent avoir nettement caractérisé, quoique d'une manière générale, la classe des prophètes à laquelle appartient celui que nous interprétons dans ce livre. Voici leurs propres expressions que nous laisserons plus particulièrement à l'appréciation de MM. les ecclésiastiques.

« Singulis temporibus non defuerunt aliqui prophetiæ spiritum » habentes non quidem ad novam doctrinam fidei depromendam, » sed ad *humanorum actuum directionem*.

» Et ideò quolibet tempore instructi sunt homines divinitùs *de* » *agendis* secundùm quod erat *expediens ad salutem electorum*. »

Ainsi, d'après saint Augustin et saint Thomas, les deux plus grands docteurs que l'Eglise possède, les prophètes *politiques*, à la classe desquels appartient, nous le répétons, celui que nous expliquons dans ce livre, encore qu'ils ne s'occupent pas de théologie dogmatique ou morale comme les prophètes sacrés de la Bible, *contribuent* néanmoins *au salut des élus*, en faisant servir leurs prophéties à *mieux diriger les actions humaines*, ou en annonçant aux hommes, de la part de Dieu qui les inspire, les événements politiques qui *doivent s'accomplir* et ceux qui *se sont déjà accomplis*.

Dirons-nous à présent, au risque de scandaliser les médecins matérialistes du siècle, que ce grand prophète, qui a écrit plus de 6000 prophéties sous la dictée de Celui qui a créé le temps et l'espace, de Celui qui a créé l'existence, l'éternité, les esprits, la lumière et la matière, dirons-nous, que ce plus grand des prophètes, depuis les temps bibliques, était aussi le plus grand médecin peut-être qui ait jamais paru en Europe, et qu'au génie plus qu'Hippocratique qu'il fallait pour dompter trois pestes meurtrières par des remèdes de son invention, il a joint le courage héroïque qu'il fallait aussi pour aller, en 1546, s'enfermer, lui, père de cinq jeunes enfants, dans la ville d'Aix, où déjà l'impitoyable fléau avait dévoré les deux tiers de la population et se disposait à dévorer le reste.

Mais, nous crie-t-on de toutes parts, le nom, le nom du prophète... dites-nous son nom..... Ah! Français, ce nom qui fera un jour la gloire la plus pure, la plus éclatante de la France, ce nom qui resplendira comme le diamant le plus étincelant de votre couronne intellectuelle déjà si brillante, ce nom ne vous fait pas honneur aujourd'hui...; ce nom, vous l'avez souillé, vous l'avez traîné dans la boue... ce nom, vous l'avez couvert d'opprobre, d'injures, de calomnies, d'outrages et même d'imprécations[1]; ce nom, vous l'avez, depuis 255 ans, berné, sifflé, moqué, honni, deshonoré, crucifié de cent façons différentes, depuis la chanson légère jusqu'aux gros volumes de l'histoire, de la biographie, de la philosophie et de la pesante

[1] Factus sum in derisum totâ die; omnes subsannant me, et factus est mihi sermo Domini in opprobrium et derisum, quià jàm olim loquor vociferans iniquitatem et vastitatem clamito. (*Jérémie* 20.)

Venite, et percutiamus eum linguâ, et non attendamus ad universos sermones ejus. (*Jérémie* 18.)

érudition[1]; bien plus, ce nom, vous l'avez exposé au poteau de l'infamie et vous en avez fait le type proverbial de la fausseté, de l'hypocrisie, de la forfanterie, de l'impudent mensonge, de l'effronté charlatanisme, que savons-nous encore? le synonyme de l'astrologie, de la nécromancie, de la magie et de l'adoration secrète de l'infernal Python[2].

[1] Il suffit d'ouvrir un de nos dictionnaires historiques ou biographiques pour y voir se dresser aussitôt contre notre prophète tous les sentiments de mépris ou de malveillance, tous les genres de préventions ou d'injures qu'eût pu motiver le charlatan le plus avéré, le plus convaincu d'avoir voulu se moquer du public. Citons ici, au lieu de ces injures qu'on trouve partout dans nos livres d'histoire ou de philosophie, citons une des accusations qu'on a le plus souvent formulées contre le prophète dont nous publions et expliquons aujourd'hui quelques prophéties :

« Ce n'est point merveille, dit M. Naudé, si parmi le nombre de » mille quatrains dont chacun parle de cinq à six choses différentes, » et surtout de celles qui arrivent ordinairement, on rencontre quel- » quefois un hémistiche qui fera mention d'une ville prise en France, » de la mort d'un grand en Italie, d'une peste en Espagne, d'un » monstre, d'un embrasement, d'une victoire, ou de quelque chose » de semblable. Ces prophéties ne ressemblent à rien mieux qu'à ce » soulier de Theramène qui se chaussait indifféremment pour toutes » sortes de personnes. »

« Il en est des prophéties comme des almanachs; les idiots croient » à tout ce qu'ils y lisent, parce que sur mille mensonges, ils ont » rencontré quelquefois une vérité. »

Voilà comme notre littérature, d'ordinaire si spirituelle et si sensée, jugeait le plus grand homme que la France littéraire ait produit, si cependant il appartient à la France littéraire. Eh bien! en réponse à toutes les attaques que, depuis 255 ans surtout, a dictées à nos littérateurs et à nos philosophes le dépit de n'avoir pu le comprendre ni l'expliquer, il n'y a qu'un mot à dire : *autant d'erreurs ou de calomnies que d'attaques*, comme le démontreront *jusqu'à satiété* les prophéties que nous expliquons dans cet ouvrage.

[2] Toutes ces injures, dont la liste, donnée plus haut, est loin d'être complète, sont exactement *historiques*. En France, on aime la clarté

Oui, Français, dans vos colères athéniennes contre ce nouveau sage qui, comme Socrate, se prétendait inspiré par un génie familier, qui, comme lui, se disait le confident de la divinité et qui, par conséquent, croyait en savoir infiniment plus que vous sur l'histoire de l'avenir, vous lui eussiez volontiers, comme les Français de la Grèce, présenté la coupe empoisonnée; mais la mort l'ayant dérobé à vos coups, vous vous êtes rués sur sa mémoire qui planait comme un mystère sur l'histoire de votre littérature, et vous l'avez déchirée, vous l'avez mise en pièces, vous avez épuisé contre elle toutes les armes du ridicule, si terrible entre vos mains, et vous êtes parvenus à faire de lui un

et l'élégance au point que ces deux qualités y sont l'objet d'un culte et sont observées comme une loi fondamentale du pays. En outre, on s'y croit généralement capable de tout comprendre de prime-abord; on y a donc été révolté, comme d'une impertinente mystification, de l'impénétrable obscurité et de l'espèce de barbarie affectée du style de Nostradamus, barbarie dans laquelle on se refusait absolument à voir une marque d'inspiration divine. On s'est ainsi pris à croire que l'auteur ou avait voulu sérieusement, systématiquement mystifier le public, ou avait calculé qu'en jetant au hasard ses filets dans l'eau trouble, il ne saurait manquer d'attraper de temps en temps quelque gros poisson, ce qui ferait crier au miracle les bonnes gens, et ne laisserait pas à la longue de lui procurer une certaine réputation de prophète. Puis sont venus les médecins et les naturalistes qui ne pouvaient digérer les trois pestes que le docteur Nostradamus avait guéries par des remèdes de son invention, par des moyens non approuvés par la Faculté, *quel crime abominable!* Ceux-ci, à la vérité, voulaient bien convenir que l'auteur de ces prétendues prophéties était de *bonne foi*, mais c'était à la condition qu'il passerait pour ignorant, profondément ignorant, et dupe lui-même de son imagition de songe-creux, de visionnaire ou d'*halluciné*, comme on dirait aujourd'hui.

Les catholiques de pacotille, comme il y en a toujours eu, n'ont pas manqué de dire aussi leur mot sur ce prophète, et ce mot était invariablement celui-ci : *demonium habet*, il est possédé, comme si

prophète d'almanach, à en faire, le dirons-nous, le collaborateur et l'inséparable compagnon du double Liégeois Mathieu Lænsberg, si bien qu'aujourd'hui il nous faut prendre nous ne savons combien de précautions oratoires pour oser seulement prononcer son nom devant vous.

Et cependant, ce nom était déjà par lui-même le nom le plus beau, le plus doux et le plus respectable qu'un mortel pût porter en ce monde; ce nom lui avait été donné par Notre-Dame de Provence ou *des Anges* en mémoire de la conversion de ses ancêtres à l'éternelle loi du Christ, comme de nos jours, elle a encore donné

le père du mensonge pouvait *régulièrement* et *constamment* dire ou prédire la vérité, alors que saint Thomas d'Aquin, le plus grand docteur de la théologie prophétique que l'Eglise possède, n'accorde la connaissance de l'avenir au démon que dans des cas *rares et exceptionnels*. Comment, s'écriait-on, comment voudriez-vous que Nostradamus pût être prophète véritable, prophète de Dieu; il n'y a que *les saints* qui puissent devenir des prophètes; or, lui est médecin, marié et père de famille, *ergò*. Ces docteurs n'oubliaient qu'une chose, la doctrine de l'Eglise et celle de saint Thomas qui nous apprend que le don de prophétie est *gratuit* et peut se donner, s'il plaît à Dieu, aux *méchants* comme aux *bons*, ainsi que le confirme l'expérience historique.

Non, jamais peut-être, depuis que le monde est monde, on n'a imaginé autant de systèmes pour expliquer un homme, que celui-ci n'en fit imaginer à trois siècles et aux dix générations qui les ont remplis. Et en dépit de tous ces systèmes qui n'ont produit que des injures, des erreurs, des hypothèses ou d'inintelligibles explications métaphysiques, théologiques, physiologiques, magnétologiques et astrologiques, l'énigme que la Providence semble avoir voulu donner à deviner à ces trois siècles de lumière, subsiste; le sphinx n'a dévoré personne, et le nœud gordien n'est pas dénoué. Espérons que sans employer le grand sabre d'Alexandre que d'ailleurs nous n'avons pas, nous serons plus heureux, et que nous dénouerons ce nœud à la satisfaction de nos lecteurs.

le sien à un autre fils d'Abraham, à un autre de ses anciens compatriotes, à *Marie*-Alphonse Ratisbonne, en souvenir de la grâce miraculeuse qu'il avait reçue à Rome en 1842.

Oui, ce beau nom de *Notre-Dame*, en provençal *Nostra-Dame*, et en latin *Nostradamus*, qu'avait donné à l'oracle de la France la bien-aimée patronne de la France et la reine des prophètes, n'a pu le sauver de vos mépris et de vos railleries en prose et en vers[1];

[1] Croirait-on jamais, si le fait n'était mille fois historique, que c'est sur la foi de deux vers latins d'un nommé Jodelle du seizième siècle, que nous, Français, peuple le plus spirituel du globe, nous avons foulé aux pieds celui de tous nos grands hommes qu'il nous était le plus glorieux de voir sortir de nos rangs !

Eh bien ! il en est ainsi, personne ne le niera. Cependant il faut dire, si c'est là une décharge, que ces deux vers, dont tout le mérite consiste dans un calembourg, n'ont eu cet immense succès que parce qu'ils étaient l'expression abrégée du philosophisme religieux qui, dès la fin du seizième siècle, commençait à dominer ou du moins à influencer l'opinion de beaucoup de catholiques, surtout celle des littérateurs et des gens du monde, qui n'aiment pas, disent-ils, le mysticisme, et qui donnent ce nom à tout ce qu'ils ne peuvent pas s'expliquer, comme si, avec des prétentions, du jargon de société et même avec ce qu'on est convenu d'appeler de l'*esprit*, on était apte à s'expliquer quoi que ce soit dans les mystères de l'homme, dans ceux de la nature ou des sciences et surtout dans ceux de Dieu ou de la religion révélée.

Oui, jamais vers latins modernes n'ont eu le succès qu'eurent ceux de Jodelle depuis longtemps complètement méconnu ou plutôt inconnu. Tout le monde en France les sait par cœur, et vous les jette à la figure comme une condamnation, comme un argument sans réplique, dès que vous osez prononcer le nom de Nostradamus, surtout dans certaines sociétés imprégnées à leur insu du vieux levain de l'esprit de négation et d'incrédulité rationaliste qui a enfanté le protestantisme. On dirait à voir les monceaux de pierre que le philosophisme religieux des dix-septième, dix-huitième et dix-neuvième siècles a entassés sur la tombe du prophète catholique, que Nostradamus est

vous l'avez accusé d'avoir orgueilleusement usurpé les divines prérogatives de la sainteté, d'avoir osé se décorer du titre de prophète de Dieu et vous l'avez conspué, souffleté comme les Juifs ont conspué, souffleté le Christ, et vous lui avez dit comme ces derniers à leur divine victime : prophétise-nous qui t'a frappé, *Prophétiza nobis quis est qui te percussit.*

le grand ogre, le grand sphinx qui pourrait à volonté dévorer la civilisation payenne sortie du rationalisme dénégateur du seizième siècle. Et il faut convenir qu'il y a beaucoup de vrai dans cette crainte tout exagérée qu'elle paraît d'abord.

On conçoit en effet que les progrès du philosophisme conspirateur qui distingue ces siècles, étaient en quelque sorte menacés d'être arrêtés tout court, si on avait toléré qu'il pût sortir du sein de l'Eglise qu'on voulait enterrer, de cette Eglise qui, selon la prophétie toute récente de Pierre Leroux, *n'en a plus que pour trois cents ans dans le ventre*, qu'il pût en sortir, disons-nous, un prophète qu'on eût laissé tranquillement prophétiser comme il l'a fait, *le triomphe définitif* de cette Eglise et la ruine ou la conversion complète de tous ses ennemis, rois, docteurs et peuples; si, ajoutons-nous, on avait permis qu'il vint confirmer, expliquer ou fortifier par de nouvelles prophéties cette prophétie formidable de David que l'Eglise chante prophétiquement tous les dimanches : *Judicabit in nationibus, implebit ruinas, conquassabit capita in terrâ multorum*, puis disant à l'Eglise et à son divin chef : *Dominare in medio inimicorum tuorum*, et encore : *Sede à dextris donec ponam inimicos tuos scabellum pedum tuorum,* toutes prophéties qui depuis l'ouverture de la guerre contre les Russes, les plus acharnées ennemis que la foi catholique connaisse aujourd'hui, sont en marche accélérée vers leur accomplissement.

Voici, du reste, les deux vers de Jodelle auxquels nous allons, nous, répondre à la place du prophète qui a dédaigné de le faire, ou plutôt, qui dans l'immense pitié que ses lumières prophétiques lui inspiraient pour les malheureuses victimes du philosophisme réformateur, répétait en faveur de ses ennemis la prière du divin maître : *Pardonnez-leur, Seigneur, ils ne savent ce qu'il font.*

Nous placerons dans la bouche du prophète notre réponse aux

VI.

Mais tout ennemis que vous vous êtes montrés, ô Français, des prophéties divinement obscures et providentiellement barbares de Nostradamus[1], vous n'avez fait que réaliser en sa faveur cette prophétie du Christ:

attaques des philosophes et des faux-prophètes ses ennemis, comme eux-mêmes y avaient placé les aveux qu'ils lui prêtent :

Vers des faux-prophètes mis dans la bouche de Nostradamus comme un humble aveu.

Falsa damus quùm nostra damus, nam fallere nostrùm est,
Et quùm falsa damus, nil nisi nostra damus.

Réponse de Nostradamus aux faux-prophètes.

Falsa datis quùm vestra datis, nam fallere vestrùm est,
Sed quùm nostra damus, nil nisi vera damus.

Cette réponse vaut l'attaque littérairement parlant, et vaut infiniment mieux qu'elle pour le fond des choses, parce qu'elle a au moins le mérite de dire la vérité au lieu du mensonge, comme le prouveront à satiété la présente publication et celles que nous sommes en mesure de faire sur le même sujet par la suite.

[1] Ceux qui reprochent tant aux prophéties de Nostradamus leur langage obscur et barbare, ne se doutent certainement pas que ce reproche ne l'atteint nullement lui-même, mais s'adresse à plus haut que lui, s'adresse à Celui-là même qui l'a inspiré et qui n'a pas voulu que ses prophéties fussent plus claires. Car tout prophète est plus ou moins *impersonnel;* un prophète n'est pas lui, il est *un autre; je placerai mes paroles dans sa bouche,* dit Dieu en parlant d'un prophète, *ponam verba mea in ore ejus, et il vous dira tout ce que je lui aurai ordonné de vous dire,* ajoute-t-il, *et loquetur ad vos omnia quæ præcepero illi.* Est-ce clair, cela?

Lors donc que le langage d'un prophète est obscur ou barbare, comme celui de Nostradamus qui *en convient lui-même* plusieurs fois dans ses préfaces, ce n'est pas lui qui est barbare ou obscur, c'est son inspirateur qui n'a pas jugé à propos d'être plus clair, et qui cependant a mélangé dans ses prophéties les ombres et la lumière avec une adresse, une habileté, une délicatesse et une profondeur

qu'un prophète n'est sans honneur que dans sa patrie, *non est propheta sine honore, nisi in patriâ suâ.*

Bien mieux encore : vous n'avez fait qu'accomplir vous-même, sans le savoir, une prophétie de votre prophète national, qui, longtemps avant de mourir, en 1566, vous avait vu le traîner sur la claie de l'humiliation qui toujours précède l'exaltation, et vous

tellement divine qu'il devient possible, *au jour marqué*, de les séparer de nouveau, quelqu'intime qu'en paraisse la fusion. Aussi, lorsqu'il nous a été donné quelquefois et même nombre de fois de découvrir le sens véritable de l'oracle à travers ses ambages et ses célestes obscurités, avons nous éprouvé dans le silence du cabinet et le cours de nos modestes travaux, le dirons-nous, des moments de bonheur vraiment délicieux. Il est vrai que d'un autre côté nous avons payé depuis sept ans ces plaisirs prophétiques par bien des peines, bien des épreuves et des afflictions de tout genre ; mais ne nous plaignons pas trop, puisqu'en ce monde il n'y a pas d'enfantement sans douleur et que tout s'y paie chèrement, jusqu'aux joies si pures et si légitimes du cœur maternel.

Du reste, il faut bien qu'on le sache, les obscurités prophétiques ne sont pas seulement un effet pour ainsi dire nécessaire de la sagesse divine ou de la prudence providentielle du *Dieu caché*, du Dieu *à la parole celée*, qui les a dictées, mais sont encore quelquefois comme un châtiment des siècles rationalistes et philosophiques auxquels ce Dieu ne veut pas accorder ce surcroît de lumières révélées que contiennent les prophéties. Il ne faudrait donc pas trop s'étonner que pendant les dix-septième, dix-huitième et première moitié du dix-neuvième siècle, on n'eut *véritablement expliqué* qu'un *si minime nombre* de prophéties de notre oracle ; leur incrédulité capharnaïque, qui eût frappé d'impuissance jusqu'à la puissance divine du Christ, n'en méritait peut-être pas davantage. Le Ciel punit ainsi les siècles qui sont gouvernés par les faux-prophètes de la science humaine, et lui-même a eu soin de nous en avertir par l'organe du prophète Michée, écoutez ;

Hæc dicit Dominus Deus : super prophetas qui seducunt populum meum, qui mordent dentibus suis et prædicant pacem... propterea NOX *vobis pro* VISIONE *erit, et* TENEBRÆ *vobis* PRO DIVINATIONE.

avait dès-lors prophétisé *qu'à partir de la fin du seizième siècle* encore dominé dans une grande partie de la France par la foi du moyen-âge, les dix-septième, dix-huitième siècles, et la première moitié environ du dix-neuvième, dominés par les doctrines philosophiques et protestantes, *ne tiendraient plus aucun compte de celui qui avait été l'ornement de son temps.*

Cette prophétie, comme vous ne le savez que trop, s'est jusqu'à présent *pleinement réalisée* et se réalise encore en ce moment que nous écrivons ces lignes, qui de leur côté le prouvent à leur manière. Mais le prophète qui, comme il le dit lui-même dans ses deux préfaces, voyait par les yeux de Celui qui voit tout, a vu aussi qu'un jour, par l'interprétation que ferait de son ténébreux langage le plus inconnu de vos concitoyens, de vos frères en Jésus-Christ, l'inspirateur des prophètes, il vous annoncerait plusieurs grandes vérités qui frapperaient vivement votre attention jusqu'alors livrée aux calomnies de ses adversaires. Il a vu, par exemple, qu'il vous prophétiserait qu'un jour les Français ayant à leur tête un Empereur *nouvellement élu*, dit-il, par leurs suffrages universels et *soutenu* notamment par l'Angleterre, ferait *trembler le grand* autocrate de Russie qui effectivement a tellement *tremblé* que non content de décréter la levée de deux millions d'hommes pour résister à l'invasion d'une vingtaine de régiments français et anglais, débarqués à Eupatoria, il s'est mis à se sauver dans l'autre monde, frappé à mort d'une frayeur rentrée; il a vu que de plus il vous prédirait *différentes circonstances* de *la vie* de cet Empereur dont le *surnom seul*, dit-il, *suffirait* pour exercer sur vous comme une puissance magique, de cet Empereur qui vous gouvernerait avec tant d'autorité et de sagesse qu'il parviendrait à relever le nom imposant de la France dans toute l'Europe si longtemps coalisée contre elle, et qu'à votre tour, animés du feu sacré de la patrie, vous prodigueriez à la gloire de la nation et à celle de l'*Élu national*, vos milliards et le sang de vos enfants ; il a vu que cet Empereur, n'étant encore armé que de la puissance restreinte de la présidence républicaine, trouverait néanmoins dans la *vertu de son sang* et dans sa qualité de *neveu* du grand *Napoléon*, la force nécessaire pour protéger la société menacée par des factieux, ou, comme il le dit lui-même, pour protéger les *autels* et *les familles* des citoyens contre les projets subversifs des éternels ennemis de la paix publique ; il a vu qu'il vous annoncerait *le coup d'état du 2 décembre 1851* qui a sauvé la France et qui, ajoute-t-il, forcera les factieux à *convertir en sang et en deuil* les *vertes* espérances qu'ils avaient fondées sur le succès de leur conspiration. Il a vu en outre qu'il vous prophétiserait la prodigieuse, l'inconcevable, l'impossible *alliance de la France, de l'Angleterre et de la Turquie*, dont la seule annonce eût paru tellement extravagante il y a trois ans à peine, qu'elle eût suffi pour faire suspecter la santé intellectuelle de celui qui en eût sérieusement soutenu la probabilité ; enfin il a vu qu'il vous annoncerait *l'origine, les causes, les progrès et les vicissitudes* de la *guerre d'Orient*, qui doit couvrir de gloire la France et l'Angleterre, et tourner à la honte, à la ruine de l'ennemi qu'elles sont destinées à y abattre pour longtemps, pour toujours peut-être. Puis sortant un instant des limites de la France et entrant dans celles de vos amis et de vos alliés, il a vu le grand Empire à la fois maritime, continental, colonial, commercial et industriel que la Providence accorderait un jour à l'Angleterre, non pas seulement pour accroître la puissance matérielle et politique de cette ancienne sœur de la Gaule primitive[1], mais encore, mais surtout,

[1] Est-il encore nécessaire aujourd'hui de prouver que les trois royaumes de la Grande-Bretagne et leurs îles ne furent *primitivement* qu'une colonie de la Gaule? Ce fait est prouvé *sans réplique* par la langue celtique ou gauloise qu'on parlait autrefois et qu'on parle encore aujourd'hui dans plusieurs parties des deux pays. Le fonds de la population des îles britanniques est *gaulois*, à peine modifié par quelques gouttes de sang septentrional, tout comme le fonds de la population française. S'il y a quelque chose de parfaitement démontré, d'incontestable dans l'histoire ethnographique des peuples de l'Europe, c'est que les Anglais et les Français sont deux peuples frères par leur communauté d'origine, de langue, de mœurs et de fierté nationale. Espérons que l'Angleterre, où les lumières surabondent et à laquelle de grandes destinées, sous le rapport religieux, paraissent réservées, après avoir bu jusqu'à la lie le calice de la scission, redeviendra encore l'*île des saints*, et de plus deviendra, avec le concours de sa sœur la France, l'*île des apôtres* de l'Asie, de l'Afrique et de l'Océanie. Oui, espérons que les Anglais et les Français uniront un jour leurs illustres drapeaux pour la conquête spirituelle du monde, comme ils les ont unis jadis prophétiquement pour la conquête de Jérusalem, et comme ils les unissent aujourd'hui pour la conquête de la Crimée, qui, à son tour, n'est qu'une prophétie symbolique de cette future conquête du monde, ainsi que le prouve déjà l'influence si éminemment religieuse et vivifiante que le siége providentiel de Sébastopol exerce sur l'esprit de l'armée française et exercera aussi, sans nul doute, sur celui de l'armée anglaise. Car y a-t-il rien d'impossible à l'énergie et à l'intelligence supérieure que Dieu a donnée à ces deux peuples gaulois, à ces fils aînés de *Japhet*, dont le nom signifie *extension* et prophétise *lui-même* les *conquêtes* de ses plus nobles enfants, conquêtes que les Anglais ont beaucoup plus réalisées dans les cinq parties du monde que les Français qui ne les ont encore accomplies *matériellement* que dans le nord et l'est de l'Afrique, sur quelques points insulaires ou continentaux de l'Asie et de l'Amérique, quoique *spirituellement* ils les accomplissent par leurs missionnaires sur de vastes régions du monde asiatique, américain et océanique.

comme on s'en convaincra par la suite, pour accroître plus tard, par son intermédiaire, les progrès de la foi et étendre les conquêtes de l'Eglise dans tout le vaste continent de l'Asie, de l'Afrique, de l'Océanie, et de leurs systèmes insulaires respectifs. Car enfin, comme un jour la Reine puissante et resplendissante de gloire de cet immense Empire de *deux cents millions de sujets,* l'a dit avec une si haute raison, à plusieurs de nos frères dissidents qui se plaignaient à elle des progrès de la foi universelle en Angleterre : *Dieu n'est-il pas le maître?* Si le Seigneur, qui nous a *inspiré le principe de la liberté des cultes,* veut s'en *servir pour mettre fin librement aux divisions* de l'antique Eglise européenne *pouvons-nous résister à sa puissance?*

Le prophète ne s'en est pas tenu à cette excursion chez nos voisins, nos frères et nos alliés. L'esprit l'a transporté sur les domaines du successeur de saint Pierre, du père universel des fidèles, et là il a vu qu'un souverain pontife, déjà prédestiné par une autre antique prophétie à passer de croix en croix, *crux de cruce,* deviendrait comme le Christ son modèle, victime de ses hautes vertus, victime de sa magnanimité, victime de son amour héroïque du peuple, parmi lequel se trouveraient des serpents qui sous son règne enfanteraient une *peste cruelle.* Et pour mieux faire reconnaître ce pontife au grand cœur, pour mieux exprimer les entrailles de miséricorde et d'amour qu'il porterait en lui, pour le mieux peindre, c'est-à-dire pour le peindre d'un *seul mot*, il a ajouté que ce pontife serait celui-là même qui naitrait dans une ville de *l'antique France.* Et cette prophétie s'est accomplie *littéralement*, comme nous l'avons démontré en son lieu.

Enfin ce prophète qui est le vôtre, qui vous appartient

par sa naissance, sa langue, son cœur, son âme, son esprit et son caractère, a vu qu'il vous prédirait tant d'autres événements *impossibles* à prévoir la *veille même du jour* où ils se sont accomplis ou s'accompliront encore, que frappés d'étonnement à la vue de tant de merveilleuses prophéties si *incontestablement* authentiques et si *ponctuellement* réalisées, et bien convaincus alors de l'iniquité des préventions dont le philosophisme vous a nourris depuis près de trois siècles, vous passeriez *tout à coup* en présence de cette grande lumière, ou, comme il le dit lui-même, en présence de *cette grande clarté* prophétique qui viendrait à *illuminer* son nom comme une céleste auréole, vous passeriez, disons-nous, des injustes sentiments de mépris qu'on vous aurait inspirés pour l'oracle de la France à ceux de la joie la plus vive et de l'admiration la plus sincère!

Nous venons de dire *enfin,* mais non, nous ne sommes pas arrivés à la fin.... Ecoutez, écoutez encore!

Il a vu ce confident de la prescience éternelle de Dieu, ce prosélyte, ce nourrisson favori de Notre-Dame, la reine des prophètes, il a vu qu'un jour vous seriez engagés dans une guerre formidable contre le fier dominateur du Nord, contre d'innombrables essaims de Scythes et de Sarmates accourus à sa voix de tous les coins de son vaste empire; il a vu aussi que vous seriez tenus en échec devant une immense forteresse de la mer Noire, devant des remparts et des boulevards sans nombre entassés sur des remparts et des boulevards, tous hérissés de canons, tous vaillamment défendus par des milliers de barbares, disposant de toutes les ressources de vos sciences, de vos arts et de votre civilisation, par des barbares qui sauraient mourir avec joie et avec intrépidité pour leurs autels, leur trône, leurs conquêtes et pour l'orgueil de leur *invincible* empire ; il a vu encore que découragés quelquefois par la grandeur des obstacles que l'art, la nature, le climat, les rigueurs de la température, les privations, les fatigues, les périls incessants d'un long siége, les mers inhospitalières et l'éloignement de la patrie opposeraient à votre courage étonné qu'il put y avoir quelque chose d'*imprenable* pour des Gaulois comme ceux de l'Angleterre et de la France, plusieurs d'entre vous se laisseraient aller à des doutes sur le résultat définitif des sacrifices de sang et d'argent que cette expédition dévorerait comme un gouffre insatiable; mais il a vu aussi que ce serait dans ce moment même qu'il ressusciterait de la tombe qui s'est fermée sur lui il y a 289 ans, qu'il sortirait des ténèbres de son langage mort aussi, comme lui, depuis plusieurs siècles; qu'il reparaîtrait au milieu de vous plein de jeunesse et de vie comme l'aigle, et que prenant la voix amie de son interprète il vous annoncerait avec une joie à la fois patriotique et catholique : que ce formidable adversaire qui ose blasphématoirement s'intituler *le vrai croyant* et qui ne sera un jour que le Gog et le Magog de l'impiété boréale d'Ezéchiel; que ce formidable adversaire qui ose usurper la tiare de la papauté et donner le nom de saint Pierre à la ville *ultra* profane de Pierre le brutal; que ce formidable adversaire qui ose choisir chaque année le jour du vendredi saint pour maudire, pour excommunier, pour crucifier en effigie l'Eglise de Jésus-Christ dont Pierre est la pierre fondamentale; qui ose plus encore, qui ose, corrompant l'essence même de l'Evangile et de la liberté humaine, donner pour drapeau à l'agneau de Dieu immolé pour les hommes un sabre exterminateur des hommes, et mettre dans sa bouche ces paroles du tigre arabe : *Crois ou sois exterminé ;* que ce formidable adversaire, en un mot, devant lequel l'Allemagne, qui se proclame le *saint Empire catholique romain*, s'est inclinée si longtemps avec un pieux tremblement et un saint respect[1], serait en définitif écrasé par l'immortel

[1] Depuis que la Russie s'est aperçue que l'Allemagne croyait avoir besoin de sa protection pour lui servir d'épouvantail ou, si l'on veut, de croque-mitaine contre la France, il lui a paru que rien ne lui serait plus facile que de l'atteler à sa conspiration contre l'Orient et la liberté de l'Europe, ou du moins de la mettre dans l'impossibilité de la contrarier. Elle a vu que pour cela faire il lui suffirait d'entretenir à petit bruit la division en Allemagne par des alliances matrimoniales, des caresses, des cordons et autres grosses finesses de sa diplomatie que tout le monde voyait, excepté ceux qui en étaient les dupes. Elle a vu surtout que l'orgueil titulaire et formaliste des Allemands tenait bien plus à la défense de leurs prétentions princières et de leurs jalousies réciproques qu'à celle de leurs intérêts politiques, commerciaux et industriels qu'ils ne comprenaient pas encore ou qu'ils ne savaient pas vouloir avec assez d'énergie. Croirait-rait-on jamais, si le fait n'était aujourd'hui patent à tous les yeux, croirait-on que cet asservissement, que ce vasselage de l'Allemagne par les autocrates de Pétersbourg, était déjà arrivé au point que l'Autriche, la grande Autriche, qui compte 36 millions d'habitants, qui peut mettre en ligne 600 mille combattants et plus, fut réduite à pétitionner humblement, et qui pis est, *vainement* pendant 40 ans, pour obtenir de la grande cour babilonienne du Nord le droit de navigation sur l'embouchure d'un fleuve *essentiellement allemand*, le Danube? Le croira-t-on jamais, surtout si l'on vient à savoir que la libre entrée dans la mer Noire par le Danube, qui est vitale pour le commerce allemand, était formellement stipulée, convenue et arrêtée au congrès de Vienne dès les traités de 1815? L'outre-cuidante fatuité des tzars se donnait l'omnipotent plaisir de traiter la Majesté germanique absolument comme elle eût traité un monsieur plus ou moins important de Vienne qui eût sollicité la permission de se promener sur un lac russe. Chaque fois que l'Autriche renouvelait sa pétition, la Russie lui répondait par un nouveau bateau de pierres coulé à l'embouchure du Danube, ou si elle ne répondait pas de cette

Gaulois, par le fondateur de l'Europe, le soldat de Dieu et le véritable protecteur de la liberté des nations, écrasé, disons-nous, comme son orgueil schismatique et sa haine persécutrice de 10 millions de catholiques, le méritent depuis trop longtemps.

Ce n'est pas tout : il a vu, le prophète national de la France, que cette forteresse réputée inexpugnable, située, comme un nid de pirates, sur les eaux d'une mer inhospitalière, que cette forteresse, que vous étiez

façon, elle lui répondait par des promesses russes, des poignées de main, des compliments, de l'eau bénite de cour, et surtout par des *protocolles*, ce qui en grec et dans la langue sacrée des Russes, veut dire des *colles de première qualité*. On voit qu'il n'était guère possible de se jouer plus agréablement de l'Autriche, de la foi jurée et en général de l'importance qu'à Pétersbourg on accordait aux Allemands.

Quel sera le châtiment des souverains allemands pour avoir violé les devoirs que leur position centrale, leur position limitrophe de la Russie et surtout l'équilibre véritable de l'Europe leur avaient imposés contre les envahissements de l'ambition moscovite, surtout depuis la suppression du boulevard de la Pologne? Ce châtiment consistera non-seulement à recevoir de l'énergie et de la magnanimité anglo-française le cadeau de la mer Noire et celui d'un immense débouché en Orient que ces souverains n'ont pas voulu ou n'ont pas osé contribuer à conquérir, même dans l'intérêt le plus évident de leurs sujets, mais il consistera encore à confesser à haute et intelligible voix que désormais il ne faut plus compter sur l'Allemagne pour maintenir l'équilibre oriental de l'Europe, pour contenir l'ambition moscovite dans les bornes que depuis fort longtemps elle n'eût jamais dû dépasser, à confesser aussi que l'équilibre de l'Europe gît dans une prédominence russe perpétuellement menaçante pour l'Orient, surtout *pour l'Allemagne divisée*, et que par conséquent, si l'Europe, de laquelle les princes allemands consentent à ne plus faire partie par amour pour la domination russe, veut absolument un boulevard contre les invasions orientales de la Russie, elle doit en chercher un autre que l'Allemagne, à moins cependant qu'elle n'aime mieux recommencer *tous les dix ans* à verser des fleuves de sang et d'or sous les murs de Sébastopol.

quelquefois sur le point de décorer du titre d'*imprenable*, serait *prise* par vous, qu'elle serait livrée aux *flammes vengeresses*, qu'elle serait *abandonnée* à *vos soldats*, qu'une *hideuse mortalité* dirigée par vous, dévorerait la plupart des *orthodoxes* qui s'y trouveraient, et que *pas un des nombreux crimes*, des *nombreux massacres* que le machiavélisme moscovite et la cupidité sanguinaire des autocrates ont commis en 1783 notamment, en Crimée sur les Tartares qui en étaient paisibles et inoffensifs habitants, *n'y sera pardonné*, dit l'oracle. Oui, l'éternelle, l'implacable justice du Ciel, vengeresse du crime jusque dans la quatrième et la cinquième génération, c'est-à-dire, toujours et sans prescription aucune, a condamné la Russie qui a cimenté Sébastopol avec le sang innocent des Turcs et des Tartares, femmes, vieillards, enfants, a condamné la Russie, disons-nous avec le prophète, à verser maintenant des flots de sang russe afin d'y faire dissoudre ce ciment turc et tartare qui crie vengeance depuis 72 ans. Car la justice talionaire de Dieu punit le crime des nations comme celui des individus, par où il s'est commis, *dent pour dent*, *œil pour œil* et *sang pour sang;* Alexandre II paiera pour Catherine II, et le dix-neuvième siècle soldera les comptes arriérés du dix-huitième[1].

[1] On voit par ce langage, et surtout par celui qui le suit, que cette introduction, aussi bien que les explications prophétiques sur la prise de Sébastopol à laquelle elle fait allusion, étaient écrites *longtemps avant la prise de cette forteresse*, comme pourraient l'attester du reste plusieurs personnes de Metz auxquelles nous les avons communiquées dès le mois de mai 1855 Diverses circonstances, indépendantes de notre volonté, en ont retardé la publication, laquelle, si elle avait pu avoir lieu au printemps de 1855, eût contribué à soutenir le courage de nos soldats, quelquefois ébranlé par l'opiniâtre résistance des assiégés, et même combattre les doutes que plusieurs de leurs chefs ont par fois émis sur l'issue de ce siége gigantesque et hors ligne.

Quand ces mémorables et à jamais admirables prophéties sur le siége, la prise et la ruine de Sébastopol seront accomplies, quand, plus tard, sans le moindre doute, elles seront suivies de l'accomplissement de celle qui annonce la *défaite complète des Russes* dans plusieurs grandes batailles, que deviendront les adversaires du grand prophète français monté enfin sur le Thabor après un Calvaire de plusieurs siècles que lui auront fait souffrir les scribes et les docteurs du philosophisme? Ce qu'ils deviendront? Ils seront réduits à se cacher devant l'admiration et la reconnaissance publique qui les lapideraient s'ils osaient se montrer ou se nommer; vous verrez même alors que ce sera à qui aura été, *la veille*, un fervent admirateur du grand oracle des temps modernes. Et quant à leurs livres remplis d'invectives et de sarcasmes rationalistes contre l'homme de Dieu, attendant avec patience depuis des siècles qu'il plût à la justice, quelquefois tardive du Ciel, de le venger, le peuple en fera un vaste *auto-da-fé* pour les éclairer au moins à la lueur de leurs propres écrits, la seule véritable et salutaire qu'ils auront jamais donnée, et justice sera faite.

Mais qu'est-il besoin d'attendre l'accomplissement de ces deux prophéties pour obtenir la condamnation des adversaires de Nostradamus? Cette condamnation n'est-elle pas acquise dès aujourd'hui? N'est-elle pas écrite, consignée et enregistrée dans les prophéties que nous publions en ce moment, qui portent sur des faits *connus de tous* et dont *tous*, par conséquent, sont juges compétents? Le parfait accomplissement de ces prophéties si authentiques n'est-il pas aussi admirable, aussi convainquant que le sera l'accomplissement de celles qui annoncent la défaite des Russes et la destruction de leur repaire de la mer Noire?

Nous l'entendons ainsi, et nous espérons que le public bien informé confirmera ce jugement qui était d'ailleurs, il y a trois siècles, une certitude pour le prophète, comme le prophétisent et par conséquent comme le prouvent les quatre vers suivants que nous venons d'expliquer en grande partie sans les avoir cités et qu'il est temps maintenant de mettre sous les yeux de nos lecteurs avec une interprétation à la fois plus littérale et plus complète :

De cinq cents ans plus compte l'on tiendra
Celui qui était l'ornement de son temps:
Puis à un coup grande clarté donra
Que par ce siècle les rendra très contens (C. 3,94).

Traduction à la fois libre et littérale de cette prophétie.

A partir de la fin du siècle dans le millésime duquel se trouvent *cinq cents ans*, l'*on ne tiendra plus compte* de *celui qui était l'ornement de son temps;* puis, *tout-à-coup*, celui-là même dont on ne tenait plus aucun compte, dont on ne faisait plus aucun cas, *donnera une grande clarté*, et cette grande clarté *rendra très-contens*, très-satisfaits *les hommes du siècle* où elle brillera.

Traduction plus ample et plus claire.

A partir de la fin du siècle où l'on compte par *cinq cents ans*, c'est-à-dire, par *mille cinq cents ans*, par conséquent, à partir de la fin du siècle commençant par 1500 et finissant par 1599, ou pour parler la langue du jour, à partir de la fin du *seizième siècle*, qui est le siècle où a vécu le prophète et qui est aussi *le seul* de ce genre qui soit applicable à sa pensée, les hommes *ne tiendront plus compte*, ne feront plus aucun cas du prophète qui *avait été l'ornement de son temps*.

La *première partie* de cette prédiction s'est pleinement réalisée, et les nombreux adversaires, les nombreux contempteurs de Nostradamus qui, sans le vouloir et sans le savoir, ont tant contribué à la pleine réalisation de cette première partie, sont contraints d'avouer qu'ici du moins le prophète a parfaitement *deviné*, puisqu'il a eu assez d'esprit pour deviner le peu de cas qu'on ferait de lui et de ses prophéties; ils avoueront aussi sans peine qu'il n'a pas encore mal deviné, quand il a prédit que ce mépris public, qui servirait comme de sépulcre à ses barbares et inintelligibles prophéties, durerait pendant tout le temps que les lettres et les lumières philosophiques seraient florissantes en France, c'est-à-dire pendant tout le dix-septième, dix-huitième et première moitié du dix-neuvième siècle, à l'expiration de laquelle nos littérateurs et nos philosophes parisiens en renom osent eux-mêmes, comme épuisés, comme tout évidés, comme morts à la peine dans leur lutte contre l'éternelle vérité du Calvaire, prononcer tristement de temps à autre le mot de *décadence* et même celui de *renaissance* du *mysticisme*. Oui, le mysticisme renaît, et maintenant ces messieurs le diront plus hardiment que jamais, puisque les tables tournent et parlent et prophétisent, et que Nostradamus lui-même ose soulever sa pierre sépulcrale pour ressusciter, pour reparaître dans le monde. Mais laissons ces considérations que nous retrouverons peut-être ailleurs, pour continuer le commentaire de notre prophétie.

L'histoire, avons-nous dit, a pleinement justifié le premier vers ou la première partie de cette prophétie; elle n'a pas moins complètement justifié le second vers que nous appellerons la seconde partie.

En effet, l'histoire nous prouve surabondamment

que Nostradamus, issu d'une très-respectable et très-chrétienne famille de notaires royaux et de médecins de la cour des Renés de Provence, premier médecin lui-même du roi Charles IX, et de toute l'aristocratie provençale, honoré dans la petite ville de Salon où il demeurait, de la visite pompeuse et de la pension que lui fit ce prince suivi de toute sa cour, honoré des riches présents que lui fit Catherine de Médicis, honoré auparavant, et dès 1556, des cadeaux non moins magnifiques que lui avait faits le roi Henri II, qui l'avait prié de venir à la cour et l'avait chargé de lui révéler les destinées des trois princes ses enfants qui furent depuis François II, Charles IX et Henri III, que Nostradamus, disons-nous, *continuellement, journellement* visité dans sa petite maison socratique de Salon par tout ce que la France du seizième-siècle contenait de princes, de ducs, de comtes, de capitaines illustres, de gouverneurs de province, de savants, de religieux éminents, de grands seigneurs et de personnes de distinction surtout parmi les grandes dames de l'époque; que Nostradamus enfin, nommé à vingt-deux ans et par *acclamation*, après un examen triomphant, docteur et professeur de médecine à l'école fameuse de Montpellier, nommé depuis premier médecin de Marseille, d'Avignon et d'Aix qui l'avait pensionné; dompteur médical de trois pestes furibondes, etc., etc., était en réalité, et sans parler de ses livres, de ses prophéties et des ovations populaires dont il avait été plusieurs fois l'objet, *l'ornement* et *plus que l'ornement de son temps*.

On ne manquera pas de nous dire que si cela était, il ne devait pas le dire *lui-même*. Et nous, nous disons qu'il pouvait le dire sans blesser l'humilité chrétienne, et même qu'il devait le dire, par la raison d'abord que dans ce second vers Nostradamus n'est pas prophète mais historien, obligé de dire la vérité, et qu'ensuite y eût-il déposé une prophétie, la première personne pour un prophète est toujours une troisième personne. En effet, il n'y a plus *d'égoïsme,* de vanité chez celui qui est convaincu depuis longtemps, par des faits visibles et tangibles, que toutes ses pensées lui viennent de Dieu et non de son propre esprit, chez celui qui se croit avec raison la chose ou l'homme de Dieu; le premier devoir d'un tel homme est de répéter *fidèlement* ce qui lui a été dicté ou inspiré, et ainsi il ne saurait, sous prétexte de modestie, avoir le droit de contrarier la pensée prophétique ou historique de l'inspirateur, qui dans ce passage, par exemple, en forçant l'organe à dire qu'il avait été *l'ornement de son temps,* voulait mieux faire toucher au doigt l'iniquité et la mauvaise foi dénégatrice du littérarisme philosophique qui devait venir à régner après lui, à partir de la fin du seizième siècle, et nier, contester, insulter, comme satan, le mérite et la vérité des prédictions d'un prophète catholique, leur disant tout simplement comme le socialisme de nos jours a dit aux saines doctrines gouvernementales : *ôtez-vous de là que je m'y mette.* Aussi, par cela seul que Nostradamus sort aujourd'hui de son sépulcre, et reparaît sur l'horizon, on peut dire que la fin du règne de ce littérarisme approche ou même est arrivée, comme il en convient d'ailleurs lui-même.

Ce n'est pas que Nostradamus eût, même de son vivant, manqué d'un certain nombre d'ennemis, c'est-à-dire d'envieux qui accompagnent d'ordinaire les hommes illustres, comme l'ombre le soleil. Mais ce ne fut, à proprement parler, qu'en 1600, au commencement du dix-septième siècle et environ trente-quatre ans après sa mort, que la persécution de sa mémoire et surtout de ses prophéties commença à devenir systématique, et prit, sous le protestantisme semi-triomphant du règne de Henri IV, des proportions en rapport avec la puissance des persécuteurs, et depuis lors elle est toujours, quoique lentement, allée en croissant jusqu'à notre époque, où il faut plus que du courage, où il faut une sorte d'héroïsme et d'abnégation évangélique pour oser publier avec éloge, en face du philosophisme encore régnant, les prophéties d'un prophète si longtemps méconnu et traîné dans la boue.

Les deux premiers vers de ce quatrain se sont donc parfaitement accomplis, l'un comme prédiction et l'autre comme relation historique. On peut même dire que le premier n'a cessé de s'accomplir pendant plus de deux siècles et demi, depuis 1600 jusqu'en 1855.

Les deux derniers vers ne doivent s'accomplir qu'en 1855 ou à partir de cette date. A cette dernière époque, dit la prophétie, le prophète doit *tout-à-coup* jeter un grand éclat, c'est-à-dire reparaître dans le monde avec *une grande clarté*, avec un grand éclat. Il faut donc nécessairement, puisque des prédictions *plus ou moins obscures* ne peuvent pas paraître dans le monde *toutes seules* ni s'expliquer *par elles-mêmes*, que quelqu'un les y accompagne et leur serve d'interprète. Il faut, en un mot, que quelqu'un publie et explique un certain nombre des prophéties de ce prophète; il faut de plus et il faut même *nécessairement* que ces prophéties, ainsi publiées *à la fois*, soient de nature à faire une grande sensation dans le public; il faut qu'elles excitent au plus haut degré l'attention générale, qu'elles intéressent vivement toute la nation par l'importance des événements annoncés et la grandeur de la gloire qui doit en rejaillir sur toute la France; il faut en outre que plusieurs de ces prophéties se soient accomplies avec une exactitude si ponctuelle que leurs lecteurs en soient dans l'étonnement d'abord, dans l'admiration ensuite, et enfin dans un tel état de *satisfaction* que tout le monde se trouve dans la disposition la plus heureuse pour faire au prophète de la France une immense réparation, pour lui rendre toute la justice qu'il mérite et pour lui accorder, dans l'opinion du moins, les honneurs d'un triomphe sur tous les adversaires que le philosophisme lui a suscités pendant trois cents ans.

Mais qui est ce *quelqu'un* qui doit publier des prophéties de Nostradamus, destinées par la nature de leurs sujets à produire sur toute la nation cette grande sensation dont nous venons de parler, destinées ou plutôt prédestinées à répandre sur la mémoire du prophète cette vive lumière, cette *grande clarté*, ce grand éclat de gloire que le prophète se prophétise à lui-même, par conséquent aussi prédestinées à obtenir du public l'accueil favorable que ce grand éclat de gloire et ce *grand contentement* de ce même public supposent nécessairement dans la prophétie que nous expliquons?

Ce *quelqu'un* serait-il nous-même qui serions ainsi prophétisé dans le succès que notre publication doit obtenir, ou bien serait-ce un autre qui doit venir après nous, et qui doit annoncer à la France, de la part du prophète, des événements encore plus importants que ceux que nous publions et qui depuis huit mois tiennent en suspens toute l'Europe, lui communiquer des prophéties plus intéressantes encore que celles que nous communiquons à la France sur Napoléon III, sur l'histoire politique de nos dernières années et sur la guerre d'Orient, que nous faisons connaître à l'Angleterre et au monde sur la longue durée réservée *au grand Empire Britannique*, connaître aussi à l'Italie et à toute la catholicité sur l'histoire révolutionnaire de Rome et les épreuves douloureuses prédestinées à S. S. le vénérable Pie IX?

Oui, celui que nous supposons pouvoir nous succéder, pourrait-il bien annoncer à la France et à l'Angleterre des événements plus glorieux et plus hautement importants que la prise et la destruction de Sébastopol, la reine des forteresses du monde? plus glorieux et plus importants que la défaite des Russes réputés, surtout dans les conditions si favorables de protection où les place la neutralité armée de la circonvoisine Allemagne, réputés, disons-nous, les peuples les plus difficiles à vaincre dans leur propre pays, tant par l'immensité de leurs déserts naturels que par l'impitoyable facilité qu'ils ont d'en créer à volonté, tant par la force herculéenne de leurs corps endurcis aux fatigues que par l'indomptable fanatisme de leur courage pieusement convaincu de son invincibilité, tant par le grand nombre de leurs défenseurs que par le petit nombre de ceux qu'il est possible de leur opposer, tant par les rigueurs de leur climat, de leurs neiges et de leurs glaces presque perpétuelles que par les longues distances, les longues et dangereuses mers qu'il faut franchir pour les atteindre, tant enfin par l'innombrable quantité de trésors qu'il faut dépenser pour entretenir cette guerre lointaine, à la fois maritime et terrestre, que par les difficultés presqu'insurmontables qu'il faut vaincre pour transporter lentement à mille lieues même une petite quantité de chevaux, de munitions de guerre et de bouche?

Qu'il nous soit donc permis de dire que nous croirions difficilement à la possibilité de publier des prophéties plus hautement importantes que celles que nous publions aujourd'hui, plus intéressantes pour la gloire de la France et de l'Angleterre, et par conséquent plus susceptibles de donner au prophète ce grand éclat de renommée et aux deux peuples frères, aux deux peuples gaulois de l'Occident, *cette vive satisfaction* qui est annoncée dans nos prophéties et que leur causera, sans le moindre doute, la prise de Sébastopol *l'imprenable* et la défaite des Russes les *invincibles.*

Nous sommes d'ailleurs *le premier en date* qui publions, non pas successivement mais *à la fois*, un certain nombre de ces prophéties hautement intéressantes pour tous les Français de quelqu'opinion qu'ils soient d'ailleurs et par conséquent de nature à jeter un grand éclat sur le prophète qui en est l'auteur. Or, il est rationnel et logique de penser que la prophétie que nous venons d'expliquer s'applique *par ordre de priorité* à la *première* grande clarté que le prophète répandra *tout-à-coup*, et non pas à la seconde ni à la troisième.

Reste donc l'hypothèse que ce serait de nous-mêmes ou plutôt de notre publication que le prophète aurait voulu implicitement parler. S'il en était ainsi, que Dieu soit béni et daigne recevoir nos humbles actions de grâce de ce qu'il aurait voulu se servir de son infime serviteur pour faire annoncer de si glorieux événements à la France, à l'Angleterre et à l'Europe! pour faire rendre justice enfin à la mémoire de son grand prophète si longtemps méconnu et maltraité dans sa propre patrie!

Toutefois, nous souvenant que *l'esprit souffle où il veut* et que *nous sommes tous* des instruments entre les mains de Dieu, nous nous garderons bien de tirer aucun sentiment de vanité de la préférence qui nous aurait été accordée en cette circonstance, parce que nous savons que des dons gratuits qui sont accordés aux méchants comme aux bons, ne prouvent absolument rien en faveur de ceux qui les ont reçus et ne leur garantissent nullement que quelque jour le souverain juge ne leur vienne dire ce que dans l'Evangile il menace de dire aux prophètes et aux opérateurs de miracles eux-mêmes : *Retirez-vous, je ne vous connais pas*. Aussi, bien loin, nous le répétons, de nous prévaloir de ce que nous aurions découvert et démontré Nostradamus sous les monceaux de pierres dont toute la France littéraire avait lapidé sa mémoire et sous lesquelles, en dépit de quelques réclamations[1], ses prophéties paraissaient dûment ensevelies, jugées et condamnées, bien loin de nous croire une intelligence supérieure à celle de tant de ses illustres détracteurs, qui peut-être n'avaient jamais donné une heure de leur vie à la lecture des pages divinement inspirées de ce grand homme, nous sommes très-disposé à accorder aux ennemis de notre prophète national toutes sortes d'avantages intellectuels sur nous; nous les prierons seulement de se rendre enfin à l'évidence dans les jugements qu'ils porteraient à l'avenir sur cet homme unique en France et dans l'Europe entière pour les grâces et les talents de tous genres qu'il avait reçus de Dieu; nous les prierons même plus tard, quand nous aurons mis cette illustration nouvelle dans tout son jour, de con-

[1] La meilleure, sans contredit, de toutes ces réclamations, est l'édition qu'a publiée, en 1840, M. Eugène Bareste *des prophéties de Michel Nostradamus*. Cette édition, dont le texte prophétique, quoique plus épuré que dans beaucoup d'autres réimpressions, laisse encore à désirer quelquefois pour la correction, est précédée d'une *vie de Nostradamus*, d'une réfutation de quelques-uns de ses adversaires, et d'une introduction sur les prophètes et les prophéties tant anciennes que modernes qui est à elle seule un livre plein de science et d'érudition. Somme toute, cette édition de M. Bareste, est le travail le plus important qu'on ait jamais publié sur Nostradamus.

tribuer avec nous à l'érection d'un monument de gloire que Nostradamus, cet astre, ce soleil si longtemps éclipsé de la Provence, mérite à plus juste titre peut-être que qui que ce soit de nos grands hommes, sans en excepter la Débora, la Judith, la glorieuse prophétesse guerrière de Lorraine.

Et, non content de ces prières, nous prierons Dieu de leur pardonner leurs calomnies et leurs insultes, car ils *ne savaient ce qu'ils disaient*. Il est écrit, en effet, que personne n'est prophète dans son pays, *nemo acceptus propheta in patrià*. Puis, ne fallait-il pas, pour la plus grande confusion de la sagesse humaine, pour la confusion salutaire de notre philosophie, que Nostradamus, comme autrefois les prophètes de la Palestine, et comme le Christ lui-même, notre modèle à tous, souffrit toutes ces persécutions et qu'il entrât ainsi dans sa gloire : *nonne haec oportuit pati, et ità intrare in gloriam suam?*

VII.

Et maintenant s'il restait encore dans l'esprit de quelques lecteurs obstinés des doutes sur la valeur prophétique de Nostradamus, nous les prierons de vouloir bien considérer avec nous que cet homme si grand par les nombreuses confidences dont Dieu l'a honoré, a fait depuis longtemps les preuves qu'on est en droit d'exiger d'un prophète, quoique ces preuves, par suite des préventions que ses ennemis étaient parvenus à accréditer contre lui, soient restées, depuis plusieurs siècles, ignorées du public devenu sourd ou indifférent aux quelques réclamations isolées qui se sont fait entendre de temps à autre en sa faveur. Nous les prierons surtout de considérer que s'ils veulen t être réellement des rationalistes, ils doivent aussi, comme ce titre l'exige, accepter, comme rationelles, même les réfutations qu'on ferait de leurs préjugés, si d'ailleurs elles étaient conformes aux lois de la raison et de la logique dont seule ils reconnaissent l'autorité.

La question ainsi posée, nous dirons aux rationalistes que nous ne demandons pas mieux que de traduire la cause de Nostradamus au tribunal même de la raison, et que c'est par devant ce tribunal que nous prétendons interjeter appel contre leurs opinions sur les prophéties en général et sur celles du prophète français en particulier. Oui, c'est par le tribunal même de la raison, que seul ils admettent, que seul ils regardent comme compétent, que nous voulons les faire condamner à faire des excuses et une réparation complète à celui qu'ils ont si longtemps conspué.

Nous adressant donc à la raison la plus pure, la plus nette, la plus positive, que les hommes aient pu imaginer, la raison mathématique, nous lui demanderons combien il y à parier contre 1 qu'un rationaliste, élevé au maximum de puissance, ne devinera pas le nom de l'individu qui doit le 19 avril 1964 mettre le feu aux quatre coins de la ville de Jérusalem et la consumer toute entière? La raison la plus pure, la raison mathématique, nous répondra qu'il y a sur cette question *autant à parier contre 1*, qu'il a *jamais* existé de *noms propres* et même *de mots* dans les trois à quatre mille langues vivantes ou mortes que la savante linguistique de notre époque a comptées sur le globe. Bien plus, elle nous répondra qu'il y a à parier contre 1 autant qu'il est possible de former de mots avec tous les alphabets qui peuvent exister dans toutes les langues humaines qui sont possibles; en un mot, elle nous répondra qu'il y a à parier contre 1 si non *l'infini*, du moins l'indéfini, c'est-à-dire, des nombres fabuleusement énormes, des vigintillions, des quadragintillions, des centillions, que ce rationaliste ne devinera pas ce nom propre.

Eh bien! Nostradamus l'aurait deviné sans hésiter, du premier coup et sans jamais se tromper. Est-il prophète de par la raison mathématique, la plus pure et la plus positive qui existe?

Mais la preuve, direz-vous? La preuve! Nous pourions vous en donner vingt, cent, cinq cents, mille; car ses prophéties *fourmillent* littéralement de noms propres, noms propres en tout genre, noms propres de personnes, de lieux, de temps, etc. Nous n'en donnerons, faute d'espace, que quelques-unes qui seront plus que suffisantes pour décider pleinement la question en litige.

Demandez à Nostradamus, mort le 2 juillet 1566, comment s'appellera le traître qui conspirera en 1602 contre Henri IV au profit de l'Espagne? Il vous répondra *Robin*. Et demandez-lui comment s'appellera le traître qui à son tour trahira ce traître au profit de Henri IV? Il vous répondra sans hésiter qu'il s'appellera *Lafin*. Mais, dites-vous, Nostradamus se trompe; *Robin* n'est pas le nom du traître qui a conspiré contre Henri IV; ce conspirateur s'appelait *Biron*. Oui, mais *Robin* est l'anagramme exacte, l'anagramme lettre pour lettre de *Biron*, et pour faire cette anagramme si exacte, il fallait évidemment et nécessairement savoir le nom de Biron, dont il n'était pas prudent ou plutôt dont il ne convenait pas à la Providence *qui respecte la liberté des actions humaines*, de divulguer d'avance le nom trop connu alors en France, surtout quand il s'agissait d'une *affaire capitale* comme celle d'une conspiration contre le trône. Il est évident, en effet, que si le prophète avait nommé *en toutes lettres* Biron dans une prophétie où il est dit que ce conspirateur *aura la tête tranchée*, Biron ainsi averti ne se fut pas mêlé dans *cette traîtreuse entreprise*, comme dit Nostradamus, et par conséquent sa liberté eût été génée par Celui-là même qui *devait lui demander compte un jour de l'usage qu'il en aurait fait*. Le voile de l'anagramme était donc ici de *rigueur*, il était commandé et pour ainsi dire imposé à Dieu par la justice elle-même. Le même inconvénient n'existait plus pour le nom propre de *Lafin*, espèce de saute-ruisseau, d'intrigant politique de l'époque, qui, quoique secrétaire de Biron, n'était connu que de son petit entourage, et dont par conséquent personne ne se serait avisé de chercher le nom, si peu important, dans une prophétie et encore bien moins de croire l'y avoir trouvé, quand même on l'y aurait lu en toutes lettres. C'est précisément là-dessus que comptait le prophète quand il n'a pas pensé qu'il put y avoir de l'inconvénient à le rapporter en toutes lettres, surtout après avoir anagrammatisé celui du maréchal Biron. Car il faut savoir que dans les prophéties l'ombre et la lumière se font réciproquement compensation, le tout pour ne pas violer *la grande loi* de la moralité humaine fondée sur la liberté de faire le bien et le mal. Mais continuons nos citations.

Vous demandez à Nostradamus comment s'appellera le grand seigneur qui en 1632 sera jeté dans *une prison neuve* à Toulouse, puis *livré au bourreau?* Il vous répondra aussitôt qu'il s'appellera *Montmorency* en toutes lettres. En toutes lettres, disons-nous, parce qu'ici la clarté du nom propre est compensée par les ombres ou plutôt par les ténèbres du langage prophétique, de telle manière que l'événement seul pouvait éclairer et faire découvrir le sens réel de la prophétie. Il n'y avait donc plus dès-lors d'inconvénient à ne pas anagrammatiser ce nom propre, et à le publier en toutes lettres, quelque connu et même célèbre que fût ce nom aristocratique en France.

Voulez-vous savoir qui l'emportera dans la guerre civile et religieuse qui sur la fin du seizième siècle, mais 24 ou 25 ans après la mort de Nostradamus, sera faite par les princes lorrains contre Henri IV, qu'on appelait à cette époque *le duc de Vendosme*, et plus généralement *Vendosme* tout court. Le prophète va vous le dire, en nommant les deux parties belligérantes avec une exactitude désespérante pour les incrédules. Lisez ce vers du quatrain dix-huitième de la dixième centurie :

Le rang Lorrain fera place à Vendosme

c'est-à-dire, comme l'histoire l'atteste, que la position ou *le rang* de rois, de souverains intérimaires que les princes lorrains étaient parvenus à se créer en France vers la fin du seizième siècle, fera place à la royauté légitime du duc de Vendôme.

Mais peut-être serez-vous curieux de savoir si un prophète aurait bien pu deviner le nom historique, le nom populaire que porterait dans la postérité le jour qui a vu le massacre des protestants français en 1572, savoir aussi dans quelle ville ce massacre aurait lieu, et si cette ville se souviendrait longtemps de ces funèbres représailles contre les Huguenots? Nostradamus va répondre à ces trois questions en trois lignes. Ecoutez :

La grand'cité qui n'a pain à demy
Encore un coup la Saint Barthelemy
Engravera au profond de son âme.

Ce qui signifie que Paris, la *grande cité*, qui en 1572,

n'avait du pain qu'à demi, qui souffrait d'une disette, comme le dit l'histoire, *graverait* un jour *au profond de son âme la Saint-Barthélemy*, dont le prophète a déjà parlé une fois ailleurs et dont il parle ici *encore un coup*. Est-ce clair, cela? et il y avait cependant *l'infini* à parier contre 1 que cela ne se trouverait pas.

Et quelles sont les villes de France et de l'étranger qui prendront une part plus particulière à la guerre que devaient soutenir Catherine de Médicis et surtout les princes lorrains, ces autres Machabées à l'héroïsme et à l'énergie catholique desquels l'Eglise doit d'avoir conservé sa fille aînée. Le prophète pourrait-il bien nous les nommer? Volontiers; écoutez encore :

> Nismes, Rochelle, Génève, Montpellier,
> Castres, Lyon, Mars entrant au bélier,
> S'entrebattront le tout pour une dame.
>
> (Catherine de Médicis).

Eh bien! qu'en dites-vous? En avez-vous assez comme cela? Ou bien faut-il continuer à vous lapider de noms propres, contre la divination de chacun desquels s'élevaient des vigintillions de chances hostiles? Faut-il vous apprendre que Nostradamus a vu, 236 ans d'avance, que Louis XVI, dans sa fuite en 1791, passerait par la forêt de *Reines*, qu'il serait arrêté à *Varennes* nommé en toutes lettres? Et par qui ce roi sera-t-il arrêté, Nostradamus le savait-il? Oui, il le savait, et il vous nomme en toutes lettres l'épicier *Saulce,* qui *vend de l'huile par quartauts*, c'est-à-dire par quarterons, et qui a effectivement arrêté ou fait arrêter Louis XVI à Varennes. Le prophète va plus loin, et il vous nomme en toutes lettres aussi le ministre *Narbonne,* qui *trahirait*, dit-il, son roi, et qui en effet, tout obscur qu'a été son ministère, a su le rendre funeste à Louis XVI.

Non content d'avoir prédit le régicide de la France, Nostradamus a prédit aussi le régicide de l'Angleterre, et il l'a fait cette fois avec une clarté qui nous étonne, habitué que nous sommes aux obscurités presqu'habituelles de son style prophétique. Ecoutez :

> Senat de Londres mettront à mort leur Roy :
> Le sel et le vin lui seront à l'envers:
> Pour eux avoir le regne en desarroy.

Y a-t-il rien de plus clair que le premier vers qui nous annonce que le *parlement* ou le *sénat* qui siége à *Londres mettra à mort son roi?* Le fait de la condamnation à mort de Charles I ne suffit pas au prophète, il indique les *causes* et *les suites* de ce grand événement qui eut lieu en 1649. C'est le *défaut* de *sel* ou de sagesse et le *défaut de vin* ou de force de caractère qui conduiront, dit-il, le malheureux roi à l'échafaud. Eh bien! l'histoire de Charles I ne dit pas autre chose, quelle que soit l'opinion qui l'ait rédigée. Quant à la faction des *parlementaires*, ils auront, après cette funeste exécution, le *règne* ou le gouvernement *en désarroy*, le tout encore comme le rapporte l'histoire. Inutile, du reste, d'apprendre à ceux qui savent un peu la langue française du quinzième ou du seizième siècle qu'avoir quelque chose *à l'envers* signifie *en manquer* ou *n'en avoir pas assez*.

VIII.

Et maintenant comment appelez-vous cet homme qui, chaque fois qu'il met la main dans l'urne des destinées en tire *à volonté* et *à coup sûr* un *terne*, un *quaterne* ou un *quine prophétique*, cet homme pour qui les chances si prodigieusement énormes de faillibilité en fait de prophétie n'existent pas, cet homme pour qui l'avenir est déjà de l'histoire et le futur déjà du passé, cet homme qui est le contemporain de tous les siècles, le compatriote de tous les hommes quels que soient les lieux qu'ils habitent, cet homme qui n'est nulle part et qui est partout, cet homme qui ne meurt pas tout mort qu'il est, cet homme qui plane encore aujourd'hui au milieu de nous, qui préside à tous les événements de nos révolutions et leur ordonne de s'accomplir conformément à ses prédictions, cet homme qui a vu il y a trois cents ans Napoléon III, qui a vu le pape Pie IX et la révolution romaine de 1849, qui a vu l'impossible alliance de l'Angleterre, de la France et de la Turquie, qui a vu le siége, la prise et la ruine de Sébastopol, qui a vu bien d'autres choses que nous ne disons pas, sans compter qu'il a vu peut-être le sublime autocrate, l'invincible empereur de toutes les Russies devenir un *monsieur* non pas de Pétersbourg ni de Moscou, mais un *monsieur* de Novogorod ou d'Archangel? Oui, cet homme là, un tel homme, l'appellerez-vous encore, oserez-vous encore l'appeler un *charlatan*, un *songe-creux*, un *visionnaire*, sans insurger contre vous tout le public, et sans faire courir sus à l'impudence, à l'effronterie canine du rationalisme philosophique, qui lui, depuis 1789, n'a su rien prévoir du tout, qui s'est laissé surprendre par tous les événements jusqu'à ce jour, et qui plus est, se laissera surprendre encore par ceux qui surgiront plus tard! car nous ne sommes pas au bout.

Et comment nommerez-vous cette faculté, cette puissance, cette cause, en un mot, en vertu de laquelle un homme qui, par ses facultés naturelles, ne saurait prévoir une minute et même une seconde d'avance le moindre des accidents qui se passent journellement sous nos yeux, perce ainsi les nuages des siècles futurs, et voit *distinctement*, voit avec *certitude* les événements cachés derrière les ténèbres les plus épaisses de l'avenir, y lit jusqu'aux noms propres de ceux qui doivent les accomplir, jusqu'aux dénominations géographiques des lieux où ils doivent s'accomplir! L'appellerez-vous encore la puissance du *hasard?*

Mais alors le *hasard* est donc pour vous la *certitude*, le *hasard* est devenu pour vous le *coup sûr?* Vous voyez donc bien que vous êtes réduits à bouleverser du tout au tout le sens des mots, réduits à appeler blanc ce qui est noir, et noir ce qui est blanc, ou, comme vous dépeignait déjà, il y a vingt-quatre siècles, le prophète Isaïe, qui vous a vus à l'œuvre, réduits à *appeler ténèbres ce qui est lumière, et lumière ce qui est ténèbres*. En d'autres termes, vous voyez qu'au nom de la raison, de la raison pure, de la raison mathématique, *vous êtes acculés à l'absurde*, c'est-à-dire à la déraison, à l'anti-raison la plus flagrante; vous voyez, en un mot, que vous n'êtes plus *rationalistes*, et que pour le devenir véritablement, vous n'avez que deux partis à prendre, le parti de renoncer complètement à votre *prétendu rationalisme*, qui, à votre insu, n'était qu'une *absurdité*, une absurdité en elle-même et dans ses applications philosophiques, religieuses et politiques; ensuite le parti de convenir avec nous que, puisque l'avenir est *naturellement* fermé à l'homme qui ne saurait avoir, nous le répétons, de prise sur lui, et qu'il existe néanmoins des hommes qui le prédisent *avec certitude*, comme nous venons de le prouver et comme nous le prouverons plus tard avec une désespérante surabondance, il faut *nécessairement* que ces hommes voient par les yeux *d'un autre* qui, lui, est capable *par lui-même* de connaître l'avenir et de le faire connaître à ceux qu'il a choisis.

En un mot, *l'irréfragable certitude* des prophéties démontrées *authentiques et clairement accomplies*, est fondée sur *des faits* non moins certains que ceux sur lesquels sont fondées nos sciences *les plus positives*, sur des faits qui ne bougent pas de la place que Dieu leur a assignée dans ce monde et surtout ne la cèderont jamais aux passions du rationalisme qui voudrait être le maître de ce globe, sur des faits qu'on ne peut pas balayer avec des paroles et des sophismes, sur des faits qui résistent comme des rochers à tous les flux et reflux de raisons et de raisonnements qu'on voudra imaginer pour les faire disparaître. Nous pouvons donc défier tous les rationalistes du monde de nous contester ces conclusions si rationnelles, ou même de leur refuser *au nom de la raison* une complète adhésion, adhésion qui dès-lors condamne *très-rationnellement* à l'absurde tous les adversaires des prophéties en général et de celles de Nostradamus en particulier.

Ainsi donc, dira-t-on, la France posséderait aussi son prophète, son oracle national, comme l'ancienne Palestine, l'ancienne Egypte et l'ancienne Grèce ; ainsi, nous nous serions trompés dans nos jugements anti-prophétiques, diront à leur tour les rationalistes, les biographes, les historiens, les littérateurs et en général les savants du jour tels que la philosophie du dix-huitième siècle les a faits ! Oui, vous vous êtes trompés, et vous avez trompé en même temps toute la France, toute l'Europe, tous les lecteurs de vos livres imbus de l'esprit de négation et de rationalisme qui vous anime. Vous avez dit que de *l'entendement* c'était la *raison*, que de *l'esprit* c'était *l'intelligence humaine*, à peu près comme Aristote et les dialecticiens de sa secte ou même ceux de son siècle soutenaient que leur *nôus* c'était le *logos*, le verbe primitif et fondamental de l'homme, et par suite tuaient Socrate avec Aristophane. En conséquence, bien différents et bien au-dessous de ce Socrate qui soutenait, *400 ans avant le Christ*, qu'il fallait absolument qu'un jour le Dieu du ciel *envoyât quelqu'un* aux hommes pour leur révéler les choses de l'autre monde et mettre fin à l'anarchie intellectuelle et morale qui régnait sur la terre, vous avez, vous, *1800 ans après le Christ*, nié qu'en ce monde, par des prophéties, des mystères, des dogmes, des problêmes et des exercices spirituels venus du ciel, il existât une école divine d'éducation et de discipline de l'intelligence humaine. Par une autre conséquence, vous avez nié ou feint de nier que le créateur des hommes eût au fond du cœur autant d'amour paternel pour cultiver l'intelligence de ses enfants qu'il en a mis lui-même dans le cœur des loups et des lions pour cultiver l'instinct de leurs petits, et vous avez dit et peut-être avez-vous cru que le monde était livré aux sophistes, aux habiles et aux exploiteurs. Une fois arrivés là, force vous a été de combattre, de discréditer toutes les opinions et les croyances existantes qui pouvaient contrarier le succès de votre conspiration et surtout vous empêcher d'avoir un public, un auditoire payant à vous ; vous avez donc fait table rase de tout le mysticisme du monde payen et du monde chrétien, table rase de tout le moyen-âge, table rase enfin de tout ce que vos systèmes matérialistes ou rationalistes ne vous permettaient pas d'expliquer, de tout ce qui ne voulait pas cadrer avec le lit de Procuste que vous aviez taillé à votre intelligence philosophique.

Mais voilà que le mysticisme ressuscitant de la tombe qne vous lui avez creusée pour trois siècles, se prépare à faire à son tour table rase de tous vos livres, de toutes vos négations, et de tous vos sophismes systématiques. Voilà que le moment arrive où vous pourrez dire avec la longue opposition que vous avez faite au gouvernement du Christ, *fuimus*, nous avons vécu. En effet, *l'existence* en ce monde de la prophétie et du don de prophétie étant une fois *authentiquement, mathématiquement* et *historiquement* démontrée, non par les faits de l'histoire sainte et profane où vous aviez beau jeu, où vous pouviez avec de l'esprit et de la mauvaise foi nier et contester à plaisir, mais par les faits de l'histoire *actuelle*, par les faits qui *viennent* de se passer ou *vont* se passer *sous nos yeux*, et où par conséquent *vous ne pouvez rien contester du tout*, toute l'Ecriture sainte, qui n'est autre chose *qu'une série de prophéties* annonçant ou préfigurant le Christ pendant près de 4000 ans, est par cela même et *à plus forte raison* démontrée vraie et inspirée de Dieu, *seul auteur possible de toute prophétie*. Par conséquent, tout le christianisme, qui repose en grande partie sur les prophéties de l'Ecriture sainte, comme l'a remarqué le géomètre Pascal, qui à lui seul valait toute la puissance intellectuelle du dix-neuvième siècle si nous exceptons le comte de Maistre, est à son tour *rigoureusement* démontré vrai, c'est-à-dire, est démontré *une révélation de Dieu lui-même*[1].

Nous pouvons défier tous les négateurs du rationalisme de nier jamais la vérité axiomatique de cette logique : *Il existe des prophéties véritables en ce monde; donc Dieu a parlé aux hommes; donc logiquement il faut croire tout ce que Dieu nous dit dans ses prophéties* et surtout *dans ses prophéties bibliques*[2].

Ainsi, prenez garde, vous qui êtes reconnus coupables d'avoir, depuis plusieurs siècles, fait une guerre ouverte ou latente au triomphe de la vérité divine en ce monde, prenez garde de fermer aujourd'hui les yeux à l'éclat de cette plus grande des lumières possibles, à l'éclat de ce plus grand des prodiges possibles, à l'éclat de cette plus grande des démonstrations possibles, *la prophétie authentique et clairement accomplie;* prenez-y garde, osons-nous vous dire, de peur qu'en châtiment de vos prétendues sciences[3], en châtiment de votre obstination à rejeter ce moyen de salut tenu en réserve comme une sorte de grâce particulière pour notre époque d'archi-incrédulité, vous ne soyez, à l'exemple d'un peuple fameux dans le monde et toujours aveugle pour mieux nous éclairer, frappé comme lui, d'un de ces divins et invincibles aveuglements qui

[1] Voir les *Conclusions philosophiques et religieuses* qui terminent ce volume et en sont le résultat théologique.

[2] *Credite prophetis ejus, et cuncta evenient vobis prospera.* (2 Paral. 20.)

[3] *Confusi sunt sapientes, verbum enim Domini projecerunt.* (Jer.) *Sapientia tua et scientia tua te decepit.* (Isai.) *Stultus factus est omnis homo à scientiâ.* (Jer.) *Dicentes se esse sapientes stulti facti sunt.* (Rom.) *Beatus qui in cathedrâ pestilentiæ non sedit.* (Ps.) 1. *Ne timeas à cogitationibus eorum adversùs te... quoniam omnis incredulus in incredulitate suâ morietur.* (Esd. IV., 15.)

rendent en quelque sorte toutes les lumières, tous les prodiges et toutes les démonstrations superflus; oui, prenez-y garde, de peur que pour avoir repoussé ce moyen *éminemment rationel* de souscrire à la foi chrétienne, vous ne soyez plus tard condamnés par les événements suspendus sur vos têtes, à reconnaître *malgré vous* votre erreur et à répéter pendant l'éternité entière ces mots d'un prophète de l'Ecriture : *ergò erravimus*. Car, entendez-le bien, *personne* ne sera *sauvé* que par Celui qui pour mieux proclamer cette vérité a pris tout exprès le nom de *Sauveur*.

PROPHÉTIE

SUR

L'ÉLECTION ET L'HISTOIRE POLITIQUE

DE S. S. PIE IX,

ÉLU PAPE LE 16 JUIN 1846.

Texte.

Nul de l'Espagne mais de l'antique France
Ne sera eslu pour le tremblant nacelle;
A l'ennemi sera faite fiance
Qui dans son regne sera peste cruelle. (5,49).

Explication.

Cette prophétie s'applique, à S. S. Pie IX, le Pape régnant. Nous allons le démontrer, de manière à ne pas laisser l'ombre d'un doute dans l'esprit de tout homme doué de quelqu'instruction et de quelque bonne foi. Nous n'écrivons ici que pour les hommes instruits.

Le premier et le second vers de cette prophétie ne faisant qu'une seule phrase, nous ne les séparerons pas plus dans notre explication qu'ils ne sont séparés dans le texte. Mais avant d'en venir à la traduction de ces vers en *bon français* comme disent les professeurs, nous ferons comme eux, nous les traduirons d'abord mot à mot. Heureusement il ne se trouve dans cette première moitié du quatrain prophétique, que deux difficultés, que deux mots qui puissent arrêter ceux qui voudraient l'interpréter; mais la première difficulté est de telle nature que les essayeurs, surtout s'ils n'étaient pas avertis que cette prophétie s'applique à Pie IX, risqueraient fort de passer leur vie à en pénétrer les ténèbres. Ces choses là en effet se trouvent comme par hasard, et par conséquent ne se découvrent ni *à priori* ni *à posteriori*, ni par l'A + B — X de la logique algébrique, ni par l'induction de Bacon ni par les syllogismes d'Aristote.

Le premier de ces mots est celui *d'antique France*. Qu'est-ce que l'oracle entendait au milieu du seizième siècle par cette expression *d'antique France?* Etait-ce la France féodale, la France mérovingienne, la France carlovingienne, la France gallo-romaine? Non, c'était une France plus reculée encore dans l'antiquité, c'était la France celtique, la France gauloise, ou tout simplement *l'antique Gaule* que le prophète appelle *l'antique France.*

C'est cette antique France ou Gaule qui a peuplé l'Europe déserte, dans les temps primitifs, 15 à 20 siècles avant J. C. C'est cette antique France ou plutôt cette antique et primitive nation gauloise qui la premiére a défriché l'Europe couverte de forêts et de bêtes féroces, qui la première émigrant de l'Asie avec les successeurs de Japhet, est venue, poussée par le souffle de Dieu, établir son quartier général dans le pays qu'elle occupe encore aujourd'hui depuis 4000 ans, et de là a rayonné dans toutes les contrées de cette partie du monde, en Espagne, en Italie, en Belgique, en Allemagne, en Bohême, en Suisse, au Tyrol, en Angleterre surtout, en Ecosse et en Irlande, comme le prouvent encore aujourd'hui, sans réplique possible, les monuments historiques, linguistiques et artistiques qui nous restent de ces temps reculés. Les Gaulois ou les Celtes sont la mére-nation de toute l'Europe; ils en sont les habitants primitifs; presque tous les autres peuples de l'Europe sont des puis-venus mélangés plus ou moins de sang gaulois; mais la race celtique pure, mélangée seulement de quelques gouttes de sang germanique au Nord et à l'Est, s'est maintenue dans les limites de la France actuelle.

Les Gaulois ont notamment peuplé la moitié septentrionale

de l'Italie jusqu'à Rome, et c'est là que leur langue celtique, leurs mœurs, leur génie littéraire et surtout leur caractère guerrier sont entrés pour moitié non-seulement dans la formation de la langue latine, mais encore dans celle des mœurs conquérantes, du caractère dominateur et du génie martial des Romains. Les Pelasges ou anciens Grecs, qui occupaient l'autre moitié méridionale de l'Italie jusqu'à Rome, point central, ont fourni l'autre moitié dans la génération du peuple romain. Pour former ce plus grand des peuples qui devait changer la face de la terre et la préparer à l'avénement du Christ, il ne fallait rien moins que l'union des deux nations les plus spirituelles et les plus braves de la terre, les Grecs et les Gaulois. Mais on peut dire que si la Grèce a été la mère du quatrième grand Empire prophétisé par Daniel, les Gaulois, les robustes et vaillants fils de Gomer et de Japhet en ont été le père. En effet, l'histoire nous apprend que les villes de l'Italie méridionale ont été fondées par les Grecs, et que celles de l'Italie septentrionale ont été bâties par les Gaulois cisalpins comme les appelaient les anciens Romains. De ce nombre sont Milan, Vérone, Brescia, Bologne, Ancône et Sinigaglia. Cette dernière ville portait autrefois en latin le nom de *Senigallia,* par ce qu'elle avait été construite par les Gaulois Senonois, dont la ville encore existante de *Sens* était la capitale, comme son nom l'indique.

Or, le souverain pontife Pie IX est né le 13 mai 1792 à *Sinigaglia*, dans les Etats de l'Eglise, c'est-à-dire dans une ville originairement bâtie par les Gaulois, appartenant par conséquent à l'*antique France,* comme s'exprime le prophète et comme d'ailleurs le nom même de *Sinigaglia*, c'est-à-dire de ville *gauloise-senonaise*, ou de *Sens gauloise* le dit encore aujourd'hui positivement. Ce prophète, qui savait il y a plus de 300 ans que Jean-Marie Mastaï Ferretti naîtrait un jour dans cette ville et arriverait ensuite à la papauté, pouvait donc dire de lui avec raison qu'il appartiendrait à l'*antique France* et *non à l'Espagne*, puisqu'il devait prendre naissance dans une ville de l'antique Gaule cisalpine, bâtie par les Gaulois Senonais 500 ou 600 ans avant Jésus-Christ, et par conséquent il y a 2400 ans.

La seconde difficulté qu'il s'agit d'expliquer est celle de *tremblant nacelle*. Que signifie ce *tremblant nacelle?*

Beaucoup de nos lecteurs savent que les historiens, les poètes et surtout les écrivains ecclésiastiques ont coutume de désigner l'Eglise ou la papauté par la *barque de Pierre*, prince des apôtres et premier pape de l'Eglise. Cette image de l'Eglise ou de la papauté militante destinée à subir sur la terre tant de tribulations, de tempêtes et de vicissitudes, ne saurait être plus fidèle, plus vraie pour ceux qui se rappellent que le Christ traversant un jour la mer de Tibériade dans la barque de Pierre, accompagné en ce moment de plusieurs autres apôtres, il s'éleva une furieuse tempête qui menaçait à chaque instant d'engloutir *le tremblant nacelle*, devenu le jouet des flots. Les apôtres effrayés se hâtèrent de réveiller leur divin maître, qui dans ce moment de péril extrême dormait d'un profond sommeil. Jésus ordonna aux vents de se taire, aux flots mutinés de se calmer, et la mer devint subitement aussi paisible que s'il n'y avait pas eu de tempête.

Cette traversée, tour-à-tour orageuse et paisible de la mer par le fondateur et les principaux apôtres de l'Eglise naissante, devait devenir pour celle-ci une image prophétique de la destinée qui l'attendait ici-bas jusqu'à la fin du monde. L'Eglise et la papauté devaient n'oublier jamais que si, d'un côté, les vastes flancs de leur charité les rendaient comparables à une arche infiniment plus grande que celle de Noë et capable de recueillir dans son sein tous les malheureux naufragés qui se débattent sur la vaste surface de l'océan du monde, de l'autre les épreuves et les afflictions nombreuses auxquelles Dieu les avait prédestinées dans leur service militant de ce monde, n'en feraient pour ainsi dire qu'une *nacelle*, qu'une barque de pêcheur, comme celle de Pierre, que les vents déchaînés rendraient le jouet de la mer et menaceraient sans cesse de plonger dans les abîmes.

Reconnaissons donc que la figure dont s'est servi ici le

prophète dans l'expression de *tremblant nacelle* ne peut s'appliquer qu'à la papauté en général, d'autant plus qu'il s'agit dans le second vers d'*élection*, autre expression qui dans l'Eglise ne peut convenir depuis longtemps qu'à la dignité du souverain pontificat; car il ne saurait être question ici des élections des monastères.

Mais il y a plus : cette image du *tremblant nacelle* convient d'une manière toute spéciale aux circonstances où se trouvait la papauté à l'époque que l'oracle avait en vue. Tout le monde, en effet, se souvient encore qu'en 1846, l'Italie, agitée par la tribune et par la presse française qui depuis seize ans, depuis 1830 surtout, prêchaient à toute l'Europe les ineffables béatitudes des peuples gouvernés par les journaux et les avocats, la supériorité et l'excellence toute divine des gouvernements représentatifs, seul moyen de reconquérir sur la terre le paradis perdu, et en conséquence la nécessité pour toutes les nations d'en venir à des révolutions pour obtenir ce bienheureux gouvernement constitutionnel. L'Italie donc se laissa persuader comme tant d'autres par l'éloquence du serpent révolutionnaire qui lui parlait du haut de l'arbre de la science; elle aussi voulut faire sa révolution, et comme le dit une autre prophétie que nous allons expliquer, elle voulut marcher *sur les traces de ses grands voisins*. Rome surtout et les Etats de l'Eglise, remplis et comme fiers encore des souvenirs de liberté politique que leur a légués le peuple romain, et qui là palpitent dans les monuments, dans les pierres et jusque dans la poussière qu'on y foule à chaque pas, semblaient aspirer au moment heureux de rétablir au milieu d'eux la puissance tribunitienne, d'ériger de nouveau une statue à la liberté, d'exhumer les luttes électorales du Forum, et de reconstruire au Capitole une tribune du haut de laquelle la jeune Italie pût perorer à son aise sur les innombrables trésors de félicité que renfermait dans son sein le gouvernement d'une nouvelle république à l'instar de celle qui avait rendu la ville éternelle maîtresse du monde et fait de ses citoyens autant de rois de la terre.

Ces idées et ces souvenirs, qui fermentaient déjà depuis

quelques années dans les têtes des Etats de l'Eglise, puisèrent bientôt une force nouvelle dans les révolutions de la Sicile et de la France, qui survinrent en 1847 et 48 comme aux deux extrémités de Rome, et menacèrent la *nacelle de Pierre* d'une série de perturbations et de calamités dont les unes se réalisèrent au grand détriment de la papauté ou de Rome, et dont les autres furent détournées par l'intervention non de la France révolutionnaire, mais de la France très-chrétienne, qui, depuis Clovis, fut toujours le peuple apôtre, l'ange gardien de l'Eglise et au besoin l'ange exterminateur de ses ennemis, de la France qui a ramassé dans le Jardin des Oliviers l'épée de Pierre et qui depuis s'en est toujours glorieusement servi pour défendre, envers et contre tous, le patrimoine que ses rois les plus illustres lui ont autrefois donné.

Ces préliminaires posés, nous croyons qu'il sera peu difficile à plusieurs de nos lecteurs, versés dans l'histoire de la révolution romaine de 1848-49, d'expliquer les deux premiers vers de la prophétie. Cette explication se présente en quelque sorte d'elle-même, si on considère que depuis le 16 novembre de cette année, c'est-à-dire, depuis l'assassinat du comte Rossi, le premier ministre de Pie IX, la révolution, fomentée depuis longtemps par un ramassis de socialistes, d'émeutiers et d'entrepreneurs révolutionnaires qui de tous les coins de l'Europe s'étaient donné rendez-vous à Rome pour en exploiter les richesses, démasqua un véritable gouvernement de terreur non moins prémédité, et déchaîna sur la ville éternelle tous les vents d'une tempête dont la violence, en menaçant tout d'abord la vie et la liberté du souverain pontife déjà gardé à vue et à demi-prisonnier dans son palais, était bien de nature à faire *trembler* la *nacelle* de *Saint-Pierre*.

Qui ne voit en effet que le prophète avait vu de ses yeux dans le *miroir ardent* de la vision prophétique, comme il le dit quelque part, cette effroyable invasion de barbares *civilisés,* lesquels, si la Providence ne leur eût arraché leur royale victime, se disposaient à danser une ronde infernale et anthropophage autour du vicaire de Jésus-Christ garotté et bafoué, se disposaient à lui ériger un Calvaire sur la cîme du Capitole, et à lui faire subir le martyre de Charles I ou de Louis XVI que les pervers et les scélérats de tous les siècles n'ont jamais épargné aux anges de douceur, aux héros de la charité chrétienne tombés entre leurs mains.

Mais il était écrit que les portes de l'enfer ne s'ouvriraient pas, ne prévaudraient pas jusque-là; il était écrit que Dieu, qui ne voulait, obéissant à une autre prophétie, que faire tomber Pie IX *de croix en croix*, *crux de cruce*, sans l'attacher jusqu'à extinction à aucune, que Dieu, disons-nous, ne permettrait pas cet excès de cruauté satanique envers son grand prêtre. Aussi le vénéré Pontife a-t-il pu, rendu à la liberté, dire avec vérité, dans sa proclamation de Gaëte adressée à ses sujets, ces paroles mémorables : « *Dieu a levé son bras dans la hauteur des cieux; il a dit à la mer soulevée de l'anarchie et de l'impiété :* TU N'IRAS PAS PLUS LOIN. »

Oui, la Providence, qui avait prophétiquement fait naître Pie IX, *Marie* Mastaï Ferretti, le jour où l'Eglise célèbre la fête de *Notre-Dame-des-Martyrs*, et dans le mois même de l'*Invention de la sainte Croix*, 13 mai 1792, voulait se borner, selon nous, et selon l'histoire, à faire subir à son grand sacrificateur, comme autrefois à Isaac, le martyre des apprêts du sacrifice, la torture morale de la hache levée sur sa tête ou de la croix déjà dressée sous ses yeux; elle ne voulait qu'inspirer à la capitale du monde catholique, toujours un peu trop séduite par les souvenirs de son ancienne grandeur païenne, une crainte salutaire de l'esprit révolutionnaire qui caractérise notre époque, et qui se nourrit, pour ainsi dire, des moindres concessions que la bonté paternelle des souverains voudrait lui faire. Tout donc devait, se borner à faire, comme le dit si exactement quoique si brièvement la science révélée du prophète, *trembler la nacelle de Pierre,* en inspirant à son équipage la *terreur,* et en lui faisant *craindre* des confiscations, des proscriptions, des déprédations, des avanies, des persécutions encore plus violentes que celles qu'il venait d'éprouver si lamentablement.

Nos lecteurs ont maintenant compris la première moitié du quatrain prophétique qui nous occupe et dont chaque mot est plein de ce sens profond qui trahit sa divine origine :

Nul de l'Espagne mais de l'antique France
Ne sera eslu pour le tremblant nacelle.

Il suffira donc, pour plus de clarté, de traduire ces deux vers par une paraphrase :

Ce ne sera pas un cardinal *espagnol,* mais un cardinal né dans l'*antique France,* dans une ville fondée par les antiques Français, par les *Gaulois,* qui sera *élu* ou élevé à la papauté, quand sera venue l'époque où la *nacelle* de Pierre sera destinée à subir des épreuves qui la feront *trembler.* Or, cette époque, depuis 1558, époque de la publication de cette prophétie, n'est venue qu'en 1848, au moment de l'assassinat du comte Rossi ; elle a duré pour la personne du pape depuis ce jour, 16 novembre, jusqu'au 24 du même mois, jour de son évasion de Rome ; ce furent pour l'auguste pontife huit jours de croix diverses, *crux de cruce;* huit jours de mortelles angoisses, huit jours de martyre ; huit jours pendant lesquels son autorité royale méconnue lui fut arrachée par les anarchistes ; huit jours pendant lesquels il fut assiégé dans son palais, contre lequel on avait braqué le canon appelé providentiellement *Saint-Pierre;* huit jours pendant lesquels sa vie fut menacée plusieurs fois par des coups de fusil, qui tuèrent tout près de lui un de ses serviteurs d'état, monseigneur Palma ; huit jours pendant lesquels, dépouillé de sa garde suisse, il fut retenu captif dans ses appartements et gardé à vue par ses ennemis ; huit jours pendant lesquels il fut assailli par une populace insurgée et fanatisée par l'esprit révolutionnaire ; huit jours pendant lesquels il eut la douleur de voir, comme autrefois Jésus-Christ, la plupart des siens le renier, bien mieux, la douleur de voir la plupart de ses troupes, de ses employés et de ses fonctionnaires publics se ranger contre lui sous le drapeau de la révolte triomphante; huit jours pendant lesquels le pape crucifié de tant de manières n'eut plus la liberté dans l'exercice de sa puissance pontificale; huit jours pendant lesquels il fut l'objet de beaucoup d'autres violences qu'il a qualifiées lui-même d'*inouïes et de sacriléges;* huit jours enfin qu'on peut à bon droit et sous tant de rapports surnommer *la Passion de sa Sainteté Pie IX*. Ajoutons que la *nacelle de Pierre* eut encore à *trembler,* dans l'exil du pape, pendant près de sept mois et demi que dura le triumvirat des Manizzi, des Garibaldi et des autres apostats révolutionnaires qui continuèrent à opprimer le saint-siége et à crucifier le cœur paternel du souverain pontife dans la personne de ses sujets, les Romains, livrés, pieds et poings liés, à toutes les spoliations, à toutes les oppressions que pouvait imaginer la tyrannie la plus violente, la plus cupide et la plus vindicative. C'est ainsi que furent châtiés ceux qui, comme les Juifs, préférant l'ombre à la lumière, et la figure à la réalité, regrettaient le *Senatus Populusque Romanus* issus de la louve déprédatrice et sanguinaire, alors qu'ils avaient l'honneur d'être les sujets de celui qui représente l'Agneau sans tache immolé pour le salut des hommes, l'honneur d'être les citoyens de la capitale du monde chrétien, l'honneur, et ajoutons, le bonheur d'être gouvernés par un souverain pontife dont la mansuétude et la charité évangélique pour les hommes était disposée à faire d'une Rome chrétienne, sage et reconnaissante de ses bienfaits, un véritable paradis sur la terre.

Ainsi nos lecteurs le voient, les deux premiers vers de cette prophétie ont été surabondamment et clairement accomplis. Toutes les ombres prophétiques ont disparu devant la clarté des faits qui sont venus les réaliser et les interpréter. Il y avait, il y a 300 ans, à parier rationnellement contre 1 des millions de milliards multipliés par des millions de milliards, que ces faits, ainsi prophétisés, ne s'accompliraient pas, et ils se sont accomplis avec une exactitude qui rivalise avec celle de la géométrie et des corps célestes qui roulent au-dessus de nos têtes. Tant est infaillible la parole de Dieu et celle des prophètes qui sont ses organes.

Les deux derniers vers sont plus aisés à comprendre pour celui qui est parvenu à expliquer les premiers. Un seul mot pourrait y arrêter; c'est le mot *fiance*, lequel, par une figure très-familière à notre prophète, figure qu'on appelle *apocope*, a été mis pour celui de *confiance*. On peut d'ailleurs dire que le mot *fiance* était autrefois le substantif du verbe *fier* ou *se fier*, comme *confiance* est celui du verbe *confier*.

Le pape Pie IX, comme toutes les grandes âmes, comme tous les nobles cœurs, descend difficilement à supposer aux autres des intentions perfides, des idées bases et malveillantes, ou un caractère hypocrite et décidément pervers. Personnellement incapable d'un manque de droiture ou de sincérité, et d'ailleurs docile à cette loi d'une angélique charité qui interdit les jugements téméraires, il est naturellement porté à croire que les hommes sont plus égarés que méchants, plus coupables d'ignorance que d'une dépravation sans remède. Il semble persuadé que les prévenances et les caresses d'une royale bonté auraient assez de puissance pour dompter les loups et apprivoiser les tigres.

Ce n'est pas que son esprit manque de lumières ou d'expérience; mais c'est qu'il est dominé par cette bonté pontificale, cette mansuétude évangélique qui caractérise les saints, et qui dans les natures élevées demande avant tout d'être satisfaite.

Voyez le divin maître : il savait lui que l'un des douze le trahirait, il le connaissait nominativement, et cependant il l'admet à sa table, il le traite d'ami, il rompt le pain des anges avec lui, et lui confie, outre la bourse du collége des apôtres, le secret de sa retraite au Jardin des Oliviers pendant la nuit qui suivit l'établissement de l'Eucharistie. Jusqu'au dernier moment il espère, dans son amour, que le nom d'ami qu'il lui donnerait et les tendres reproches qu'il lui adresserait sur sa trahison par un baiser, pourraient le ramener à de meilleurs sentiments, pourraient toucher son cœur et y faire naître un salutaire repentir. Il n'en fut rien :

la plus monstrueuse ingratitude devait triompher de la plus céleste bonté ; le Christ voulut nous apprendre par cet exemple à jamais mémorable de l'héroïsme de son amour, que les traîtres et les Judas eux-mêmes ne devaient pas être exclus du bénéfice de la charité chrétienne, tant du moins qu'il ne serait pas impossible de les sauver de leur propre aveuglement.

Eh bien! voilà le grand et le sublime modèle que le vicaire de cet Homme-Dieu sur la terre se proposait de suivre dans sa conduite envers les hommes, soit pervers, soit égarés, qui s'étaient plus ou moins déclarés ses adversaires en 1848, après l'avoir, comme autrefois les Juifs pour le Christ, porté jusqu'aux nues par leurs applaudissements, leurs rameaux, et leurs triomphes dictés par une infernale hypocrisie. Nous savons tout ce qu'une prudence cauteleuse, qui regarde la terre et n'a jamais jeté un regard vers le ciel, peut trouver d'inconvénients à la pratique de cette héroïque charité; mais nous savons aussi qu'une telle prudence n'enfanterait jamais un souverain pontife tel que Pie IX, qui a refusé de sauver sa vie en versant une seule goutte du sang de ses implacables ennemis, qui n'a pas voulu plus que le divin maître faire appel à ses légions, et qui a noblement cru que les concessions si nombreuses et si libérales, que lui, le premier de tous les papes, avait si généreusement faites à son peuple, lui vaudraient des sujets fidèles dignes de la *confiance* qu'il leur a témoignée, au lieu des ennemis et des adversaires nombreux qu'elles lui ont valu. Il ne voulut pas croire que sa capitale renfermât un grand nombre d'hommes assez démoralisés par le crime ou assez fanatisés par les doctrines révolutionnaires pour ne voir dans Rome qu'une proie à dévorer et dans le souverain pontife qu'un agneau à égorger. Donnant donc un libre cours à la *confiante* magnanimité de son caractère, le pape ne voulut prendre aucune mesure de précaution administrative ou de police même contre ceux de ses sujets ou des étrangers qui lui étaient signalés comme peu satisfaits au fond des généreuses concessions qu'il avait faites aux Etats de l'Eglise, et il espérait que leurs murmures où leurs exigences isolés se perdraient dans la masse des applaudissements que ses réformes libérales lui avaient mérités de la part du véritable peuple. Il poussa même la générosité jusqu'à traiter avec la même faveur ceux des *graciés* qui, même après l'*amnistie*, se déclaraient encore les champions des ennemis de la papauté. Témoin entr'autres l'audience particulière que Pie IX eut la bonté d'accorder au comte Mamiani, qui, après avoir dit à son souverain, que *son cœur lui est dévoué, qu'il aimait, qu'il vénérait, qu'il admirait sa personne,* ne voulut pas prendre l'*engagement de ne pas troubler l'ordre*, et lui demanda audacieusement la *permission d'attendre les événements*, avant de lui faire une promesse de ce genre. *Eh bien!* lui répondit le généreux pontife, *que Dieu vous éclaire; quand il vous conduira vers moi, les bras de votre souverain vous seront toujours ouverts.*

Et à l'appui de ces étonnantes paroles de conciliation, le gouvernement *laissait aller et venir à Rome,* dit l'abbé Boulangé dans son histoire de cette époque, un des plus dangereux conspirateurs de ses états, sans surveillance, sans contrôle, comme *s'il eût fait sa pleine et entière soumission,* et le comte Mamiani ne manqua pas, quelques mois plus tard, après l'assassinat du premier ministre Rossi, de *trahir la confiance que le pape lui avait témoignée en lui laissant la liberté.*

Maintenant ceux de nos lecteurs qui seraient peu versés dans l'histoire de la révolution romaine de 1848, sont assez renseignés pour apprécier l'admirable exactitude de la prophétie que nous expliquons. Lisez:

A l'ennemi sera faite fiance
Qui dans son regne sera peste cruelle.

Ce qui signifie littéralement:

Le magnanime gouvernement de Pie IX honorera de sa *confiance* ses *ennemis* et ces *ennemis deviendront pendant son régne une peste cruelle.*

N'est-ce pas là, nous le demandons, une relation historique plutôt qu'une prophétie de ce qui s'est passé à Rome depuis le 15 novembre 1848 jusqu'au 3 juillet 1849, jour de l'entrée triomphante des Français dans cette ville? Y eut-il jamais dans la ville éternelle, depuis l'invasion des barbares, depuis Alaric, Genséric et les Herules d'Odoacre, persécution et spoliation tyrannique semblable à celle dont les Manizzi, les Garibaldi et les *autres amis* du peuple romain et de la république socialiste ont donné au monde l'effroyable exemple? N'ont-ils pas été, dans toute l'énergie du terme, une *peste cruelle* pour les Romains, ceux qui non contents de régner par la terreur, non contents de dépouiller de leurs candélabres, de leurs cloches, de leur châsses d'argent, de leurs reliquaires, de leurs ostensoires d'or, de leurs vases sacrés, de leurs statues et de leurs tableaux les églises, les monastères, les hospices et les établissements d'instruction de Rome, se sont rués comme des loups ravisseurs sur les maisons des citoyens et des prêtres, et en ont enlevé, comme de véritables brigands, le linge, les lits, les meubles, les couverts, les vaisselles, les batteries de cuisine, les voitures, les portraits de famille et généralement tous les objets précieux ou non, fussent-ils de plomb ou de fer, qui pouvaient avoir quelque valeur et servir à grossir de quelques sous le trésor qui devait résulter de ce pillage et que plus tard les amis de la liberté, les admirateurs de la grandeur romaine, les imitateurs de Fabricius et de Cincinnatus comptaient dévorer à l'aise dans les délices de quelque somptueux hôtel de Londres ou de New-Yorck? N'ont-ils pas été une *peste cruelle*, comme dit le prophète, ceux qui pendant leur règne de sept mois et demi ont empesté tant par leurs doctrines subversives que par leurs exemples la morale publique, et se sont efforcés d'inspirer à la jeunesse et aux classes inférieures ou malheureuses de la société les principes les plus funestes du communisme et de l'athéisme socialiste? N'ont-ils pas encore été une *peste cruelle* ceux qui pendant si longtemps ont fait planer sur la tête des meilleurs et plus honnêtes citoyens le poignard, la proscription, l'emprunt forcé, l'emprisonnement, l'avanie, la confiscation, les condamnations à mort, sans compter mille autres vexations et persécutions inspirées par la plus cruelle tyrannie? En un mot le règne du socialisme, substitué par l'amour du *Senatus Populusque Romanus* au règne paternel, bienfaisant, généreux et chrétien de Pie IX, n'a-t-il pas littéralement appauvri les plus riches habitants de Rome, ne les a-t-il pas dépouillés, par un véritable brigandage, de leurs biens, en les forçant de recevoir en retour de leurs propriétés ou de leurs marchandises, des paiements en fausse monnaie, en cuivre argenté ou en papier d'assignats, et par suite de tout ce que nous venons de dire, n'a-t-il pas fait du séjour de Rome, jusque-là la ville la plus paisible et la plus heureuse du monde, un véritable enfer dont les socialistes étaient les bourreaux et les diables incarnés?

Nous n'en dirons pas d'avantage pour justifier les expressions par lesquelles l'oracle de la France a dépeint près de 300 ans d'avance le règne du communisme républicain de Rome. Ceux qui désireraient acquérir des notions plus étendues encore sur la manière dont les socialistes ont accompli la prophétie que nous venons d'expliquer, peuvent consulter notamment l'*Histoire de Rome* de 1848 à 1850, par M. l'abbé Boulangé, histoire écrite d'après les documents d'un témoin oculaire. C'est même en partie dans cette histoire que nous avons puisé les renseignements historiques que nous venons d'analyser pour mieux montrer la concordance de la prophétie avec l'histoire, et si nous avons été un peu long pour ceux qui comprennent à demi mot, nous les prions de nous excuser en faveur de ceux de nos lecteurs qui n'auraient pas la plus légère teinture des événements de la révolution romaine ni du langage prophétique qui les avait annoncés, et dont l'ignorance par conséquent eût été une source féconde d'objections et de méprises que nous croyons avoir prévenues par un développement plus complet donné à nos explications. Nous avons surtout pris à tâche de rendre compte de *chaque mot*, afin de ne laisser prise à la moindre objection contre l'accomplissement parfait de cette prophétie, et si dans nos explications nous n'avons pas parlé du mot d'*Espagne* qui se trouve dans le premier vers, c'est qu'il est évident que cela n'était pas nécessaire, puisque ce mot n'est mis là, pour ainsi dire, que pour faire antithèse à celui d'*antique France*, ou encore pour insinuer cette idée que la Providence, qui choisit les hommes d'après les caractères utiles ou proportionnés aux résultats qu'elle veut produire dans sa sagesse, devait choisir, non dans le caractère mystique, dur et répressif de l'Espagne, mais dans la magnanimité courageuse et généreuse de l'*antique France* le souverain pontife qu'il fallait pour diriger *la barque de Pierre* au milieu des tempêtes *effroyables* qu'elle devait avoir à traverser. C'est ainsi qu'elle entendait purifier Rome de ce qui restait encore de payen dans ses passions politiques, afin de lui faire mieux apprécier le bonheur de la modération chrétienne dont Pie IX voulait la faire jouir, et aussi, afin de mieux exciter la France, même républicaine, même influencée et gouvernée naguère par le socialisme, à voler au secours d'un souverain pontife pour le caractère magnanime duquel le peuple français éprouverait tant de sympathie et d'admiration.

Nos lecteurs voient maintenant de leurs yeux que *chaque mot* de cette prophétie s'est accompli avec une exactitude mathémathique et plus que mathématique, puisque l'accomplissement est surabondant, et comme d'un autre côté, *chacun* de ces mots est lui-même une prophétie, il s'ensuit que ce quatrain prophétique renferme au moins *dix prédictions* bien distinctes, contre chacune desquelles, nous l'avons démontré dans notre *Introduction,* il y avait, il y a 300 ans, à parier *rationnellement* des millions de milliards multipliés par des millions de milliards quelle ne s'accomplirait pas. Et cependant, comme nous venons de le faire voir, toutes ces prophéties se sont accomplies avec une ponctualité accablante, écrasante, pour l'incrédulité qui en est réduite à ne pouvoir articuler la plus petite objection contre cette science immense, incommensurable, infinie du Très-Haut qui a vu de toute éternité l'histoire de tous les siècles futurs, qui l'a révélée en partie à ses prophètes et qui a fait pousser au grand saint Paul ce cri d'épouvante et d'admiration : *O altitudo! ô abîme des trésors de la sagesse et de la science de Dieu!*

PROPHÉTIE

SUR

LA RÉVOLUTION DE ROME

EN 1848 ET 1849.

Texte.

Romain pouvoir sera du tout à bas;
Son grand voisin imiter les vestiges;
Occultes haines civiles et debats
Retarderont aux bouffons leurs folliges. (5,63.)

Explication.

Le prophète répète quelquefois sous différentes formes la prédiction des événements les plus importants et les plus extraordinaires. Au nombre de ces derniers il faut sans doute compter la révolution romaine de 1848-49, la plus étonnante et la plus désastreuse que la Rome chrétienne ait encore éprouvée depuis l'invasion des Barbares. Mais chacune de ces prédictions raconte des circonstances différentes de celles qui ont été annoncées dans les autres, de manière qu'elles servent toutes à compléter le tableau que le prophète devait nous laisser de cette révolution.

L'oracle désigne ici, ce qu'il n'a pas fait dans la prophétie précédente d'une manière aussi directe, le sujet de sa prédiction par son nom propre de *romain;* l'interprète est donc, dès le premier mot, transporté sur le lieu véritable de la scène, de manière à ne pouvoir guère se tromper, au moins sous ce rapport.

Le premier et le second vers signifient que le *pouvoir* du gouvernement *romain sera entièrement à bas,* parce que le peuple de Rome a voulu *imiter les vestiges,* c'est-à-dire, marcher sur les *traces* révolutionnaires de *son grand voisin*. Ce voisin est *le peuple français,* placé en effet, du côté maritime, vis-à-vis de Rome, dont il est ainsi, *le plus proche voisin,* de la même manière que nous disons tous les jours, que le peuple anglais est notre voisin, quoiqu'il soit séparé de nous par la mer.

La vérité de cette explication, qui résulte *mot pour mot* du texte prophétique, est tellement évidente, qu'il n'est pas possible de la nier ou de s'y méprendre. Du reste, ceux de nos lecteurs qui viennent de lire nos explications de la prophétie précédente, ou mieux encore, ceux qui ont quelque connaissance de l'histoire de la révolution romaine en 1848-49, savent avec quelle exactitude les événements historiques ont correspondu à cette prophétie. A partir du 24 novembre 1848, jour de l'évasion du Pape assiégé et gardé à vue dans son palais, et même à partir du 16 novembre, jour de l'assassinat du premier ministre Rossi, tous *les pouvoirs* civils et politiques du gouvernement *romain* sont en effet tombés *du tout à bas*, c'est-à-dire, sont *entièrement, omninò,* tombés par terre, dans le ruisseau, dans la fange de la rue; c'est là qu'ils ont été ramassés par les chefs révolutionnaires *des dernières classes du peuple,* qui depuis lors ont *gouverné* au profit de leurs haines et de leur insatiable cupidité, en dépit des protestations et des excommunications lancées contre eux par le souverain Pontife, retiré à Gaëte, ville frontière des États Napolitains. Ces mêmes lecteurs savent aussi que ces chefs révolutionnaires, l'écume et la lie des populations Italiennes et Européennes, s'étaient clandestinement donné rendez-vous à Rome, pour y fomenter une révolution, s'étaient décorés du nom pompeux de *triumvirat* et d'*assemblée nationale constituante,* à l'*imitation* des Français, *leurs voisins,* et avaient remplacé, par leurs créatures, par leurs séides, ceux des fonctionnaires publics rétribués du gouvernement papal qui ne leur étaient pas dévoués, de sorte que la prophétie s'est accomplie dans toute la minutieuse exactitude du mot. Nous ne nous arrêterons pas davantage à prouver l'immense et presqu'irrésistible influence que la presse et la tribune révolutionnaires de la royauté de juillet, celles de la révolution de février 1848, et enfin les réfugiés ou les envoyés de la démagogie française ont exercée sur la révolution romaine, laquelle n'a été qu'une mauvaise copie, qu'une contrefaçon machinée par la plus vile plèbe du parti révolutionnaire de France et d'autres états Européens. Ce sont là choses trop vulgairement connues de tous pour exiger des explications. Nous pouvons donc conclure que les deux premiers vers de cette prophétie ne se sont que trop exactement accomplis pour le malheur de Rome, du souverain pontife et de toute la catholicité.

Les deux derniers vers ne s'expliquent pas moins heureusement que les deux premiers. Ils sont tellement clairs, aujourd'hui que les événements accomplis les illuminent de leur lumière, qu'ils n'ont presque plus besoin de commentaires. Ils signifient que les *occultes haines civiles* et *les débats*, c'est-à-dire, les discussions des citoyens entre eux, qui survivent, dans les esprits à Rome, au retour de l'ordre légitime et au triomphe du gouvernement papal sur le règne de l'anarchie et de la rébellion, *retarderont* pendant un temps plus ou moins long le retour de la gaîté romaine qui jadis brillait dans les *folliges*, c'est-à-dire, dans les *folies*, les chants et les jeux comiques des *bouffons*, des *buffas* ou des *buratini* italiens, dont tout le monde a entendu parler. On conçoit du reste, sans être prophète, qu'il n'est guère possible d'être bien gai à Rome, après les persécutions, les avanies et surtout les spoliations de tout genre que les habitants de cette ville ont eu à subir de la part de leur république et dont probablement ils se ressentiront longtemps.

En outre, la prolongation de l'occupation française de Rome doit prouver aux plus aveugles, aux plus incrédules, que le prophète avait parfaitement vu, il y a 300 ans, l'*état actuel* des esprits et des choses dans la capitale du monde chrétien. En effet, cette prolongation n'est motivée que par cette situation des esprits qui présente toujours quelque danger. Elle ressemble au séjour que font les pompiers autour du foyer toujours incandescent d'un vaste incendie dont ils sont parvenus à éteindre les flammes et à comprimer les ravages.

Jusqu'à quelle époque dureront à Rome ces préoccupations politiques, ces tristes souvenirs des dévastations et des récriminations républicaines, qui ont pu réagir sur les caractères et les habitudes des citoyens, au point d'en bannir l'ancienne gaîté nationale ? C'est ce que le prophète ne laisse pas entrevoir dans cette prédiction, mais dans une autre que nous expliquerons peut-être plus tard. Ce qu'il y a de certain dès aujourd'hui, c'est que la France catholique, bien différente de l'Allemagne qui se prétend le *saint Empire Romain* et qui très-chevaleresquement n'a jamais rien fait que pour ses intérêts à elle, que la France catholique, le soldat de Dieu, ne manquera jamais à la défense de Pierre. Car, comme l'a prophétisé notre grand oracle dans une autre prédiction, Pierre est non-seulement le pilote de la grande arche de l'Eglise, mais encore le pilote du vaisseau de la France, lequel est comme attaché à cette arche, de manière que cette arche directrice devient, pour nous servir des expressions du prophète, *sa proue, son gouvernail* et *son esprit vital,* de manière que la France ainsi remorquée par l'Eglise est comme placée dans une heureuse impossibilité de faire jamais fausse route et à plus forte raison de faire naufrage au milieu des plus furieuses tempêtes de l'océan du monde, de manière enfin qu'elle est comme forcée de suivre les traces, les sillons de sa céleste mère, comme condamnée glorieusement *à ne jamais prospérer, même temporellement,* qu'autant qu'elle se devouera, qu'elle se sacrifiera, comme elle l'a fait tant de fois, aux besoins de celle dont elle fut dès le commencement et restera à jamais *la fille aînée.*

Oui, nous le disons avec le sentiment d'une immense conviction, les historiens, les poètes, les orateurs, les prédicateurs de ce noble pays, et certes ils sont nombreux, éloquents et dévoués à leur patrie, n'ont jamais, à eux tous ensemble, rien dit sur la France qui approche de l'éloge magnifique, de l'éloge infiniment glorieux et véridique que le souffle divin a inspiré ici à notre grand oracle. Ce souffle lui a fait lire dans les entrailles restées profondément catholiques de la France, en dépit des efforts désespérés du philosophisme, et lui a fait prédire dès 1555, sept ans avant les guerres de religion, que *la messe* en France prévaudrait *sur le prêche,* puis il lui a dit: proclame à haute et intelligible voix: que *l'esprit* qui *anime l'Eglise* est *l'esprit vital de la France,* que *son gouvernail est son gouvernail,* que *sa proue est sa proue,* que le pilote de l'une est le pilote de l'autre, que la fille est digne de la mère dont elle suit les traces, en un mot, que le Dieu des batailles, le Dieu qui a fait le ciel et la terre, n'a ainsi attaché le vaisseau de la France à la grande arche de la sainte Eglise, que parce qu'il *protège* ce pays d'élection choisi entre tous, parce que le peuple français est son armée, sa milice, ses gens, ses *leudes*, comme l'atteste, dès les temps les plus reculés, cette inscription placée à la tête d'une histoire de France: *Gesta Dei per Francos* [1].

[1] Citons maintenant les deux vers de la prophétie, auxquels nous venons de faire allusion, quoique notre intention ne soit pas d'expliquer ici cette prophétie, mais seulement d'en interpréter quelques mots:

Quand la grande nef, la proue et le gouvernail
Du franc pays et son esprit vital. (Sixain 53).

La *grande nef* est la grande *arche* de Noë, figure de celle de l'Eglise, qui remorque le vaisseau de la France, de telle manière que cette grande arche devient à la fois *la proue, le gouvernail et l'esprit vital* du vaisseau de la France, ou, comme dit le prophète, du *Franc pays,* du pays des Français.

PROPHÉTIE

SUR

S. M. I. NAPOLÉON III,

ET

LA RÉVOLUTION DU 2 DÉCEMBRE 1851.

Texte.

Neveu et sang du saint nouveau venu
Par le surnom soutient arcs et couvert :
Seront chassés, mis à mort, chassés nu,
En rouge et noir convertiront leur vert.

Explication.

On se souvient qu'avant Napoléon I, personne en France ne portait ce nom ou plutôt ce surnom. Il y était tellement inconnu qu'au moment du sacre de Napoléon par le pape Pie VII, le pontife ayant, selon la formule du cérémonial, demandé à ce prince quel était son surnom et en ayant reçu pour réponse qu'il s'appelait Napoléon, lui fit observer que ce saint lui était *inconnu* et n'était pas inscrit au catalogue romain. Napoléon lui répondit aussitôt que c'était un saint corse, et le pape passa outre, parce qu'il savait qu'effectivement le catalogue romain n'est pas complet, et que dans beaucoup de provinces de l'Eglise les fidèles honorent des saints qui ne s'y trouvent pas encore inscrits et que pour cette raison on appelle à Rome des saints provinciaux. C'est ainsi que saint Charlemagne, qui est ou a été honoré en France dans beaucoup d'évêchés, n'est pas, nous a-t-on assuré, inscrit au catalogue romain.

Le prophète avait donc raison d'appeler saint Napoléon *un saint nouveau venu* en France, puisqu'il l'était réellement. Nous disons *en France* et non pas dans un autre pays de l'Europe, parce que nous savons, par les longues études que nous avons faites du prophète que nous interprétons, que toutes les fois que le pays, où est le lieu de la scène prophétique, n'est pas clairement désigné, ce pays est toujours la France, patrie du prophète, à laquelle se rapportent la plupart de ses prophéties.

On se demande maintenant si, devant observer les lois du clair-obscur plus ou moins imposées, selon les cas, à toute prophétie, l'homme de Dieu pouvait mieux désigner Napoléon sans le nommer?

Le premier vers signifie donc qu'il s'agit ici *du neveu* et par conséquent du *sang* d'un prince qui portera pour *surnom* le nom d'un *saint qui sera nouveau venu en France*. C'était mettre le doigt indicateur sur le prince Louis Napoléon, et lui dire : *Tu es iste vir.*

Le second vers, plus explicite, va jusqu'à prononcer le mot de *surnom,* et par conséquent nous fait connaître clairement, indubitablement, qu'il s'agit ici d'un véritable surnom ou nom de saint porté à la fois par l'oncle et par le neveu; il nous apprend de plus, avec ce laconisme divin qui est habituel aux prophètes et qui toujours donne à entendre plus de choses qu'il n'en dit, il nous apprend que ce surnom est tellement illustre, tellement glorieux, et surtout tellement *puissant sur les esprits* qu'il suffit presque seul au neveu, comme d'ailleurs ce prince l'a dit *bien des fois* dans ses allocutions publiques en 1848 et 1849, pour lui donner la force de *soutenir*, c'est-à-dire de maintenir ensemble les autels, les *ares, aras*, et les toîts, le *couvert,* les maisons des citoyens dont il était devenu, par la sagesse de son gouvernement, *la base* ou le *fondement*, comme le mot *soutenir* du prophète (*tenir* quelque chose en se mettant *dessous*) l'indique clairement et comme l'histoire le fera voir plus amplement un jour.

Ce second vers nous annonce donc en définitive qu'il s'agit ici d'un prince qui sera chargé de gouverner la France à une époque révolutionnaire, à une époque où il s'y trouvera une faction qui menacera la religion désignée par les *autels*, et la *propriété*, la *famille* désignées par le *couvert*, le toît, la maison des citoyens. Eh bien ! comme le prouveront un jour à la postérité les innombrables livres, brochures, articles de journaux et discours parlementaires qui ont été publiés à cette époque en faveur de la *religion*, de la *propriété* et de la *famille* menacées, c'est là précisément ce qui eut lieu en France pendant les quatre années de la République 1848, 1849, 1850 et 1851. Il fallut pendant ces quatre années toute l'habileté, toute l'énergie du président de cette République, et, ajoutons avec le prophète, toute la puissance magique de *son surnom*, pour contenir les factieux, pour *soutenir* la société et l'ordre social ébranlés, et représentés ici allégoriquement par les *autels* et les *toîts* ou les *maisons* des citoyens à l'exemple des Romains du temps de Cicéron et de Catilina, qui disaient aussi : *aras* et *tecta civium sustinere*.

Ainsi il est évident que le prophète, qui était excellent latiniste et qui d'ailleurs imitait, comme tous les écrivains français du seizième siècle, les locutions latines, n'a fait que *traduire* ici cette locution familière à Cicéron qui s'en servait pour relever la gloire du grand service qu'il avait rendu à la République romaine en la protégeant contre Catilina et son armée de bandits ou de socialistes, lesquels, lisons-nous dans la relation de Salluste, menaçaient les autels de Rome et surtout les *propriétés* des citoyens d'un bouleversement, d'un pillage général. Or le prophète, perçant les nuages de trois siècles, avait lu dans l'avenir qu'un jour la République française se trouverait exactement dans la position où s'était trouvée la République romaine du temps de Cicéron et de Catilina, et pour mieux exprimer ce rapport d'identité, il a emprunté à leur langue la phrase en quelque sorte officielle et sacramentelle qui résumait les services rendus par le sauveur de la République romaine pour l'appliquer au sauveur de la République française.

Nous espérons que nos anciens confrères, les professeurs de la première université impériale qui sont juges plus particulièrement compétents dans cette question, trouveront avec nous que jamais imitation du latin n'a été plus légitime ni plus heureuse.

Le premier et le second vers se sont donc accomplis sous nos yeux et mot pour mot avec une admirable exactitude, avec une exactitude toute divine.

Les troisième et quatrième vers se rapportent allusivement à la révolution du 2 décembre 1851, révolution sanctionnée par toute la France.

Le prophète en passant sous silence le nominatif ou le sujet des verbes de la phrase qui compose ces deux vers, a voulu répandre sur cette prédiction une certaine obscurité, jusqu'à ce que l'événement une fois accompli permît à un interprète attentif et exercé de trouver ce nominatif, c'est-à-dire de trouver le nom générique des socialistes et autres opposants qui, dans cette révolution, devaient être *chassés*, *mis à mort* et même chassés ou exilés de France *tout nus*, c'est-à-dire tels qu'ils ont été pris *au lit* de grand matin, ou bien encore tels qu'ils étaient au moment où ils ont été faits prisonniers, sans être couverts, sans être chargés des dépouilles si longtemps rêvées par eux pour la fin de la première présidence qu'ils espéraient bien signaler par des insurrections et des pillages de leur façon. Au lieu de ces dépouilles opimes, qu'ils avaient convoitées pendant quatre ans, ils *convertiront*, dit le prophète, *leur vert*, c'est-à-dire les vertes espérances qu'ils avaient fondées sur l'époque d'une nouvelle élection présidentielle, ils les convertiront *en rouge et en noir*, c'est-à-dire en sang et en deuil.

Et c'est là ce qui est arrivé très-exactement comme toute la France le sait.

Mais ce que la France n'a su, n'a appris que le 2 décembre 1851, il fallait, pour être prophète, l'avoir su, l'avoir appris il y a juste 300 ans, en 1555, époque à laquelle a été publiée pour la première fois cette prophétie, ou plutôt les dix prophéties qu'elle renferme; car il s'y trouve exactement autant de prophéties que d'idées principales ou de faits prophétisés. Or nous avons calculé, comme il est dit dans notre préface, qu'il y a des décillions et même des vigintillions, c'est-à-dire des nombres fabuleusement, prodigieusement énormes, à parier contre 1, que personne, qu'aucune intelligence humaine, sans être inspirée de Dieu qui *seul* sait et peut savoir l'avenir, ne verra, à travers les nuages condensés de trois siècles, à travers les myriades d'événements, de volontés, de pensées, de causes et d'effets qui ont eu lieu pendant ces trois cents ans, ne verra, disons-nous, un seul des dix faits qui composent l'événement annoncé par cette prophétie. A plus forte raison ne verra-t-elle pas que ces dix faits doivent *concourir,* c'est-à-dire s'accomplir à la même époque ou en deux temps de la même époque, et cela par la raison qu'il est, ou plutôt qu'il était, du temps de l'ancienne loterie de France, 511 mille et 38 fois plus difficile de deviner un des *cinq* quaternes que de deviner un des *cinq* extraits destinés à sortir d'un tirage public fait sur les 90 numéros qui composaient cette loterie.

Nous croyons avoir rendu un compte exact de l'accomplissement rigoureux de chacun des mots qui constituent cette prophétie, et par conséquent le philosophe, le rationaliste le plus exigeant, selon le principe posé par le géomètre Dalembert, est logiquement *contraint* à lui accorder sa créance, puisqu'elle remplit *parfaitement* les deux conditions réclamées par ce célèbre mathématicien pour rendre croyable une prophétie *aux yeux de la raison.* Ces deux conditions sont, comme nous l'avons déjà dit, *antériorité et application parfaite de la prophétie aux faits qu'elle annonce.*

Nous laissons au public et surtout aux hommes instruits, surtout aux incrédules, le soin de juger si la prophétie dont on vient de lire l'explication, eût mérité d'obtenir la créance complète de Dalembert ou de tout autre rationaliste qui veut n'obéir qu'aux principes sévères de la logique. Nous leur laisserons aussi le soin de décider s'il n'était pas, comme on dit, *écrit là-haut*, que le neveu de Napoléon devait gouverner la France républicaine comme président, devait puiser notamment dans la puissance et l'illustration de son *surnom* la force nécessaire pour y protéger Rome, la religion et la propriété, et devait enfin en finir avec cette République *imposée* à la France en 1848 par une poignée de soi-disant amis de la liberté, en châtiant providentiellement les socialistes qui voulaient s'opposer au rétablissement de l'ordre.

PROPHÉTIE

SUR LA LONGUE DURÉE

RÉSERVÉE

AU GRAND EMPIRE BRITANNIQUE.

Texte.

Le grand empire sera par Angleterre
Le Panpotam des ans plus de trois cens:
Grandes copies passer par mer et terre;
Les Lusitains n'en seront pas contens. (C. 10,100.)

Explication.

L'explication des deux premiers vers de cette prophétie n'offre guère, outre la pénétration de la pensée générale du prophète, qu'une difficulté lexicographique. Cette difficulté est celle du mot *Panpotam*, que la plupart des éditions écrivent fautivement *Penpotam*. Ce mot vient évidemment du grec *Panpotamos*, qui signifie littéralement *fleuve universel*.

Cette expression du prophète, qu'il a forgée lui-même tant pour le français que pour le grec, est de la plus grande justesse, de la plus parfaite exactitude pour peindre le grand fleuve, le fleuve universel de l'Empire Britannique, qui coule effectivement dans les cinq parties du monde et dans un grand nombre de leurs îles. Il suffit d'un coup-d'œil jeté sur la carte de cet Empire universel pour s'assurer de la rigoureuse vérité de cette gloire de la puissance maritime de l'Angleterre.

En effet les Anglais possèdent en Asie, dans l'Hindoustan, un Empire qui pour la force de la population, évaluée à 125 millions d'hommes civilisés, équivaut à lui seul, à un Empire double de celui de la Russie, lequel, même à en croire les exagérations connues de sa police, qui a fourni si libéralement des chiffres aux géographes de l'Europe, n'est guère porté au-delà de 62 millions de barbares répartis sur un territoire immense de déserts ou de terrains improductifs. De ce point de l'Hindoustan, considéré comme centre, les Anglais ont, depuis une quarantaine d'années surtout, rayonné tant vers l'Occident que vers l'Orient de ce grand continent Asiatique, et y ont conquis de nouvelles possessions territoriales dont la population ajoutée au chiffre que nous venons de donner d'après les plus récentes évaluations, a tellement augmenté leur puissance qu'on peut dire qu'ils dominent moralement, politiquement, commercialement et même militairement toute l'Asie méridionale.

Les Anglais ont en outre d'immenses domaines dans l'Amérique septentrionale, aux Antilles et autres parties du nouveau monde; ils en ont davantage peut-être dans l'Océanie qui a tant d'avenir et nourrit avec raison tant d'espérances; ils en possèdent de très-riches et de très-fertiles en Afrique et dans les îles qui appartiennent au continent africain. Enfin chacun sait quelle est leur puissance maritime, militaire, financière, politique, industrielle et commerciale en Europe, où est située la mère-patrie et d'où ils influencent ou dominent le reste de la terre par le concours de leurs ressources réunies.

Ce n'est pas une exagération de dire que les grands Empires des Babyloniens, des Ninivites, des Perses, des Grecs et des Romains dont parlent tant les prophètes de l'Ecriture sainte et les historiens de l'antiquité profane, ne sont à comparer ni pour la grandeur ni pour la population ni surtout pour les revenus à l'Empire Britannique, quoique cependant cet Empire, si supérieur à tout ce qu'on a jamais vu dans les temps anciens ou modernes pour le grand nombre des vaisseaux et la savante organisation de la marine, ne surpasse ou plutôt n'égale pas plusieurs des peuples anciens ou modernes pour la force de ses armées de terre. Ceci s'explique en ce sens qu'une nation insulaire, comme les Anglais, jouissant de la liberté politique et mettant toutes ses forces dans la marine, l'industrie et le commerce, n'éprouvait pas, pour ces trois puissants motifs, le besoin de se livrer beaucoup aux armées de terre, quoique des gallo-normands comme eux, issus comme les Français du sang gaulois, puissent marcher de pair avec les peuples les plus braves de la terre.

Ces explications faites en faveur de nos lecteurs qui n'auraient qu'une idée vague de la puissance britannique, nous avons le droit de conclure que le prophète, en disant que *le grand Empire des Anglais* sera un *panpotam, un fleuve universel* qui coulera *dans toutes les parties du monde*, avait parfaitement vu, il y a 300 ans, l'état actuel et véritable de cette puissance.

Mais l'oracle ajoute que ce grand Empire Britannique *durera au-delà les trois cents ans.*

Ici surgit la question de savoir à quelle époque il faudrait fixer le commencement de ces trois siècles, pour savoir approximativement à quelle époque ils doivent se terminer. Car rien ne dure éternellement en ce monde, témoins les grands empires que nous venons de nommer, qui tous ont eu leur commencement et leur fin.

Dans une question de cette nature, nous prévoyons que les opinions seront en Angleterre comme en France et dans le reste de l'Europe bien différentes les unes des autres. Après avoir étudié cette question comme toutes celles qui rentrent dans le cadre de nos explications, nous pouvons affirmer avec une suffisante exactitude que c'est surtout depuis que le grand Mogol Schah Allum abandonna, en 1765, à l'Angleterre ou à la Compagnie des Indes, le Bengale, c'est-à-dire, les plus riches provinces de son vaste Empire, qu'on peut particulièrement *dater* le plus remarquable commencement de la puissance Britannique. Sans doute, depuis cette époque, l'Angleterre a reculé de beaucoup les limites de cet Empire indien; sans doute, elle a acquis dans toutes les parties du monde de nouvelles possessions insulaires ou continentales; sans doute elle a par la multiplication de ses moyens d'influence maritime, politique, industrielle, commerciale et militaire, multiplié ou singulièrement augmenté sa domination partout où l'on peut aborder avec un vaisseau; mais nous n'en persistons pas moins à croire et à soutenir que l'acquisition subite d'un Empire quintuple de la population de la métropole, que l'addition d'un Empire de 80 millions d'hommes à un royaume qui en 1765 ne comptait guère que 16 à 17 millions d'âmes en Europe, a réellement fondé la grandeur de ce royaume et peut dès-lors être considérée très-légitimement *comme la véritable date initiale* de l'Empire Britannique.

Nous pouvons donc dater le commencement du *grand Empire Britannique* dont parle le prophète, de l'année 1765, chronologie qui lui donnerait encore une durée d'environ *deux siècles et demi*, pendant lesquels il serait destiné à croître toujours ou du moins à se maintenir dans un état florissant.

En résumé, les deux premiers vers du quatrain prophétique que nous expliquons, traduits en français de notre époque, signifient clairement :

L'*Angleterre* créera un *grand empire*, qui, semblable à *un fleuve universel*, s'étendra, *pendant plus de trois siècles*, à *toutes les parties du monde*.

Le troisième vers :

Grandes copies passer par mer et terre

renferme encore un mot français du quinzième ou seizième siècle que les Français du dix-neuvième ne comprendront guère. Ce mot est celui de *copies*, qui n'a pas ici le sens du substantif *copie* dont le verbe est *copier*, mais qui est une francisation du mot latin *copiæ, copiarum*, lequel a plusieurs significations.

En effet ce substantif signifie quelquefois : *biens, richesses, présents de la fortune*, mais il signifie aussi : *provisions, vivres*, *abondance*, et enfin il signifie fréquemment, surtout dans les historiens : *troupes, forces, armée.*

Il s'agit donc de savoir ici lequel de ces trois sens le prophète a entendu donner à ce mot *copie*, imité ou importé du latin.

L'histoire du Portugal et celle du commerce maritime de l'Angleterre nous aideront à trouver la signification véritable que ce mot avait dans la pensée du prophète.

Ce fut en 1581 que le Portugal, gouverné alors par le vieux cardinal Henri, successeur de Sébastien, fut subjugué par Philippe II, roi d'Espagne, ou plutôt par son célèbre général que le prophète appelle ailleurs le *grand duc d'Albe*, à l'illustre famille duquel appartient par alliance S. M. l'Impératrice actuelle des Français.

Qu'arriva-t-il pendant les soixante ans que ce pays gémit sous le joug des Espagnols? Il arriva que l'Espagne n'étant pas intéressée à fournir à son rival vaincu les moyens de s'affranchir de sa domination, par conséquent n'étant pas intéressée à favoriser l'élan maritime et commercial qu'avait pris le Portugal pendant le quinzième et la plus grande partie du seizième siècle, négligea tellement le commerce extérieur de son voisin, désormais incorporé dans ses vastes Etats, que ses riches colonies furent en partie envahies ou conquises et que partout les Anglais et les Hollandais se substituèrent au commerce des Portugais, tandis qu'à l'intérieur le gouvernement dominateur à force de dureté et de cupidité tarissait les sources de leur ancienne prospérité. La délivrance du joug espagnol en 1640, le gouvernement des divers rois issus de la maison de Bragance et les efforts mêmes du célèbre Pombal ne purent rétablir le Portugal dans son ancienne puissance, de sorte que ce petit pays privé de ses riches colonies et de sa marine qui étaient autrefois la base de sa prospérité, privé d'ailleurs de ressources intérieures soit agricoles soit industrielles, privé même de voies de communication pour relier entre elles ou du moins avec la capitale et les ports de mer les diverses provinces dont il se compose, ne pouvant se fier aux Bourbons de France parents de ceux d'Espagne, et sentant la nécessité d'un appui étranger contre les projets d'envahissement qu'il supposait à ses anciens maîtres, fut obligé de solliciter l'alliance de l'Angleterre pour protéger son indépendance contre son voisin plus puissant.

L'Angleterre devint donc l'alliée du Portugal; mais un allié, qui est surtout peuple commerçant et industriel, et qui s'engageait à mettre, le cas échéant, ses forces de terre et de mer au service du Portugal comme il l'a fait en 1809 et années suivantes contre la France, avait le droit d'exiger des Portugais un traité de commerce par lequel ils s'engageraient à leur tour à ne recevoir que de l'Angleterre les marchandises ou les denrées que jusqu'alors ils avaient coutume de tirer du commerce extérieur de toutes les nations. Ce traité, si favorable à l'Angleterre et si équitable, fut donc conclu et renouvelé, croyons-nous, à Methuen.

Les Anglais devinrent les fournisseurs, les marchands en gros de tout le Portugal, et comme il n'y avait, à cette époque surtout, que peu ou point d'industrie même agricole dans cet appendice de la péninsule hispanique, il s'ensuivit que les importations en Portugal devinrent non-seulement un des meilleurs débouchés du commerce maritime de l'Angleterre, mais donnèrent encore à ce dernier pays une grande influence sur toutes les affaires intérieures ou extérieures de leur faible allié.

Il va sans dire que la balance de ce commerce dut fortement pencher en faveur de l'Angleterre, quoiqu'elle se fut engagée comme de raison à prendre en retour les productions naturelles du Portugal qui n'étaient pas assez considérables pour équilibrer les importations. A l'appui de ce jugement il suffira de citer ici les principaux articles que les Anglais importaient; c'étaient la plupart des articles de *consommation journalière* ou de *première nécessité,* lesquels, par conséquent, étaient fréquemment renouvelés.

Ces articles étaient: les céréales, le beurre, le fromage, les poissons, les viandes salées, les huiles, les denrées coloniales, les chevaux, les mulets, les drogues médicinales et tinctoriales; puis venaient le fer, l'acier, le cuivre, l'étain, le plomb et autres métaux, enfin le charbon de terre, les planches, les mâts, le goudron, la poix, le lin, le chanvre, la soie, et une véritable infinité d'articles de fabrication tant pour les étoffes, que pour les modes, le luxe ou les besoins de première nécessité.

On conçoit maintenant que le Portugal presque privé, nous le répétons, d'industrie, d'agriculture et surtout privé des lumières du siècle qui seules pouvaient rendre ses travaux agricoles ou industriels lucratifs ou du moins capables de lutter contre ceux de l'étranger, dut devenir comme une province ou plutôt comme une colonie de l'Angleterre; on conçoit aussi que le Portugal, *ne travaillant pas et achetant toujours*, dut peu à peu s'appauvrir, eût-il à sa disposition les mines du Pérou et celles de la Californie; on conçoit surtout que les Anglais durent par suite de cet état de choses et d'ailleurs par le seul effet de leur supériorité en tout genre sur les Portugais, exercer une grande influence sur l'administration intérieure du pays, notamment à l'époque où la famille royale s'était retirée au Brésil; mais on conçoit aussi que la jalousie nationale de ce peuple, qui avait supporté avec tant d'impatience le joug espagnol et plus tard celui de l'invasion française, ne put davantage supporter longtemps encore celui de l'Angleterre, surtout à l'époque où les Anglais, après les grands services militaires qu'ils venaient de rendre aux Portugais en les délivrant des troupes françaises, devaient tout naturellement leur faire sentir mieux encore leur prépondérance et leur domination. Les Portugais qui s'appelaient autrefois les *Lusitains* durent donc finir par *n'être pas contents,* comme le dit le prophète, de cette grande influence qu'un peuple étranger avait acquise sur eux par suite de ses *grandes importations de marchandises et de denrées* de toute espèce dans leur pays.

Le lecteur doit maintenant comprendre le troisième et le quatrième vers du quatrain:

> **Grandes copies passer par mer et terre:**
> **Les Lusitains n'en seront pas contens.**

Il doit voir par conséquent le sens véritable du mot *copies* et être convaincu qu'il ne signifie pas ici *troupes* ou *armée,* mais *richesses, marchandises, biens de la fortune, provisions et denrées;* car ce n'est pas l'introduction au Portugal des troupes anglaises venues à leur secours contre les Français qui dut exciter le mécontentement des Portugais en 1809, 1810 et 1811 ; ce qui excita leur mécontentement à la fin, ce fut l'espèce de domination que les Anglais avaient conquise sur eux et leur pays par suite des *grandes quantités* de *marchandises et de denrées* qu'ils introduisaient dans leur pays, importations qui les appauvrissaient, qui les assujétissaient et qui faisaient, disaient leurs journaux et leurs orateurs des dernières révolutions, *ajourner indéfiniment le progrès de leur agriculture, de leur industrie et de leur marine.*

Le troisième et le quatrième vers, paraphrasés et commentés comme cela est nécessaire pour aider à l'intelligence du sens toujours profond et laconiquement exprimé des prophéties, signifient donc :

Qu'à l'époque où les Anglais auront déjà fondé leur grand Empire maritime, colonial et commercial, et sillonneront toutes les mers avec leurs vingt mille vaisseaux, on verra de *grandes copies,* c'est-à-dire, de grandes *quantités de marchandises et de denrées passer sur mer et sur terre ;* il arrivera alors que les *Lusitains,* c'est-à-dire, les habitants de l'ancienne *Lusitanie* des Romains, ou les Portugais de notre époque, lorsqu'ils verront ces *copieuses marchandises et denrées* de l'Angleterre remplir *leurs ports de mer* et parcourir en tous sens l'intérieur de *leurs terres* ou de leur pays, finiront *par n'en être pas contents,* et cela par les motifs que, d'après les orateurs de leurs assemblées nationales, nous venons de donner de leur mécontentement.

En effet, ce mécontentement devint si général parmi les Portugais qu'il éclata le 24 août 1820 par la proclamation de la constitution espagnole de 1812, qui avait été un acte de colère des Espagnols contre la domination de la France à cette dernière époque, et qui devint huit ans plus tard un acte de colère des Portugais contre la domination de l'Angleterre.

Nous pensons que cette prophétie aura de quoi consoler l'Angleterre de la perte de son ancien débouché du Portugal; car ce qui est prévu par la prophétie *doit arriver*, non en vertu d'une *fatalité* qui n'existe pas, puisque Dieu existe, mais en vertu de cette *prescience divine* qui voit et verrait des millions de siècles à l'avance les événements *librement* accomplis par la *volonté* des hommes et consentis ou permis par celle de Dieu. Dieu est le témoin, l'*historien* de l'avenir, comme l'homme est le témoin et l'historien du passé et du présent.

Cette prophétie s'est donc admirablement réalisée et réalisée à la lettre dans toutes ses parties, comme nous l'avons fait voir, et si des trois siècles et *au-delà* que doit durer le grand Empire Britannique, il ne s'est écoulé encore qu'un tiers environ, nous ne croyons pas que l'Angleterre et les Anglais aient sujet d'être bien fâchés de ce non accomplissement, qui leur donne la certitude que leur grandeur et leur prospérité maritime, politique, industrielle et commerciale doivent durer encore *deux siècles et demi* ou environ.

PROPHÉTIE

SUR

LA GUERRE D'ORIENT ET LA TERREUR

QUE

NAPOLÉON III, LA REINE D'ANGLETERRE ET LE SULTAN

ÉTAIENT DESTINÉS A INSPIRER

A NICOLAS, EMPEREUR DE TOUTES LES RUSSIES.

Texte.

Quand ceux du pôle arctiq unis ensemble,
En Orient grand' effrayeur et crainte :
Eslu nouveau soustenu, le grand tremble ;
Rhodes, Bisance de sang barbare taincte. (C. 6, 21).

Explication.

Le prophète, dès le premier vers, nous porte à une époque, où les peuples de race slave, finoise, laponne, tartare, etc., qui habitent sous *le pôle arctique*, c'est-à-dire, qui habitent en général dans le nord de la Russie d'Europe et d'Asie, au lieu d'obéir, comme au seizième siècle et surtout avant ce siècle, à différents chefs, princes, ducs ou khans, seront tous *unis* sous le même sceptre. Au temps où Nostradamus vivait, les Kalmoucks, les Finlandais, les Lapons, les Baschkirs, les Tcheremisses, les Mardouins, les Wotiakes, les Permiaques, les Samoyedes, les Ingres, les Livoniens, les

Courlandais, les Lettons, les Esthoniens, les Lithuaniens, les Wiatiches, enfin les Polesiens et les Polonais n'étaient pas encore assujettis à la couronne de Russie. Ces conquêtes qui ont eu lieu successivement, quoique très-rapidement, n'ont été bien consolidées que sous le règne d'Alexandre I et de Nicolas I. A nulle autre époque, le lien de cohésion soit politique, soit gouvernementale, soit religieuse et nationale qui a fondu ensemble tant d'éléments autrefois hétérogènes, n'a été plus fort qu'il ne l'est aujourd'hui. Ceux qui ont quelques connaissances historiques, géographiques et politiques sur la Russie septentrionale, nous dispenseront de toute démonstration d'une vérité aussi généralement reconnue des hommes instruits.

Ce premier vers qui prophétise la fusion des peuples du nord sous un même sceptre, celui de la Russie, est donc aujourd'hui et même depuis quelque temps, parfaitement accompli.

Mais qu'arrivera-t-il quand tous ces peuples du Nord seront réunis sous le sceptre d'un seul souverain devenu par là si puissant? Il arrivera que fatigués à la fin d'un climat où il y a neuf mois d'un hiver rigoureux qui suspend tous les travaux, même ceux de beaucoup d'ateliers, et seulement trois mois d'un été très-chaud où il faut se tuer à cultiver, à ensemencer et à dépouiller une terre ingrate, ces peuples se voyant forts et se voyant cependant vivre comme exilés de la véritable terre de ce monde, vivre comme une nation faible, disgraciée, deshéritée, exposée à tous les genres de privations, aspireront à conquérir le soleil du midi que nous appelons l'Orient.

C'est ce que nous voyons aujourd'hui et même depuis longtemps en Russie, où la conquête du midi est devenue pour le peuple comme pour les grands de l'empire, une idée fixe, une ambition nationale qui, selon l'histoire de Russie, date déjà du neuvième siècle. Le Midi est pour eux une sorte d'Eldorado aux pommes d'or, aux fruits paradisiaques, aux vins de nectar dont on s'entretient au foyer domestique et qu'on déguste par avance dans les longues soirées d'hiver de ces régions hyperboréennes. On berce de ces idées les petits enfants, les jeunes filles; on en enflamme l'imagination des jeunes hommes destinés à devenir les instruments de cette conquête. Bien plus: la prière, les chants populaires, les romans, les voyages, voire même les sermons et les prophéties fabriquées de toutes pièces, tout est mis à contribution par le gouvernement, *son clergé* et sa police politique pour nationaliser cette conquête du midi, et la faire pénétrer non-seulement comme un vœu, comme une passion au fond de tous les cœurs, mais encore comme une sorte de droit et de justice au fond de toutes les consciences russes. Car enfin, dit-on au peuple slave, est-il juste que 66 millions de Russes soient exposés à des glaces et à des neiges perpétuelles, eux qui sont les *vrais croyants,* eux qui sont le peuple *très-orthodoxe,* le peuple *élu* de la *sainte Russie,* le peuple *chéri* de Dieu, tandis que des chiens d'infidèles, au nombre de trois millions seulement, savoureront les délices d'un paradis terrestre, et opprimeront sous le joug de leur tyrannique domination onze à douze millions de Grecs, qui sont nos amis, nos docteurs religieux, et qui depuis longtemps nous appellent à grands cris pour les délivrer?

Ainsi la conquête du Midi occupé par les Turcs, n'est pas une conquête ordinaire faite à coups de régiments; c'est une guerre sainte, une guerre de religion, une guerre nationale, humanitaire, civilisatrice, une guerre sanctifiée par la délivrance de la vraie Jérusalem, la délivrance d'un peuple chrétien et véritablement orthodoxe qui gémit dans les fers des infidèles, des ennemis acharnés du nom chrétien. La guerre, la conquête de l'Orient méridional est pour le peuple russe ce qu'étaient les croisades pour les peuples de l'Occident et notamment pour les Français dans les onzième, douzième et treizième siècles; c'est l'époque de leur ramification nationale, l'époque de leur émancipation féodale, de leur affranchissement aussi des tributs onéreux qu'ils payent depuis si longtemps à un climat meurtrier, à un climat anti-végétal et anti-vital; c'est, en un mot, l'époque de leur jeunesse, de leur développement guerrier et politique, l'époque de leur épopée Gréco-Slave.

Les Turcs qui habitent l'Orient méridional, objet de tant de convoitises, ont bien compris toute la puissance de cette évolution, tout ce qu'a de redoutable pour eux le fanatisme de cette nouvelle croisade, ou de cette nouvelle invasion des barbares du Nord dans ceux du Midi. Aussi, lorsqu'en 1853, ils ont vu les Russes, déjà maîtres depuis longtemps du littoral septentrional, oriental et en partie occidental de la mer Noire, déjà retranchés depuis longtemps derrière d'inexpugnables forteresses, possesseurs d'ailleurs d'une grande marine militaire et de nombreuses armées pourvues d'un immense matériel de guerre, venir les insulter jusque dans leur capitale, venir les défier, les provoquer, leur dicter des lois et leur proposer d'acheter une paix déshonorante au prix de leur indépendance nationale, au prix d'une abdication de leurs droits de souveraineté, ont-ils été, toute l'Europe s'en souvient, saisis d'une *grande frayeur,* comme le dit très-bien le prophète dont la prédiction s'est ainsi accomplie sous nos yeux. En conséquence de cette *crainte* si bien fondée d'ailleurs, comme nous le voyons tous aujourd'hui, sur la conscience qu'ils avaient de leur infériorité militaire et numérique, les Turcs, en dépit de leurs préjugés musulmans, se sont vus forcés d'invoquer l'assistance de la France et de l'Angleterre, et de conclure avec ces puissances une alliance offensive et défensive qui a été définitivement ratifiée en 1854.

Qu'est-il arrivé? Quand *le grand* Empereur *de toutes les Russies* vit que *l'Elu nouveau* de la France, comme s'exprime la prophétie, était *soutenu* dans sa politique anti-russe par la grande Bretagne, quand il vit s'établir contre lui entre l'Angleterre et la France une alliance défensive et offensive qu'il avait toujours regardée comme *impossible* entre ces deux pays rivaux, parce que depuis des siècles il n'y en avait pas eu de semblable dans la véritable acception du mot, quand disons-nous, il vit s'accomplir tous ces événements *prédits* qui l'ont tant surpris, lui qui croyait que les divisions de l'Occident lui laisseraient le champ libre en Orient comme celles qu'il était parvenu de longue date à organiser en Allemagne, alors il commenca à *trembler* à son tour, comme toute l'Europe l'a observé bien des fois, comme tous les journaux anglais, français et même quelques feuilles allemandes l'ont remarqué dans le temps, et comme l'oracle de la France l'annonçait très-exactement il y a trois cents ans. Il *tremblait* tellement de toutes ses forces, que tout en offrant plusieurs fois de souscrire aux *premières conditions* de paix que ses adversaires de l'Occident lui avaient dictées avant l'ouverture des hostilités et même depuis, il ne se regarda pas comme sauvé par ces concessions de son immense orgueil; il *trembla* surtout quand il vit les alliés se fortifier au poste si hautement important d'Eupatoria, qui lui parut la *véritable clef* d'une prompte et heureuse expédition en Crimée, quand il leur supposa l'idée de vouloir s'emparer, avec une armée suffisante, du point non moins important de l'isthme de Pérécop qui n'a que deux lieues de largeur [1], et par conséquent l'idée de couper de ce côté les vivres aux Russes comme aussi du côté de la mer d'Azof, ce qui, selon lui, selon sa terreur du moins et l'ordre qu'elle a donné de prendre Eupatoria *à tout prix*, était le moyen de faire de la Crimée une vaste ratière dont

[1] On objecte que la position de Pérécop n'est pas tenable par le manque d'eau, comme si ce n'était pas aujourd'hui un véritable jeu d'enfant pour l'industrie anglo-française et à l'aide du grand nombre de bras que peut fournir une armée, de faire, en moins de quinze jours avec des machines à vapeur et un nombre de tuyaux de fer ou de terre suffisant, venir de l'eau où l'on veut. Est-ce qu'Alexandre n'a pas, avec un nombre de bras suffisant, comblé un bras de mer pour prendre Tyr l'imprenable? Est-ce que le théologien Richelieu n'a pas, contre l'avis de tous ses ingénieurs, réussi à établir dans la mer une digue qui a rendu prenable l'imprenable la Rochelle? Est-ce qu'une armée alliée de 80 à 100 mille hommes n'eût pas en quelques jours, à l'aide d'un fossé et de retranchements meurtriers établis sur le peu de largeur de l'isthme de Pérécop, rendu cette porte de la Crimée infranchissable pour une attaque russe de 200000 hommes, lors même qu'elle n'eût été défendue que par 20000 hommes? Est-ce qu'il y a un *seul exemple* que les Russes, si braves derrière leurs remparts, aient réussi à prendre un seul retranchement un peu vigoureusement défendu, comme les Turcs nous l'ont héroïquement prouvé à Silistrie, sur les bords du Danube et devant Kars?

il semblait craindre les désastreuses conséquences pour son armée et sa garnison de Sébastopol. Oui l'autocrate *tremblait* et avait raison de *trembler* surtout à cette époque, où il supposait avec tant de vraisemblance que ce plan pouvait devenir celui de ses ennemis ; il *trembla* tellement que, quelques jours avant sa mort qu'on ne peut expliquer que par une *terreur rentrée*, ne se croyant pas assez retranché derrière ses nombreuses forteresses, derrière les immenses déserts et les glaces de son vaste Empire, ni assez inexpugnable avec ses 800 000 hommes de troupes régulières, il appelait sous les armes une levée en masse de toute une nation de 66 millions de population.

C'est ainsi que s'est accompli sous nos yeux le troisième vers de cette prophétie dont l'exactitude est maintenant visible et tangible !

Le quatrième vers est encore futur, mais on comprend dès-aujourd'hui que dans cette immense guerre d'Orient qui doit être si féconde en péripéties imprévues et extraordinaires, il peut naître mille incidents, mille circonstances critiques, où l'île de Rhodes qui appartient aux Turcs, et la ville de Constantinople qui s'appelait autrefois *Bysance,* pourront être *teintes* de *sang barbare,* que ce sang soit celui de quelque peuple allié de la Turquie que des passions politiques ou religieuses quelconques auraient porté à des actes de violence contre les Turcs ou les Occidentaux chrétiens stationnés dans cette dernière ville et dans l'île qui vient d'être nommée, ou qu'il s'agisse de celui de leurs coreligionnaires du nord de l'Afrique qui seraient dans la suite appelés en plus grand nombre au secours de la Turquie. Ce qui ferait admettre que dans la pensée du prophète, il est question ici de ces derniers, c'est que dans plusieurs anciennes éditions de Nostradamus, notamment dans celles de 1568, de 1605 que nous possédons, ou dans la vieille édition qui appartenait au célèbre Pascal et dont nous avons une copie, le mot *barbare* est écrit avec une majuscule qui semble indiquer que ce mot doit s'appliquer aux peuples des *États* que nous appelions autrefois *Barbaresques.*

Comme nous ne savons pas et même nous ne pouvons plus savoir aujourd'hui avec quelle lettre, minuscule ou majuscule, le prophète a réellement orthographié ce mot *barbare* dans son manuscrit qui est probablement perdu, nous ne pouvons pas non plus décider la question de la véritable leçon de ce mot. Mais quelle que soit cette véritable leçon, il nous paraît certain par l'étude que nous avons faite du vocabulaire habituel du prophète, qu'en dépit des vicissitudes ordinaires de la guerre, il ne s'agit pas ici d'une attaque des Russes sur Constantinople, et encore bien moins sur l'île de Rhodes, et qu'ainsi il ne reste que d'appliquer le sens prophétique du mot *barbare* à un des peuples qui font partie du vaste Empire des Turcs, ou de l'appliquer à la présence à Constantinople et dans l'île de Rhodes de quelque corps d'armée qui serait venu, comme ami ou comme ennemi, du Caucase, de la Perse, de l'Arabie ou de l'Asie-Mineure Hellénique; car nous pouvons dire, dès-à-présent, que cette immense question d'Orient qu'on a tant agitée sous le règne de Louis-Philippe, qu'on croyait savoir à cette époque et qu'on ne sait pas encore aujourd'hui, fera surgir d'étonnants coups du sort, et des revirements de fortune tels qu'ils dépassent toute la portée de l'intelligence Européenne, quelque fière qu'elle soit de sa prudence, de son habileté et de ses combinaisons politiques ou diplomatiques. Car, à aucune autre époque de l'histoire, peut-être, les impénétrables jugements de la Providence n'auront mieux *confondu* les prévisions de la sagesse humaine, qu'ils le feront dans la guerre actuelle. Dieu s'y posera en *maître absolu* plus que jamais, et c'est ainsi que le respect de l'*autorité* qui manque aux Européens et par suite celui de la religion qui ne leur manque pas moins, seront rétablis dans toute leur puissance. *Timor Domini super omnia se superposuit.* (Eccle. 25.)

En résumé, toute la prophétie, à l'exception du quatrième vers, qui est encore futur, s'est admirablement accomplie; les faits de l'histoire ont fidèlement correspondu aux prédictions qui les racontaient d'avance, qui les avaient vus existant, alors qu'ils étaient encore cachés dans les ténèbres de l'avenir pour trois cents ans. Espérons donc que ce ne sera pas en vain que l'oracle de la France aura dit au monde que l'*Élu de cette France, soutenu par la Grande-Bretagne et la Turquie,* apprendra à l'immense orgueil de la Russie... à *trembler*.

PROPHÉTIE

SUR

LA TRIPLE ALLIANCE

DE L'ANGLETERRE, DE LA FRANCE ET DE LA TURQUIE,

ET SUR

DIFFÉRENTS ÉVÉNEMENTS ACCOMPLIS EN 1854.

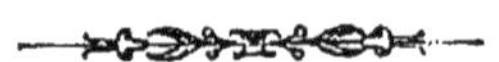

Texte.

Mars et Mercure et l'argent joincts ensemble ;
Vers le Midy extrême siccité :
Au fond d'Asie on dira terre tremble ;
Corinthe, Ephèse lors en perplexité. (C. 3, 3.)

Explication.

Mars, le dieu de la guerre, est l'expression symbolique du génie guerrier de la France, et représente ici plus particulièrement encore ce noble pays, sans doute parce que le prophète savait, comme nous l'avons fait voir, qu'à l'époque de la guerre d'Orient il devait être gouverné par un Napoléon.

Mercure, le dieu du commerce et des arts pratiques, représente ici l'Angleterre plus spécialement distinguée par son génie commercial et industriel, quoiqu'elle ait nombre de fois prouvé dans l'histoire par ses victoires et ses exploits guerriers que le sang gaulois, qui est le premier de la terre pour la bravoure et qui fait, comme nous l'avons déjà dit, du peuple anglais et du peuple français deux peuples frères, coule toujours dans ses veines.

Quant à l'*argent*, on sait qu'au mogen-âge à la fin duquel

écrivait notre prophète, les astrologues, les chimistes, les mythologues et même les transmutateurs de métaux ont toujours, dans leur langue figurée et allégorique, regardé ce métal, à cause de sa blancheur, comme le synonyme ou comme le symbole de la *lune* dont la lumière est également distinguée par une grande blancheur, et réciproquement ils se servaient, à l'exemple des anciens poètes, du mot *lune* pour signifier l'*argent*. Pour s'en convaincre, il suffit d'ouvrir un livre de l'époque traitant d'une de ces branches de connaissances vraies ou prétendues, et même, sans aller si loin, il suffit d'ouvrir un *Gradus* latin. L'*argent* est donc mis ici pour la *lune,* dont le *croissant* est, comme chacun sait, le symbole, le drapeau politique et religieux des Turcs mahométans.

Ceci posé, le premier vers s'explique de lui-même et signifie avec le second vers que dans l'année où la *France*, l'*Angleterre* et la *Turquie* seront *jointes ensemble,* seront unies ou alliées, il y aura *vers le Midi* une *grande siccité,* c'est-à-dire, une *grande,* une *extrême sécheresse.* Et c'est effectivement ce qui a eu lieu dans l'été de 1854, où la *triple alliance* dont il s'agit ici a *été conclue,* dans tout *le midi* non-seulement de la France mais encore de *toute l'Europe*, comme les journaux l'ont rapporté *tant de fois* et comme notre brave armée d'Orient qui luttait en Bulgarie et à Constantinople contre le choléra secondé par les chaleurs de cette saison, ne l'a que trop appris aussi bien que celle des Anglais.

Les deux premiers vers de cette prophétie se sont donc littéralement accomplis dans la même année 1854, comme le prophète l'avait prévu dès 1555.

Le troisième vers fait allusion aux grands mouvements de troupes qui ont eu lieu, notamment pendant l'été de 1854, en Asie mineure, en Arménie, au Caucase et dans le reste de la Turquie d'Asie, laquelle doit très-réellement et très-géographiquement être considérée comme *le fond de l'Asie,* ainsi que le dit le prophète. *On dira* donc avec raison que par suite de tous ces mouvements *tumultueux* de troupes turques ou asiatiques et par suite des combats *non moins tumultueux* qui ont été livrés en Arménie dans l'été de cette même année *on dira que la terre tremble au fond d'Asie*, et on n'aura dit que la vérité, soit historiquement soit même poétiquement, comme nous le savons tous aujourd'hui.

Le quatrième vers prédit l'embarras, la *perplexité* où se trouveront en 1853 et en 1854 les Grecs schismatiques qui habitent la Grèce représentée ou symbolisée ici par une de ses villes centrales les plus célèbres, *Corinthe*, et les Grecs schismatiques qui habitent l'Asie mineure également figurée ici par une de ses anciennes cités les plus connues, *Ephèse*.

Les Grecs furent excités, soulevés secrètement par des agents russes qui les engagaient, par toutes sortes de promesses illusoires, à lever l'étendard de la révolte contre l'Empereur de Turquie leur souverain, et à se prononcer ainsi ouvertement pour les priviléges et les concessions que les Russes voulaient arracher aux Turcs en leur faveur.

Ils eussent bien voulu se rendre à ces excitations si intéressées de la part des Russes, et opérer ainsi, à l'avantage de ces derniers, une utile diversion. Mais, d'un autre côté, s'ils ne craignaient pas beaucoup les Turcs, livrés à eux-mêmes, ils craignaient davantage les flottes et les troupes anglo-françaises qui à cette époque sillonnaient sans cesse les mers de l'Archipel et menaçaient de les traiter comme quelques-uns de leurs vaisseaux détachés ont traité leurs pirates ou comme les Français se disposaient à traiter les Athéniens, s'ils n'étaient pas, eux et leurs insurgés, rentrés promptement dans le devoir de la soumission ou de la neutralité. C'est cet état *d'hésitation et d'incertitude* dans lequel se sont trouvés les Grecs schismatiques d'Europe, d'Asie et même ceux des îles pendant toute l'année 1854, que le prophète a parfaitement nommé *perplexité*.

Le quatrième vers s'est donc exactement, rigoureusement accompli aussi bien que les trois premiers, et il n'est pas un seul de nos lecteurs qui ne souscrive avec nous à cette conclusion si légitime. Cette conclusion rend de nouveau *palpable* la vérité du don de prophétie qui a été accordé à l'auteur de ces prédictions, et démontre sans réplique qu'en dehors de l'Écriture-Sainte, il existe dans les temps modernes, comme dans les temps plus reculés, de véritables prophéties, dont la créance, semblable à celle des faits scientifiques ou historiques ordinaires, demande aux hommes non pas de la foi ni de la bonne volonté, mais ce degré d'intelligence et de bonne foi qu'il faut pour se rendre franchement à *toute vérité démontrée*.

PROPHETIE

SUR LES CAUSES ET L'HISTOIRE

DE LA

GUERRE D'ORIENT ET DE CRIMÉE.

Texte.

Sous un la paix partout sera clamée,
Mais non long temps pille et rebellion;
Par refus ville, terre et mer entamée;
Morts et captifs le tiers d'un million. (C. 1. 92.)

Explication.

Le premier vers signifie que la paix sera de tous côtés *réclamée* comme un grand besoin de notre époque, *sous un* prince que le prophète ne nomme pas, mais que l'ensemble de la prophétie et l'histoire contemporaine font assez connaître, c'est-à-dire, sous un prince aussi ambitieux qu'orgueilleux du nombre de ses esclaves, du nombre de ses soldats, et qui par suite de cette ambition, de cet orgueil, que toute l'Europe a pu remarquer en lui sur la fin de sa vie, s'est constamment *refusé* à donner aux autres nations des garanties suffisantes contre ses projets d'agrandissement. Ce prince était Nicolas I, empereur de Russie. Tout le monde se souvient des vains efforts qu'ont faits pendant trois ans tous les diplomates de l'Europe pour ramener à des propositions acceptables cet autocrate qui voulait imposer ses volontés à l'Europe et faire passer sous son joug l'occident gaulois, comme déjà il y avait fait passer depuis longtemps l'orient germanique. Ce barbare décrassé par la civilisation européenne a vu dans l'amour extraordinaire de la paix qu'on lui a manifesté de *par tout*, de tous côtés, des marques non douteuses de l'impuissance où, selon lui, l'Europe était de lui résister, surtout si ses alliés d'Allemagne lui faisaient, du côté de ses frontières occidentales, un rempart de leurs corps et de leur neutralité. Le premier vers s'est donc, au su et au vu de tout le monde en Europe, parfaitement accompli.

Mais, dit le second vers, *non longtemps après* ces efforts pacificateurs de la diplomatie, *il y aura un pillage et une rébellïon*. Ce pillage et cette rébellion se sont-ils accomplis?

Tous ceux qui ont suivi les événements se souviendront que, dès 1853, les Grecs de l'Epire et de la Thessalie ont, à l'instigation de la Russie, levé l'étendard de la *révolte* contre les Turcs, aussi bien que les Monténégrins d'origine slave, espérant ainsi opérer une utile diversion au profit de leurs coreligionnaires et de leurs protecteurs les Russes. Tout le monde se rappellera aussi que ces velléités de rébellion ont été comprimées presqu'aussitôt, d'un côté par une flottille anglo-française courant sus aux pirates grecs qui déjà poursuivaient depuis quelques temps le cours de leurs *pillages maritimes et terrestres*, d'un autre par un débarquement de troupes françaises dans le port d'Athènes, et enfin d'un autre encore par l'attitude menaçante que prit l'Autriche, dans *son propre intérêt* bien entendu, sur ses frontières turco-slaves, de peur que le feu de la rébellion ne se communiquât à ses propres provinces dont la Russie soupçonne le peu de consistance.

Le second vers s'est donc, aussi, rigoureusement accompli, d'autant plus que ces *pillages* et ces *rébellions* des auxiliaires russes, ont eu réellement lieu peu de temps, ou, comme dit le prophète, *non longtemps* après que les premières tentatives de pacification eurent échoué à Vienne.

L'histoire n'a pas été moins docile, moins fidèle à accomplir le troisième vers qui nous annonçait, depuis trois cents ans, que par suite du *refus* que ferait la Russie d'accéder aux conditions de paix, depuis résumées en quatre articles, que lui offriraient les puissances occidentales, *la ville, la terre* et *la mer seraient entamées.*

Nous espérons que cette prophétie qui n'est que la traduction des faits que nous avons tous vus s'accomplir, sera trouvée aussi claire qu'exacte. Tous nos lecteurs se souviennent, en effet, qu'un *refus* de la part de la Russie, ayant, au *commencement de 1854,* repoussé les propositions de paix que lui avaient faites l'Angleterre et la France, ces deux puissances envoyèrent aussitôt des flottes dans la mer Baltique, et des troupes de débarquement à Constantinople, dans la mer Noire et à Varna, où leur seule présence encouragea et fit réussir la résistance héroïque que les Turcs opposèrent aux Russes dans le siége de Silistrie, et contraignit enfin ces derniers, auxquels la proximité des alliés n'avait pas laissé le temps de faire un siége *régulier,* à repasser, après des pertes énormes, le Danube.

Mais quelle est cette *ville*, au singulier, dont parle le prophète, et qui doit être *entamée* en même temps que la *terre* et la *mer* russe, la Crimée et la mer Noire.

Cette ville n'est autre que Sébastopol, la *ville forte* par excellence. Aussi le prophète ne la nomme-t-il pas, et n'a pas plus besoin de la nommer que les Juifs autrefois nommaient Jérusalem, ou les Romains Rome, ou les Grecs du Bas-Empire Constantinople, dont on disait tout simplement *é polis, la ville*, ou bien, *eis ten polin,* d'où les Turcs ont fait *Istamboul* ou *Stamboul.* En Italie, comme en Judée, comme dans la partie européenne de l'empire d'Orient, on disait tout uniment *la ville* pour désigner Rome, Jérusalem et Constantinople. C'est à l'imitation de ces locutions que le prophète, qui d'ailleurs *imite constamment* les anciens, a dit tout simplement *la ville,* en parlant de Sébastopol, dont il connaissait la future célébrité, ou plutôt qu'il voyait déjà, à travers les épaisses ténèbres de trois siècles, la reine future des futures forteresses du monde.

Nous pensons que ces explications grammaticales et historiques suffiront pour faire comprendre parfaitement le troisième vers, et en démontrer *l'exact* accomplissement, c'est-à-dire, la correspondance exacte de chaque mot à un fait accompli.

Le quatrième vers a l'air de préciser le nombre de morts et de captifs qu'occasionnera la guerre de Crimée, qui occupe les trois premières lignes de cette prophétie, et à la suite par conséquent de laquelle ce nombre est posé comme un résultat des pertes que doivent subir les quatre parties belligérantes. Mais ce chiffre est-il réellement un chiffre exact ou n'est-ce qu'un de ces nombres que nous appellerons *sexcentaires*, à l'imitation des Romains, et qui désignent une quantité *indéterminée*, quoique considérable ? Nous adoptons cette dernière version, par la raison d'abord, que, d'après nos études prophétiques, il n'est pas dans les habitudes des prophètes de faire de semblables révélations qui ont quelque chose de *dur* et d'*impitoyable* tout-à-fait en opposition avec le langage de la divine charité qui inspire les prophéties. En second lieu, ce chiffre ainsi précisé *du tiers d'un million,* ou de 333000 hommes à perdre par les parties belligérantes soit comme *morts* soit comme *captifs,* ne serait pas *exact,* même dès-aujourd'hui, puisqu'après 15 mois d'hostilités, les Russes, à eux seuls, ont déjà, en morts et en prisonniers, fait des pertes qui dépassent le *tiers d'un million.* Donc, nous sommes *certain* que ce dernier chiffre désigne, à l'imitation des latins, une quantité *sexcentaire* ou indéterminée, quoique toujours très-avancée dans la pluralité, comme nous le voyons. Les Pères de l'Eglise ont fait les mêmes remarques sur les nombres *sexcentaires* dont se sont quelquefois servi les prophètes bibliques, et c'est encore à leur imitation que Nostradamus, qui était familiarisé avec l'Ecriture sainte, à parlé ici. Nous sommes d'ailleurs convaincu qu'il ne lui était pas permis de s'exprimer autrement, par la raison toute simple qu'un prophète et surtout un prophète qui écrit, n'est le plus souvent qu'un secrétaire non-seulement de la pensée mais encore de l'expression divine.

Ainsi on doit considérer le quatrième vers non-seulement comme accompli quant au littéral du chiffre, mais comme s'accomplissant tous les jours quant à la partie indéterminée de ce chiffre, qui n'avait d'autre but que de nous apprendre que cette guerre serait aussi sanglante que dispendieuse, comme nous le voyons aujourd'hui.

On nous fera peut-être une objection contre l'application générale que nous faisons de cette prophétie aux différents événements de la guerre d'Orient avec les quels cependant elle cadre si exactement, comme nous venons de le prouver. On nous dira, avec cette superficialité qui est le propre de tant de gens à notre époque, que l'élasticité des expressions de cette prophétie la rend applicable à bien des événements à-peu-près comme le soulier élastique de Théramène chaussait tous les pieds.

Cette objection n'en est pas une, si on considère qu'il *est impossible* qu'une série de douze faits *exactement semblables*, par exemple, aux *douze faits* qui sont annoncés dans la présente prophétie, se reproduise jamais et surtout se reproduise jamais dans un *ordre exactement le même* que celui dans lequel ils se sont produits dans le monde extérieur ou dans lequel ils se sont présentés dans le monde idéal de la prophétie. Nous défions qui que ce soit de nous faire la preuve historique d'une semblable reproduction; par conséquent cette objection n'est pas sérieuse et ne peut être sérieusement faite.

Nous donnerons d'ailleurs, un peu plus tard, une preuve plus directe encore qu'on doit faire à cette prophétie l'application que nous venons de lui faire, attendu que cette application était dans la pensée même du prophète. Cette preuve nous la produirons dans une seconde édition où nous aurons occasion d'expliquer une autre prophétie qui la renferme et qui ne peut entrer dans le cadre de la présente publication.

PROPHÉTIE

SUR

LES VICISSITUDES DE LA GUERRE D'ORIENT

ET

LA DÉFAITE DÉFINITIVE DE LA RUSSIE.

Texte.

Par deux fois haut, par deux fois mis à bas
L'Orient aussi l'Occident foiblira ;
Son adversaire, après plusieurs combats,
Par mer chassé au besoing faillira. (C. 8, 59.)

Explication.

Cette prophétie n'est pas encore complétement accomplie, mais elle est en cours d'exécution, elle s'accomplit tous les jours. Elle regarde évidemment la guerre d'Orient actuelle que le prophète avait vue dans l'avenir, comme nous l'avons prouvé par les autres prophéties expliquées par nous dans cette publication.

Elle annonce dans un langage en apparence très-clair, mais qui est loin de l'être autant qu'on serait tenté de le croire, que l'Orient sera deux fois triomphant et sera aussi vaincu deux fois.

Mais quel est cet Orient, quelle puissance représente-t-il ? Représente-t-il la Russie qui est placée à l'orient des puissances occidentales, ou représente-t-il la Turquie que nous appelons communément de ce nom ? Le second vers semble indiquer une opposition entre l'Orient et l'Occident, comme si les puissances cachées sous ces deux points cardinaux opposés, étaient en guerre l'une contre l'autre, et comme si chacune d'elles devait alternativement avoir deux fois le dessus et le dessous.

Cette interprétation résulte, pour ainsi dire, forcément, c'est-à-dire, grammaticalement du sens des mots et de la structure de la phrase qui constitue les deux premiers vers de la prophétie. Il est certain qu'il y a dix ans et même il y a cinq ans, l'interprète, le plus versé dans la science de la grammaire et de la traduction, eût été tenté de traduire les deux premiers vers dans le sens que nous venons d'indiquer. Il se serait dit, que l'adjectif *haut* et le participe *mis à bas* se rapportent ainsi que le verbe unique *foiblira* à l'Orient aussi bien qu'à l'Occident, considérés comme *sujets* de la phrase, et il aurait conclu, très-légitimement en apparence, qu'un jour l'Occident fera la guerre à l'Orient, et que tous deux seront deux fois vainqueurs et deux fois vaincus. Il aurait, disons-nous, tiré cette conclusion si légitimement grammaticale, et il se serait trompé, comme nous le voyons aujourd'hui par les faits qui nous font voir que l'Orient, en tant que ce mot signifierait la Turquie, n'est pas en guerre contre l'Occident, dont il est au contraire l'allié.

Mais si le mot *Orient* ne signifie pas la Turquie comme opposée à l'Occident, signifierait-il la Russie qui est à l'orient des puissances de l'Occident et qui est réellement en guerre contre elles?

Notre réponse est, que quoique ce sens soit conforme aux faits, il ne l'est pas aux usages de la langue française, surtout de celle du seizième siècle où fut écrite la prophétie. En effet, au seizième siècle, la Russie était à peine connue de nom en Occident, et quand on parlait d'elle, ce qui était très-rare, on la désignait sous le nom de Nord, jamais sous celui d'Orient, mot qui était alors et qui est encore aujourd'hui exclusivement réservé à l'Orient méridional habité par les Turcs et les Grecs schismatiques. D'ailleurs, la langue du prophète, quoique vieillie aujourd'hui, est cependant toujours *exacte* et se distingue notamment par une *grande propriété d'expressions*.

Il résulte de ces considérations, que l'Orient désigne ici la Turquie et ne peut désigner qu'elle, mais qu'il la désigne, en dépit des apparences grammaticales, comme alliée et non comme ennemie de l'Occident.

Le sens des deux premiers vers serait maintenant assez clair sans une ellipse familière au prophète et aux langues anciennes qu'il imite presque constamment. Cette ellipse est celle du verbe *être* qui manque à l'adjectif *haut* et au participe *mis à bas* du premier vers; car tout le monde comprendra, que le verbe *foiblira* du second vers ne peut rationnellement convenir à une phrase où il s'agit d'un double triomphe pour l'Orient, et cela précisément parce qu'il convient très-bien pour exprimer les conséquences de la double défaite dont il est question pour ce même Orient dans le même vers. Il suit donc de cette remarque qui est capitale pour la découverte de la pensée véritable du prophète, qu'après le mot *Orient*, il faut placer une virgule qui est d'ailleurs marquée dans quelques éditions, de manière qu'il faut lire ou plutôt comprendre la première moitié du quatrain comme s'il y avait :

> Par deux fois haut, par deux fois mis à bas
> L'Orient, aussi l'Occident foiblira.

Ce qui signifie en bon français, que la Turquie obtiendra deux fois la victoire, mais qu'elle recevra aussi une double défaite, et que l'Occident, son allié, quoique plus puissant qu'elle, éprouvera *lui-même* des *affaiblissements;* car c'est là le sens que renferme l'adverbe *aussi,* qui a ici le sens de l'adverbe *même,* et qui donne à entendre que *même l'Occident,* quoique plus robuste que l'Orient, *éprouvera des affaiblissements.*

Cette traduction, si simple, si grammaticale et si rationnelle, est aussi l'expression propre des faits déjà accomplis dans la guerre d'Orient. En effet, l'armée alliée de l'Occident a éprouvé en Bulgarie et à Constantinople, pendant l'été de 1854, de notables *affaiblissements* par le choléra qui a fait de si nombreuses victimes, par les chaleurs, les fatigues et les privations, comme aussi elle en a éprouvé d'autres et de plus grands sans doute en Crimée et sur la mer Noire, par les tempêtes, les maladies, les pluies continuelles, les travaux excessifs du siége, les bombardements, les surprises, les sorties, les gardes de tranchées, les combats fréquents et surtout par le froid et le manque de chauffage. Il semble donc que la prophétie se soit déjà suffisamment accomplie pour ce qui regarde l'armée anglo-française de Crimée; elle paraît aussi s'être déjà accomplie en ce qui concerne l'armée turque, qui sous la conduite d'Omer-Pacha, a obtenu un double triomphe sur les bords du Danube et sous les murs de Silistrie, mais qui d'un autre côté, à éprouvé *deux revers notables* en Arménie et sur les frontières du Caucase. Cependant, il est probable que la prophétie s'étend plus loin dans l'avenir de cette guerre, et que nous ne sommes pas en mai 1855 arrivés au dernier terme de la signification des deux vers que nous venons d'expliquer.

Le troisième vers commence par ces mots: *son adversaire*. Quel est cet adversaire et de qui est-il l'adversaire?

Résolvons d'abord cette double question de laquelle dépend plus particulièrement l'explication et comme le dénouement des événements annoncés par le prophète.

Pour savoir de qui est adversaire celui dont il est ici question, il faut savoir de quel nom tient la place le pronom *son* qui précède le mot *adversaire*. Or, le prophète, fidèle aux règles de la langue latine qu'il imite très-souvent et qui traduirait ici ce pronom par *ejus* en le faisant rapporter au *dernier* substantif précédemment nommé, le fait rapporter par conséquent au substantif l'*Occident* qui est effectivement le dernier nommé. Mais l'adversaire de l'Occident dans cette guerre c'est la Russie; c'est donc la Russie qui est le nominatif du troisième et du quatrième vers; c'est donc enfin la Russie qui, *après plusieurs combats, sera chassée par mer et faillira au besoin*.

On voit dès-aujourd'hui par les faits déjà accomplis de la guerre d'Orient et par ceux qui doivent s'accomplir encore, surtout depuis que l'Allemagne, qui semble craindre tout le monde excepté la Russie qu'elle devrait seule craindre, nous a définitivement fermé les voies de terre, que c'est par la voie de mer que les alliés occidentaux ont attaqué et attaqueront encore la Russie soit en Crimée, soit près d'Odessa, soit dans la mer d'Azof, soit sur le littoral des provinces caucasiennes, soit dans la mer Blanche, soit dans les îles de la Baltique, soit enfin sur les bords du golfe de Finlande et de la mer qui forme ce golfe.

Nous trouvons donc dans cette correspondance parfaite des termes de la prophétie aux faits déjà accomplis et à ceux qui visiblement doivent s'accomplir encore, une nouvelle preuve que cette prophétie s'applique bien véritablement à la présente guerre d'Orient et aux deux puissances qui sous le nom général *d'Occident* que le prophète connaissait, la poursuivraient avec le plus d'ardeur.

Nous ne sommes pas moins certains, en vertu du dernier vers, que les Russes, malgré les *échecs* que les Turcs ont pu recevoir en Arménie et les *affaiblissements* que les puissances occidentales ont pu subir par suite des causes que nous venons de résumer, seront définitivement vaincus, *chassés*, c'est-à-dire, repoussés, refoulés dans l'intérieur de leur Empire, et que c'est ainsi qu'ils *failliront au besoin*, ou ce qui revient au même, *qu'ils manqueront leur entreprise*, qui est la conquête de l'Orient méridional occupé par les Turcs, et, selon d'autres, ne serait que la domination religieuse et par conséquent déjà politique de l'autocrate moscovite sur les sujets grecs du Sultan, jusqu'à ce que plus tard une occasion favorable se présentât de convertir ce protectorat religieux indirect en domination directe et en véritable conquête.

Du reste, ceux de nos lecteurs qui sont un peu au courant des locutions de la langue française du quinzième et du seizième siècle, approuveront la traduction que nous venons de faire de la locution *faillir au besoin*. Ceux là savent que le mot *besoin* avait souvent à cette époque le même sens que le mot *besogne* qui en dérive et que nos vieux dictionnaires les traduisent tous deux par *opus*, c'est-à-dire, par *ouvrage, affaire, entreprise*. Ainsi *faillir au besoin* signifie *faillir à la besogne*, et comme le mot *faillir* avait autrefois comme encore aujourd'hui la signification de *manquer*, il s'ensuit que *faillir au besoin, faillir à la besogne*, signifient *manquer sa besogne, manquer son affaire ou son entreprise.*

On pourrait encore rendre la pensée du prophète d'une manière plus directe et plus simple en laissant au mot *besoin* le sens le plus ordinaire qu'il avait autrefois comme aujourd'hui, et dire que l'oracle, en annonçant que les Russes *failliraient au besoin*, a voulu annoncer qu'ils ne réussiraient pas à satisfaire *le besoin* qu'ils éprouvent, comme nous l'avons dit plus haut, de s'étendre au midi, de conquérir le soleil de l'Orient turc et d'échanger ainsi leurs neiges, leurs glaces et leurs nuits perpétuelles contre la douce atmosphère d'un climat méridional. Quelle que soit celle de ces deux traductions du mot *besoin* qu'on préfère, le sens de la prophétie reste invariablement le même; il est toujours que l'*adversaire* de l'*Occident* ou des puissances occidentales *faillira au besoin*, mourra à la peine, et ne réussira pas à étendre vers l'Orient encore occupé par les Turcs soit sa domination, soit même son *influence*, et c'est tout ce qu'il nous importe le plus de savoir sur cette question *vitale* dans l'équilibre Européen. Cet équilibre *est rompu* depuis qu'on y a introduit (l'Autriche et en général l'Allemagne ont la naïveté de croire que c'est à leur profit) le nouvel élément Russe qui n'existait pas lors du traité régulateur de Westphalie, qui ne pesait pas encore à cette époque sur l'Europe, et qui doit nécessairement, si on veut *rétablir l'ordre dans cette partie du monde*, être ou détruit ou du moins considérablement affaibli, et cela, au besoin, par la création d'une nouvelle grande puissance composée de peuples énergiques qui sachent jouer, eux, le rôle d'un rempart vivant entre le Nord et le Midi, qui sachent résister aux Russes au lieu de pactiser avec eux et d'être leurs complices, qui sachent, en un mot, s'interposer, comme des hommes de cœur, contre les envahisseurs du Nord au lieu de clamer hypocritement la paix pour donner à leurs amis le temps d'attendre une *occasion meilleure* de dévorer les nations à la condition d'en recevoir les bribes pour prix de leurs intrigues et de leurs complaisances.

PROPHÉTIE

SUR

LE SIÉGE ET LA PRISE

DE SÉBASTOPOL

PAR LES ARMÉES ALLIÉES.

Texte.

Cinq et quarante degrez ciel bruslera,
Feu approcher de la grande cité neuve ;
Instant grande flamme esparse sautera,
Quand on voudra des Normands faire preuve. (C. 6,97.)

Explication générale.

Cette prophétie s'applique au siége et à la prise de Sébastopol, quoiqu'elle ne nomme pas cette ville en toutes lettres. Nos lecteurs auront sujet de s'en convaincre complètement en réfléchissant aux considérations que nous allons leur présenter.

Quand le prophète, auteur de cette prédiction et de tant de milliers d'autres, *ne nomme pas,* ce qui lui arrive assez rarement, les lieux où doivent s'accomplir les événements qu'il annonce, ou quand il ne nomme pas ceux qui doivent devenir les principaux acteurs de ces événements, il a soin de les désigner par une ou plusieurs circonstances tellement caractéristiques des faits prédits ou des noms propres omis, que lorsque ces circonstances viennent à se présenter, on peut y trouver comme une clef pour déchiffrer le reste de l'énigme prophétique.

Il ne fallait, dit-on, à Michel Ange, qu'un morceau de charbon et la connaissance des trois ou quatre traits principaux qui caractérisent une face humaine, pour la peindre aussitôt au naturel, de manière que l'indication du nom de la personne que ce portrait représentait devenait complètement superflue. Tous ceux qui voyaient la copie reconnaissaient à l'instant l'original. Ainsi font les grands peintres et ainsi font les prophètes, lesquels, illuminés par la lumière divine qui éclaire leur esprit, sont de véritables photographes pour la vérité et l'exactitude.

Ici, par exemple, le prophète ne nomme pas la ville de Sébastopol par son propre nom, mais il la nomme par sa situation géographique, nous voulons dire, *par son degré de latitude*, ce qui est déjà une grande concession faite à la lumière au milieu du clair-obscur plus ou moins essentiel à toute vision de l'avenir, comme aussi à tout lointain pittoresque, à tout bon tableau. C'est déjà comme un fil conducteur pour nous empêcher de nous égarer dans ce labyrinthe, ou plutôt, c'est une ligne droite, un chemin qui, en excluant d'abord tous les lieux qui ne se trouvent pas sur son tracé, vous conduit, à l'aide d'autres circonstances indicatrices, presque directement à l'endroit où la prédiction veut vous mener.

Mais l'indication d'un lieu à chercher dans toute une partie du monde sur un degré de latitude sans désignation de longitude, quoique déjà lumineuse, aura paru au prophète lui-même d'une trop grande obscurité encore. Aussi corrigera-t-il, quelques lignes plus bas, la vague généralité de cette indication, et circonscrira-t-il la grande étendue de pays traversés par son degré de latitude, en disant que le lieu de sa scène prophétique, le lieu où s'accompliront les événements annoncés, est habité par *des Normands*, c'est-à-dire, en traduisant *littéralement* ce mot allemand ou gothique, par *des hommes du Nord*.

On se demande si le prophète pouvait mieux désigner les

Russes qui sont en effet, dans notre Europe, LES SEULS *hommes du Nord* qui habitent une *grande* ville située *au quarante-cinquième degré de latitude*. Ainsi la prophétie nous conduit comme par la main jusqu'en Crimée qui est traversée par ce degré de latitude et qui renferme effectivement cette grande ville ainsi située.

Ce second trait de lumière ajouté au premier ne suffit pas encore au prophète pour illuminer les ténèbres de sa prophétie. Il ira donc plus loin encore, et dans le second vers, il nous annonce que la ville dont il s'agit et qui doit devenir le théâtre des faits prédits, est une *cité neuve*.

Pour le coup, c'est mettre le doigt indicateur sur Sébastopol, c'est nommer cette ville par son nom. En effet, ce n'est qu'en 1786, sous Catherine II, qu'on a commencé à jeter les fondements de Sébastopol sur l'emplacement d'un village tartare nommé Akhtiar; on a continué à y travailler pendant quarante ans, et ce n'est guère qu'en 1825 que ces constructions étaient à-peu-près terminées. Cette ville mérite donc au plus haut degré d'être nommée, comme dit la prophétie, *une cité neuve*, puisqu'elle n'est âgée que de *trente ans*.

Ce n'est pas tout: le prophète semble avoir tellement à cœur que son interprète ne se trompe pas sur la situation et le nom de sa ville, qu'il multiplie les signes caractéristiques pour mieux la dessiner, pour mieux faire prévenir toute méprise, et en quelque sorte pour mieux réparer la défense qui lui a été faite de la nommer, en toutes lettres, par son nom propre. Il l'appelle donc la *grande cité neuve*, et cette nouvelle qualification, qui est la quatrième, est aussi exacte que les trois autres.

En effet, on accordait généralement, avant la guerre actuelle, une population de quarante mille habitants à Sébastopol, et il y a vingt ans que Balbi, dans sa grande géographie, lui en accordait une de trente-huit mille âmes. Or une ville de quarante mille habitants mérite déjà le nom de *grande ville*, ou du moins, comme dit la prophétie, de *grande cité;* on ne pourrait pas la classer parmi les villes de médiocre grandeur, comme celles qui n'ont que dix à douze mille habitants. Cela était plus vrai encore au seizième siècle où écrivait le prophète et où les villes de quarante mille habitants étaient si clair-semées en Europe.

Ces deux dernières caractéristiques achèvent de prévenir la confusion qu'on aurait pu faire sans cela de Sébastopol avec d'autres villes russes situées à-peu-près sous le même parallèle dans le sud de la Bessarabie ou vers les bords du bas Danube. En effet, *aucune* de ces villes, situées comme Sébastopol à quelques minutes nord ou sud de ce parallèle, ne mérite par sa population ni sous d'autres rapports le nom de *grande cité* ni celui de *cité neuve*. Quant à Odessa, qui est à la vérité une ville *neuve* et une *grande ville*, elle est *beaucoup plus au nord*, et par conséquent elle ne peut cadrer avec le degré de latitude désigné. Or nous avons déjà dit que dans une prophétie digne de ce nom, il faut absolument que *tous* les faits qu'on lui applique *cadrent exactement*, comme deux triangles égaux, avec *les paroles* et *les moindres mots* du prophète.

Explication particulière des quatre vers de la prophétie.

Nostradamus, après nous avoir fait cette description générique et intrinsèque de la ville de Sébastopol, après nous l'avoir nommée par sa situation géographique, par son âge, sa population et le nom général qui convient à ses habitants, continue à nous la dépeindre par le sort qui lui est réservé, ou par la prédiction des différentes circonstances que la guerre, que le siége devait faire naître autour de cette forteresse et dans son enceinte. Ces circonstances sont maintenant en mai 1855 déjà accomplies ou bien près de l'être plus complètement que jamais. Un examen sommaire de ces diverses circonstances ou déjà passées ou sur le point de passer à la réalité historique, suffira pour faire toucher au doigt la vérité et l'exactitude déjà évidente de cette prophétie.

En effet, le premier vers nous annonce qu'au *quarante-cinquième degré de latitude* où est situé Sébastopol *le ciel brûlera*.

Qui ne reconnaît ici les nombreuses bombes, les nombreux obus, les boulets rouges et les fusées incendiaires qui ont déjà sillonné et sillonneront encore l'air au-dessus de Sébastopol, de manière à y peindre *le ciel en traits de feu et de flamme,* ou bien encore, car les prophéties ont quelquefois un sens double et même multiple sans être pour cela contradictoire, qui ne voit ici l'incendie réservé à cette ville, incendie d'ailleurs projeté par les Russes eux-mêmes, chez lesquels ce fut, dès les temps *les plus reculés* de leur histoire, une coutume nationale de brûler tout ce qu'ils ne peuvent pas emporter ou tout ce qu'ils ne veulent pas laisser tomber entre les mains de leurs ennemis. Cet incendie fera croire que *le ciel y est en feu,* que *le ciel y brûle,* ce qui arrive d'ailleurs, comme on sait, chaque fois qu'une ville ou même un village est livré à un grand incendie, surtout pendant la nuit.

Le deuxième vers, en disant que *le feu approche de la grande cité neuve,* désigne encore mieux Sébastopol, dont nous voyons effectivement par la *grande proximité* de nos parallèles de siége et de nos batteries que *le feu s'est approché de fort près,* outre que ce vers désigne sans doute aussi, comme nous venons de le dire, non-seulement le feu de l'artillerie, mais encore le feu de l'incendie qui menace cette ville et que les Russes, selon leur coutume, allumeront eux-mêmes plus tard, quand ils verront, au moment de l'assaut général, que la ville est perdue pour eux, et que dès-lors il ne leur reste plus que de se faire de l'incendie un moyen de défense d'abord, puis un moyen de priver leurs ennemis d'une garnison, d'une caserne commode pour les abriter. Cette interprétation nous semble exacte; car la Providence ne dicte pas une prophétie pour annoncer un vain bombardement qui ne serait pas suivi de quelque grand résultat, tel que la prise ou la destruction de la ville bombardée. Il est à remarquer d'ailleurs que le ton général de cette prophétie indique un résultat de ce genre, et que dans la seule antithèse, qui constitue en quelque sorte ce second vers, perce déjà la pensée secrète du prophète ou de l'esprit qui l'a inspiré. En disant, ou, si l'on veut, en insinuant qu'à peine le maçon et le charpentier auront achevé de bâtir cette ville, le feu s'en approchera pour la dévorer, il fait sur elle une sorte de lamentation prophétique qui annonce sa destruction par quelque vaste incendie que les Russes eux-mêmes, d'accord avec leurs ennemis, seront condamnés à y allumer, et cela après avoir versé inutilement quatre ou cinq fois plus de sang russe pour la défendre qu'ils n'ont versé de sang tartare pour en usurper le terrain.

Et pourquoi cette grande ville, à peine bâtie, aura-t-elle ce sort affreux? Parce que c'est une ville coupable pour la construction de laquelle les Russes n'ont pas hésité de verser de *sang-froid et sans provocation aucune* des flots de *sang innocent;* une ville pour la possession de laquelle ils n'ont pas craint de multiplier indéfiniment le crime de la vigne de Naboth; une ville, ou si l'on veut, une position militaire et maritime qui était pour eux toute la Crimée et pour l'acquisition de laquelle Messaline II n'a pas rougi d'ordonner avec autant de perfidie que de férocité, le massacre d'un peuple entier sans défense, et sans même lui dire ce mot des voleurs de grand chemin : *ôte-toi de là que je m'y mette.* Non, jamais peut-être, depuis que le crime de la spoliation existe sur la terre, il ne s'est commis avec un mépris aussi parfaitement insultant pour toute probité, pour toute propriété d'autrui, jamais il ne s'est commis avec un athéisme aussi franc, aussi carré, aussi insolent, aussi provocateur de la justice du ciel que l'a commis cette prostituée impériale, au front d'airain, au cœur de bronze, qui ne savait plus rougir de rien, qui excitait les philosophes encyclopédistes à proclamer nettement la négation absolue de toutes les croyances chrétiennes, qui écrivait à Buffon de vider *son sac sur l'homme,* et pour laquelle, en attendant, l'homme, créature de Dieu, n'avait reçu du sang dans les veines que pour le sacrifier au bon plaisir des princes et surtout des princesses russes.

Qu'a fait le Dieu et *sourd, muet* et *aveugle* qui avait laissé ce monstrueux bipède féminin se baigner dans le sang de son mari, puis se vautrer pendant un règne de 34 ans dans toutes sortes de fanges plus abjectes les unes que les autres? Conformément à cette loi divine et éternelle du talion, il l'a laissée elle et ses trois successeurs s'épuiser en dépenses, en sacrifices de tous genres pour fonder *Sébastopol*, c'est-à-dire en grec, *la ville impériale par excellence,* pour en multiplier les forts, les remparts, les arsenaux, les magasins, les établissements militaires et maritimes, pour y établir une flotte de guerre formidable, une artillerie innombrable, et des munitions suffisantes pour la conquête de tout l'Orient. Qu'a-t-il fait encore? Après leur avoir donné ainsi 72 ans pour faire dans les villes de la Russie méridionale et derrière la rade de Sébastopol de gigantesques préparatifs pour la conquête de Constantinople et de l'Empire ottoman, projetée, comme l'histoire de Russie l'atteste, de Tzar en Tzar depuis plus de 800 ans par les Russes, il leur a suscité un autocrate au cœur altier, à l'ambition colossale, à l'orgueil babilonien et insolent, capable d'insurger contre lui tous les souverains de l'Europe, si on excepte ceux d'Allemagne façonnés de longtemps au culte de la *sainte* Russie.

Les choses étant ainsi prêtes pour la chute et l'humiliation de cette sainte orthodoxe, le Dieu *sourd et aveugle* ordonna à celui de tous ses démons de l'Enfer qui sait le mieux endurcir le cœur, qui sait le mieux souffler l'opiniâtreté, l'inflexibilité de l'orgueil dans le cœur des rois qu'il veut perdre; le diable obéit, et Nicolas ivre, saturé, gonflé de cet orgueil infernal, qui, d'après un proverbe allemand, prophétise invariablement la chute, envoya Menchikoff en paletot et en cravache à Constantinople pour enjoindre, pour signifier au Grand Seigneur de la Sublime Porte qu'il eût à signer, séance tenante, la renonciation à ses droits de souverain indépendant. Dès-lors la mesure était comble; le reste ne fut plus de la part des Russes qu'une comédie diplomatique pour gagner du temps et où certains diplomates jouaient comme le rôle de servants et de figurants à la solde de la Russie.

Le prophète que nous interprétons a vu tout cela, il y a

trois cents ans, et quoiqu'il ne l'exprime pas formellement, il a vu la ruine, la désolation, la défaite, l'humiliation, l'appauvrissement de la Russie sortir de cette guerre à peine commencée et provoquée par une ambition titanique qui depuis 150 ans déjà appelait une répression, un châtiment exemplaire; il a vu la porte de la Crimée laissée ouverte par les alliés, afin que la Russie puisse incessamment apporter de nouvelles victimes expiatoires à la boucherie de Sébastopol, qui, au lieu de la clef de Constantinople, est devenu la clef d'un vaste cimetière où tous les fléaux de Dieu se sont donné rendez-vous, est devenu un amas de ruines et un foyer d'infection où le choléra, le typhus, la dissenterie, le scorbut et la famine rivalisaient d'ardeur avec les bombes, les obus et les boulets des assiégeants pour savoir à qui creuserait le plus de tombes aux soldats de l'orthodoxie, aux conquérants de l'Orient, qui ont massacré les anciens et paisibles habitants de la Crimée et qui de ce repaire s'adjugeaient d'avance naguère ou même digéraient déjà la Turquie comme une proie de vautours. *Et nunc intelligite, reges, qui judicatis terram.*

Et maintenant, autocrates et Tzars de Russie, vous qui pour régner vous étranglez, vous empoisonnez, vous étouffez les uns les autres entre deux matelas ou entre deux cordes, vous qui massacrez les peuples que vous avez volés, vous qui convertissez à coups de sabre ceux de vos sujets qui ne veulent pas être orthodoxes, vous qui, par respect pour la sainte liberté humaine, prétendez par ukase, c'est-à-dire, par le knout et la Sibérie, que la perversion orthodoxe d'un apostat catholique entraîne celle de toute sa paroisse ou que la simple *introduction forcée* d'un catholique dans une église orthodoxe entraîne pour lui l'obligation d'abjurer sa religion, comprenez, oppresseurs sauvages de la conscience des peuples, éclairez-vous à la lueur des flammes vengeresses qui s'apprêtent à dévorer Sébastopol, votre ville impériale où vous avez enfoui tant de trésors, de larmes et de sang de vos esclaves, comprenez bien la cause de vos humiliations et de vos défaites nombreuses que *votre mépris national et systématique* pour *toute vérité* transformera en autant de victoires.

Oui, quoique, dans votre athéisme hypocrite, vous ne croyez pas un mot de l'Ecriture sainte, ouvrez néanmoins ce livre prophétique et lisez-y votre condamnation, lisez:

Propter injustitias suas humiliati sunt,
(Ps. 106.)

ils ont été humiliés à cause de leurs injustices. Et si vous voulez savoir pourquoi la domination sur la Crimée vous sera ôtée, quoi que vous et les vôtres vous fassiez, lisez encore cette prophétie qui a été écrite tout exprès pour vous, lisez:

Regnum à gente in gentem transfertur propter injustitias et injurias, et contumelias et diversos dolos, c'est-à-dire, que la domination est transférée d'une nation à l'autre pour *punir, pour venger les injustices, les traitements insultants, injurieux, vexatoires,* et les diverses espèces *de perfidies, de dols et de mauvaise foi* dont les dominateurs *se sont rendus coupables* envers ceux qu'ils avaient assujétis à leur empire.

Il n'y a pas *un mot* de cette condamnation qui ne s'applique *exactement* à l'histoire de votre usurpation et de votre gouvernement de la Crimée depuis 72 ans qu'elle a le malheur de vous être assujétie, et ceux de nos lecteurs qui ne seraient pas assez édifiés à ce sujet, trouveront la preuve de la justice de cette sentence dans une *note historique* annexée à notre explication de la prophétie qui suit celle que nous interprétons en ce moment.

Oui, Tzars de Russie, c'est pour rendre sa vengeance plus complète et plus évidente aux yeux de tous les rois de l'Europe, que la lente mais éternelle justice du ciel vous a donné 72 ans pour vous dépouiller de vos trésors en faveur de Sébastopol, *votre ville impériale,* pour vous laisser croire que vous jouiriez un jour du fruit de vos rapines, de vos iniquités et de vos usurpations de territoire, et c'est précisément au moment où le grand autocrate Nicolas, gonflé comme un ballon d'adulations germaniques et russes, s'apprêtait à faire usage de ses immenses préparatifs pour avaler la Turquie et pour faire trembler toute l'Europe, qu'il a commencé à *trembler lui-même,* et que la Providence, fidèle exécutrice de ses prophéties, arma contre lui les peuples les plus braves de l'Europe, les Gaulois de France, d'Angleterre et du Piémont, et fit *approcher* la flamme vengeresse de Sébastopol pour *dévorer*, dit notre oracle, *la grande cité neuve,* qui devait dévorer elle-même tout l'Orient.

Et maintenant, nous l'espérons, nos lecteurs auront compris tout ce qu'il y a d'amer pour la Russie dans cette ironie, dans cette subsannation providentielle qui, fidèle à son éternelle loi du talion, punit les Tzars massacreurs et incendiaires par où ils ont péché, par le massacre de leurs sujets et l'incendie de leurs villes chéries, et cela, notez bien, en dépit de tous les perfectionnements modernes qu'ils avaient volés au génie et à l'artillerie de la France et de l'Angleterre.

Le troisième et le quatrième vers de la prophétie viennent à l'appui de l'interprétation que nous avons faite du second. Ces deux derniers vers ne sont pas encore accomplis, mais ne tarderont pas sans doute longtemps à l'être. Cette circonstance en rend l'interprétation plus difficile ; toutefois, quoiqu'il soit très-difficile d'expliquer des prédictions dont l'intelligence n'est pas favorisée par la lumière qui vient des faits accomplis, nous croyons avoir compris le sens caché renfermé dans celle-ci.

Le troisième vers annonce l'explosion d'une ou de plusieurs mines qui répandront au loin *une grande flamme éparse* et dans *un instant* feront *sauter* une partie de la ville ou des fortifications qui seraient tombées au pouvoir des assiégeants[1].

[1] Et c'est là effectivement ce qui a eu lieu dans la soirée et surtout dans la nuit du 8 au 9 septembre 1855, comme toute l'Europe le sait et comme nous le lisons dans les rapports publiés par les généraux en chef des armées alliées. Les Russes, affaiblis par les énormes pertes que leur avait fait subir, pendant la dernière attaque, un bombardement écrasant, une pluie de projectiles meurtriers, *un feu d'enfer*, comme disait Gortschakoff, et voyant qu'après la prise de Malakoff, *la place n'était plus tenable*, n'osèrent pas attendre l'assaut général que les alliés se *disposaient à leur livrer*, ou, comme dit Nostradamus, *voulaient* leur livrer pour *faire la preuve*, c'est-à-dire, l'épreuve de leur courage *Normand* ; désirant donc prévenir cet assaut non moins qu'assurer leur retraite dans la partie septentrionale de Sébastopol, ils firent *sauter en un*

Ici nous prions le lecteur de nous permettre quelques observations de littérature ou de grammaire prophétique qui viennent à l'appui de notre interprétation.

Le verbe *sauter* de ce troisième vers n'a pas de sujet, quoique le substantif *flamme* accompagné des deux qualificatifs *grande* et *éparse* ait au premier abord l'air de jouer ce rôle dans la phrase. Or, il faut savoir que quand le prophète supprime ou omet elliptiquement un élément aussi essentiel à l'intelligence d'une phrase qu'un *sujet,* c'est une preuve que, selon lui, l'intelligence de son interprète doit avec de la réflexion et de l'habitude de son style pouvoir suppléer à cette omission, surtout quand les substantifs *exprimés* dans cette phrase, essayés comme sujets, ne donneraient qu'un sens peu significatif, comme si l'on voulait, dans ce troisième vers, donner au verbe *sauter* pour sujet de phrase le substantif *flamme*, et dire qu'on verra *en un instant sauter une grande flamme éparse.*

Le troisième vers ainsi expliqué ne pourrait guère signifier qu'une *fougasse étendue, peu profonde* et *chargée de cailloux* que *l'explosion* ferait *sauter* avec *flamme* au moment de

instant, comme l'avait vu le prophète en 1555, presque *tous les forts* et autres constructions ou défenses qui *étaient minés,* en prévision de leur défaite future. Ces explosions soutenues *par de grandes quantités de poudre* s'opérèrent effectivement *avec une grande flamme éparse* dans presque tous les quartiers de la ville, laquelle fit éclater aussitôt *un vaste incendie* dans tout Sébastopol, et ce vaste incendie, qui illumina, qui illustra de son terrible et majestueux éclat l'immortelle nuit du 8 au 9 septembre, qui brûla, qui dévora cette ville coupable qu'Alexandre II, dans son ordre du jour du 11 septembre, ose appeler *une arche sainte,* faisait croire par ses immenses réverbérations dans les airs, que *le ciel,* vengeur tardif de tant d'iniquités moscovites, commises en Crimée, était lui-même en feu, ou, comme le dit énergiquement le prophète, *brûlait* lui-même de tous les feux de la colère dont il venait de foudroyer ce repaire des futurs voleurs de la Turquie.

Ainsi, les rapports officiels des chefs de l'armée alliée en main, tous les faits principaux du siége, de la prise et de la destruction de Sébastopol se superposent géométriquement sur les termes mêmes du prophète ; la coïncidence, la concordance est parfaite, et la prophétie faite en 1555 sur la ruine *de la grande cité neuve* située sous *le quarante-cinquième degré de latitude* et habitée par *les hommes du Nord* s'est *admirablement* accomplie.

l'assaut. Mais ce ne serait là qu'un feu d'artifice souterrain, qui d'abord n'est pas dans le génie russe, grand amateur du fort et de l'énergique, qui d'ailleurs ne serait pas bien redoutable au moment d'un assaut, et ne produirait guère qu'une surprise, qu'une frayeur passagère, calculée pour étonner, pour troubler les assaillants par la soudaineté des effets de la poudre et de la projection des cailloux, mais qui, ne durant qu'un *instant*, ne saurait arrêter efficâcement des soldats animés de l'espoir d'un triomphe après tant de souffrances héroïques, et prévenus en outre par les officiers du génie et de l'artillerie de ces ruses classiques des assiégés qui font arme de toute flèche. Très-probablement donc, ici *la flamme* ou *la grande flamme éparse* n'est pas *l'objet principal* mais n'est qu'une *circonstance*, qu'un qualificatif, qu'un produit accessoire de l'action marquée par le verbe *sauter*, et il faut, sans le moindre doute, sous-entendre devant le mot *flamme* une préposition telle que celle d'*avec*, et dire que les mines ou les constructions *minées sauteront dans un instant avec une grande flamme éparse*.

Les savants du métier nous feront une objection ; ils nous diront que les explosions des mines ont lieu *sans flamme*, à la surface des terrains minés. Nous répondons que cela dépend de la profondeur des mines, de la quantité de poudre qu'on y a déposée, de la solidité ou de la consistance des terrains qui les dominent. Or, tout cela est très-variable de nation à nation, de forteresse à forteresse et même d'ingénieur à ingénieur. On sait maintenant, par l'expérience acquise au siége de Sébastopol, qu'il est dans le génie russe de ne se croire jamais assez retranché, assez fortifié, et qu'*il prodigue tant qu'il peut la poudre et tous les éléments de force*. On peut présumer d'un autre côté que la grande quantité de bombes du *plus fort calibre* qui tomberont de si haut sur les terrains superposés aux mines de l'intérieur de la place, pourront, avec leurs profonds labours, en ébranler singulièrement la consistance, la solidité, de sorte qu'il ne serait plus impossible que des mines peu profondes, chargées de grandes quantités de poudre et dominées par des terrains peu résistants, ébranlés et fraîchement remués, fissent explosion *avec grande apparence de flamme* à la surface extérieure, comme il le faudrait pour que la prophétie s'accomplit dans le sens de cette interprétation. Quoiqu'il en soit, l'événement prononcera laquelle de ces deux explications, qui ne diffèrent du reste que du petit au grand, de la fougasse à la mine, est la plus exacte [1].

[1] L'événement a prononcé et a prouvé que nous étions dans le vrai en expliquant la prophétie comme nous venons de le faire. Les constructions, les défenses, les terrains minés des Russes dans l'intérieur et autour de Sébastopol ont *sauté très-précisément* AU MOMENT MÊME où les assiégés avaient à redouter un assaut général qui pour eux était devenu imminent et présentait aux alliés des chances beaucoup plus favorables par suite de la prise du bastion Malakoff. Aussi les Russes, certains d'être écrasés, d'être assommés à coups de crosse dans leur ville chérie, n'ont pas osé attendre de pied ferme cet assaut, ni, comme ils nous en ont *tant de fois menacé*, osé se retirer derrière leurs barricades si laborieusement et si savamment construites, ni enfin, comme les Espagnols de Sarragosse l'ont fait si héroïquement en 1809 contre les Français, osé disputer, *rue par rue* et *maison par maison*, le terrain aux assaillants. Dans la crainte d'être poursuivis comme une armée battue et démoralisée, ils se sont hâtés de mettre entre eux et l'ennemi de vastes explosions, de redoutables incendies; ainsi retranchés, non plus derrière leurs nombreuses, leurs immenses fortifications devenues inutiles, mais derrière un véritable feu d'enfer qu'ils ont été contraints d'allumer et d'entretenir avec les matériaux de leur *ville auguste*, de leur forteresse chérie, de leur bijou impérial visité quarante-sept fois par l'empereur Nicolas qui voulait en faire *la base de ses opérations prochaines* contre Constantinople, ils ont pris honteusement la fuite et se sont sauvés à la faveur de la nuit de l'autre côté d'un bras de mer, nous abandonnant pour trophée des *ruines ensanglantées*, disait leur général en chef, comme si c'était là pour la Russie une grande gloire d'*avoir été forcée* d'abandonner à ses ennemis *son imprenable Sébastopol* défendu par 300 000 hommes et 10 mille pièces de gros calibre sous la forme de *ruines ensanglantées* du plus pur et plus généreux de son sang. Les Russes sont de grands vantards; ils ont dix fois moins d'intrépidité véritable qu'ils se vantent d'en avoir; ils se battent bien comme tout le monde quand ils sont retranchés jusqu'aux dents derrière une formidable artillerie et d'inébranlables remparts; hors de là, ils ont été battus et bien battus par les Suédois, les Polonais, les Prussiens, les Circassiens, les Turcs, les Hongrois, les Anglais et surtout par les Français qui, depuis une soixantaine d'années, sont devenus leur véritable fléau et le marteau dont la Providence se sert pour châtier leur orgueil et réprimer leur insatiable ambition.

Mais à quelle époque aura lieu l'explosion de ces mines? Le quatrième vers va nous l'apprendre. Il nous annonce qu'elle aura lieu *quand on voudra,* dans un assaut, *faire preuve du courage des Normands* ou des Russes pour défendre leur ville. *Faire preuve* est une locution du quinzième et du seizième siècle, laquelle signifie absolument la même chose que ce que nous entendons aujourd'hui par celle de *mettre à l'épreuve.* Ainsi l'explosion des mines aura lieu quand dans un assaut *les assiégeants* VOUDRONT *mettre à l'épreuve,* c'est-à-dire, seront arrivés au moment de *mettre à l'épreuve le courage des Russes* pour défendre leur ville.

Ajoutons à l'appui de cette interprétation que cette dernière prédiction n'en est déjà plus une quant à l'existence des mines construites par les Russes sous les fortifications de Sébastopol, puisque ce fait paraît connu d'une manière positive et depuis longtemps dans les armées alliées, lesquelles doivent par conséquent s'attendre à l'explosion de ces mines et de ces fougasses au moment de l'assaut, si cependant l'assaut a lieu; car le prophète dit *quand on voudra,* c'est-à-dire *quand on se disposera* à livrer l'assaut à la ville même, ou à *mettre à l'épreuve* le courage *des Normands* [1].

Ainsi s'est déjà accomplie et s'accomplira encore avec une exactitude toute divine la prophétie que nous venons d'expliquer de la manière la plus simple, la plus rationnelle et la plus conforme à ce que de longues veilles nous ont appris de la langue de ce prophète.

Mais, nous dira-t-on sans le moindre doute, vous avez dit

[1] On voit maintenant que les événements sont accomplis, que la prophétie de Nostradamus qui les annonçait s'est ponctuellement réalisée. Ce prophète disait que les explosions des mines *avec grande flamme éparse* auraient lieu *quand on voudra faire preuve des Normands*, c'est-à-dire, quand les assaillants seront sur le point, par un assaut général, de mettre le courage *des Normands*, des Russes, à l'épreuve d'un combat corps à corps; hé bien! c'est *très-exactement ce qui a eu lieu*, comme tous les rapports du maréchal Pélissier et du général anglais l'ont annoncé, et comme tout le monde le sait. Nostradamus a donc parfaitement indiqué en 1555, *le moment et le caractère d'inflammation visible de l'explosion de ces mines et poudrières.*

plus haut que le prophète avait reçu défense de nommer Sébastopol en toutes lettres, et pourquoi ne l'aurait-il pas nommé par son nom plutôt que de le désigner d'une manière plus ou moins reconnaissable?

Une réponse à cette question qu'*on renouvelle souvent*, nous a paru nécessaire, parce qu'elle sera en même temps une sorte de complément de notre explication, et que d'ailleurs elle doit rendre raison de ce mélange d'ombre et de lumière que le lecteur aura remarqué dans le tableau prophétique qui vient de passer sous ses yeux.

On conçoit d'abord, comme déjà nous l'avons dit, qu'en général une *claire connaissance* de l'avenir engagerait la liberté ou le libre arbitre des hommes, et par suite pourrait compromettre la *moralité* de leurs actions, laquelle repose *essentiellement* sur cette liberté. On conçoit d'un autre côté que cette connaissance claire de l'avenir pourrait entraîner souvent *bien des inconvénients*, et que les hommes se voyant froissés ou menacés dans leurs intérêts et dans leurs passions par les événements ou les faits annoncés, feraient tous leurs efforts pour s'opposer à leur accomplissement; de sorte qu'il s'établirait de la sorte comme une lutte impie contre le ciel et que les événements prophétisés ne pourraient plus s'accomplir sans un miracle de la toute-puissance divine.

Or, c'est une vérité reconnue des théologiens que Dieu n'opère pas de miracle *sans nécessité*, c'est-à-dire qu'il n'en opère pas toutes les fois qu'il est possible d'arriver au même résultat par des moyens naturels, par des moyens plus simples, ou bien encore toutes les fois qu'il ne lui convient pas de *faire éclater* l'aveuglement des hommes en même temps que sa souveraine puissance sur les choses de ce monde.

Ces moyens plus simples existent-ils? Oui, ils existent, et ils consistent tout unîment dans un langage prophétique où les ténèbres soient combinées, ménagées de telle sorte que souvent il devienne difficile, très-difficile et quelquefois impossible de pénétrer le mystère du prophète *avant le temps* marqué par la Providence, c'est-à-dire, avant le temps où les inconvénients, dont nous venons de parler ont disparu et où les événements annoncés, s'inclinant vers leur accomplissement, répandent sur toute la prophétie un jour destiné à en favoriser l'intelligence.

Pour mieux faire comprendre la sagesse de cette disposition de la Providence, il suffit de l'appliquer à la prophétie que nous venons d'expliquer.

Il y avait, par exemple, un immense inconvénient à ce que le prophète nommât la ville de Sébastopol par son nom, surtout dans une prophétie qui a été publiée il y a 300 ans, et qui depuis cette époque l'a été plus de *cinquante fois*, sans avoir jamais, par suite du clair-obscur de son langage, été comprise ni expliquée par personne.

En effet, supposons que la Providence, dans l'intérêt de son Église, ne veuille pas que l'orgueilleuse, que l'ambitieuse orthodoxie russe, qui anathématise chaque vendredi saint le successeur de saint Pierre au profit d'un Tzar slave ou scandinave, qui a schismatisé à coups de sabre et par toutes sortes de supplices ou de violences tyranniques plus de dix millions de catholiques [1], qui a pu avaler hier la Pologne

[1] Il n'est aujourd'hui personne parmi les catholiques français qui approuve les dragonnades de Louis XIV contre les protestants du midi de la France. Les hommes doivent faire comme Dieu qui traite la liberté humaine *avec beaucoup de respect, cum magnâ reverentiâ,* dit l'Écriture. Le Christ, dans l'Évangile, n'a jamais *recommandé la violence* comme moyen de conversion; la foi doit venir par les moyens de persuasion, c'est-à-dire, *par l'ouïe*, dit saint Paul. Il faut *laisser ceux qui résistent à ces moyens légitimes*, dit encore le Christ.

Ainsi ceux qui emploient la violence pour convertir, violent eux-mêmes les lois divines et humaines et commettent autant de crimes qu'ils ont commis de violences sur les consciences d'autrui. Il est d'ailleurs évident par cela seul qu'il y a dans ce monde des hommes vertueux et des méchants, que Dieu a repoussé l'odieux moyen de la contrainte pour éclairer ou moraliser les hommes, puisque, s'il avait voulu l'employer, il aurait pu faire de nous tous autant de machines vertueuses et de saints automates; Dieu trouve ces hommages forcés dans la fidélité involontaire des animaux à leur instinct, comme Vaucanson les trouvait dans son joueur de flûte; mais de l'homme créé *libre*, de l'homme créé à *l'image et à la ressemblance de Dieu* infiniment libre, saint et intelligent, Dieu attend l'hommage du *libre assentiment* à la loi naturelle et révélée, hommage

catholique, et qui demain avalera à *plus forte raison* la Suède et le Danemark protestants, toujours à la condition de jetter un os ou deux dans la gueule de ses satellites; supposons, disons-nous, que la Providence ne veuille pas que cette ambitieuse orthodoxie qui ne rêve rien moins que la monarchie universelle par l'unité du schisme et de l'esclavage, et qui est, le plus dangereux, le plus puissant, et le plus haineux ennemi que la liberté religieuse et la liberté des nations européennes aient jamais eu à combattre depuis Attila, puisse s'étendre vers l'Orient méridional de l'Europe, et par suite puisse, maîtresse d'une aussi admirable position que Constantinople, conquérir en Asie mineure, en Syrie, dans l'Archipel, dans la Grèce et dans le reste du Levant une prédominence aussi favorable à la propagation de ses erreurs que funeste aux conquêtes de la civilisation industrielle et commerciale des puissances occidentales ou même centrales de l'Europe; supposons encore que la Providence qui tend évidemment, comme nous le voyons chaque jour plus clairement et comme l'a remarqué le comte de Maistre d'après une foule de prophéties, qui tend, disons-nous, à rétablir en Europe, *l'unité de pasteur et de bercail*

tellement précieux à ses yeux qu'il vaut mieux que des milliards de mondes, et qu'il lui a promis une *éternité* de *bonheur* pour récompense.

On peut voir par là combien sont anti-divins et anti-évangéliques le sabre et l'ukase convertisseurs de Mons Nicolas de Russie, qui tout en singeant Mahomet, avait en sa qualité de *vrai croyant* et *de pape de Pétersbourg*, la prétention de mieux interpréter la volonté de Dieu que les papes de Rome, lesquels, à l'exemple de Jésus-Christ, se bornent à envoyer des apôtres ou des missionnaires dans le monde pour le convertir *librement* et *par la persuasion* à la foi de l'Église universelle. La nation Russe n'a cessé d'applaudir depuis plus *de deux siècles* aux violences légales ou matérielles commises par ses souverains contre les Catholiques, les Protestants, les Juifs et les Musulmans assujétis à leur autorité; elle s'est donc rendue coupable tout entière des crimes commis par ses Empereurs; ce sont ces crimes surtout qu'elle est condamnée à expier aujourd'hui, qu'elle a déjà expiés à Sébastopol *par un feu d'enfer*, comme en convenait Gortschakoff, et qu'elle expiera, n'en doutons pas, par des humiliations si nombreuses et des pertes si ruineuses, qu'elle passera de l'orgueil à l'humilité chrétienne et qu'elle perdra jusqu'à l'envie de reprendre le ton que l'Allemagne lui a laissé prendre en Europe.

qui a été promise, ait résolu de faire dans ce but abattre ou affaiblir considérablement cette puissance colossale en suscitant contre elle les puissances civilisées et maritimes de l'Occident, et que par conséquent elle ait résolu, comme nous le voyons maintenant, la ruine de Sébastopol qui était pour les Russes comme la clef de l'Orient par la domination sur la mer Noire et le littoral de l'Asie. La Providence devait-elle, dans ce cas, faire prédire *clairement* la future destruction de cette forteresse?

Evidemment non, et cela en vertu de ce principe élémentaire de sagesse qui dit que: *qui veut la fin veut les moyens.*

Effectivement, si les Russes avaient appris depuis longtemps, comme il est indubitable qu'ils l'eussent appris par une prophétie rendue *trop claire,* que la ville de Sébastopol, que dans leurs. projets d'envahissement des contrées méridionales ils sont si intéressés à conserver, était, *nominativement désignée,* menacée d'être assiégée et détruite, ils y auraient, avec leur génie défiant qui ne se croit jamais trop en sûreté, comme nous venons de le voir dans leurs fortifications improvisées autour de cette forteresse, ils y auraient tellement prodigué, multiplié les remparts, les bastions, les demi-lunes, les fossés, les tours et les blocs de granit, qu'ils l'auraient rendue imprenable à la lettre, ou tellement difficile à prendre surtout pour des armées éloignées à mille lieues de leurs ressources, qu'aucune nation n'eût voulu faire assez de sacrifices d'hommes et d'argent pour s'en emparer. On conçoit que dans ces conditions la prophétie ne pouvait plus s'accomplir, ou ne pouvait s'accomplir que par une série de prodiges semblables à ceux que Dieu a opérés pour la sortie d'Égypte et la conquête de la Palestine.

La Providence a obvié à tous ces inconvénients par le clair-obscur du langage prophétique. Ce simple moyen a suffi; tout a pu être dit d'avance sans rien dire qui présentât des inconvénients. Sans doute ce moyen ne satisfaisait pas longtemps d'avance la curiosité humaine, que d'ailleurs Dieu n'entend nullement défrayer par ses prophéties, mais aussi il laissait aux hommes, notamment aux Russes, aux Tartares, aux Turcs et à tous les peuples Européens, la liberté d'action qui est essentielle à la moralité de l'espèce humaine. En outre, il ne compromettait pas, ce qui était également très-important, les intérêts du rétablissement de l'Église universelle, et enfin, au jour de l'accomplissement des faits annoncés, par exemple en 1855, Dieu, grâce à l'heureuse explication de sa prophétie qu'il aurait fait connaître à l'un ou l'autre de ses enfants, faisait ressortir, éclater la gloire qui résulte pour sa prescience divine de la parfaite exactitude, de l'infaillible ponctualité des prédictions qui auraient été publiées trois siècles auparavant sur ce grand événement.

On voit par cette prophétie si remarquable sous tous les rapports, que l'expédition de Crimée qui, aux yeux d'un grand nombre, semblait naguère ne pas faire partie essentielle du plan primitif de l'expédition d'Orient, ne semblait, pour ainsi dire, dictée que par le besoin de fuir le choléra de Bulgarie ou par celui d'atteindre les Russes dans un pays non encore infecté de cette redoutable épidémie; que l'expédition de Crimée, disons-nous, était prévue et en quelque sorte résolue *depuis trois siècles* au moins. Car, comme on dit, l'homme propose et Dieu dispose, l'homme s'agite et Dieu le mène. Ceci est surtout vrai pour les grandes entreprises nationales, pour les guerres et les traités de paix, où le Dieu des armées ne pourrait cesser d'intervenir sans abdiquer. Quand Dieu a résolu une guerre soit comme fléau purificateur des hommes, soit comme moyen d'opérer sur la terre les révolutions des Empires qui sont devenues nécessaires à ses desseins providentiels, l'industrie, le commerce, la finance, la boutique et l'agriculture ont beau clamer et réclamer la paix, disant comme les anciens Israélites, *Pax, Pax,* la paix, le prophète de Dieu leur repond: *et pax non erat,* vous n'aurez pas la paix, et vous ne l'auriez pas, quand même vous organiseriez tous les jours à Vienne une nouvelle conférence de diplomates pacificateurs, soi-disant capables de la faire. Car encore une fois, le monde est gouverné par Dieu, et non par les diplomates ni par les rois.

C'est donc en Crimée que la Providence voulait conduire les armées alliées de l'Occident ; c'est là qu'elle voulut frapper le colosse couché dans son repaire de Sébastopol ; c'est là qu'elle voulut le blesser, le mutiler, le saigner, le rendre impuissant à conquérir par la suite l'Orient, impuissant à renforcer par un accroissement d'influence ou de prépondérance politique le schisme grec, destiné, sans le moindre doute, après quelques nouvelles et décisives fustigations dont il paraît avoir besoin encore après tant d'autres qui lui ont été administrées depuis huit cents ans, à connaître plus tard les bienfaits, les lumières libératrices de la foi universelle.

Ne craignons donc rien ; les Français, les Anglais et leurs alliés, les Turcs et les Sardes, qu'ils le sachent ou ne le sachent pas, remplissent aujourd'hui une mission providentielle, une mission de Dieu qui, aux yeux des politiques et des rois, se cache sous les intérêts matériels de l'équilibre, du commerce ou de l'indépendance ottomane, comme, aux yeux des philosophes, il se cache sous les forces de la nature et de l'humanité.

Oui, qu'ils le sachent ou non, ils sont aujourd'hui des soldats de Dieu, des soldats apostoliques, comme l'histoire le disait autrefois et le dit encore aujourd'hui des Français, *Gesta Dei per Francos ;* Dieu est avec eux, il montre, il prouve *ostensiblement* par ses prophéties *qu'il est avec eux ;* Dieu est avec eux, c'est-à-dire que la victoire ne saurait leur manquer en définitive dans cette nouvelle croisade, non contre les fils d'Agar, qui se proclamaient orgueilleusement les fils de Sara et les *parfaits croyants*, mais contre les fils de Photius, qui ne se proclament pas moins orgueilleusement les *fils des apôtres*, les *vrais croyants*, et qui incapables dans leur ignorance et dans le mensonge de leurs doctrines de conquérir les âmes par la voie légitime de la persuasion, disent tout simplement à leurs prosélytes : *crois ou sois bâtonné, sabré et envoyé en Sibérie.*

C'est cet archi-crime, *systématiquement,* scandaleusement et audacieusement commis à la face du ciel contre l'inviolable sainteté de la conscience humaine par l'ambition la plus enragée et le mépris le plus insultant pour les hommes que la barbarie et le despotisme aient jamais pu inspirer à des souverains; c'est cet archi-crime, disons-nous, qui depuis *plusieurs siècles* est obstinément, sataniquement décidé à ne rien respecter sur la terre pour arriver à ses fins, qui n'hésite pas à se faire de la religion et de Dieu lui-même un instrument pour assouvir la soif insatiable d'acquisitions et de dépouilles qui dévore les Russes; c'est ce crime d'anthropophagie spirituelle qui foule aux pieds le sanctuaire de la liberté humaine, qui prélude à cette impiété boréale, à ce dédain du ciel que le prophète Ezcéhiel nous peint dans les *Gogs* et *les Magogs* futurs du Nord; c'est lui qui va devenir l'objet principal de la vengeance divine dans cette présente guerre; c'est lui qui va recevoir un châtiment égal et plus qu'égal aux maux qu'il a causés en Europe et aux scandales de tout genre qu'il n'a cessé de donner aux nations chrétiennes de cette partie du monde. Oui, dût-il en coûter aux Russes leur dernier écu et leur dernier homme, comme nous en menaçait formidablement, fatidiquement, l'orgueil immense de cet autocrate maintenant rongé des vers, il sera passé sur le ventre à cet orgueil qui voulait régner par la terreur, il passera sous les fourches caudines et par les verges des fortes, des intelligentes, des immortelles races gauloises de France et de Brétagne, qui sont les fils aînés de l'Europe, qui l'ont défrichée il y a quatre mille ans et qui ne souffriront pas que des Slaves Russes qui sont nés d'hier et qui sont venus *on ne sait d'où,* viennent leur dicter la loi au lieu de la recevoir, comme il convient à des barbares et surtout comme il convient aux vaincus d'Austerlitz, d'Eylau, de Friedland, de Smolensk, d'Ostrowno, de la Moscowa, de la Champagne, de l'Alma, d'Inkermann, de la Tchernaïa, de Malakoff, de Sébastopol et de toutes les autres rencontres enfin où ils ont eu l'audace de se mesurer avec l'héroïsme gaulois et, comme disait Napoléon, avec *la furie française.*

Observations supplémentaires à l'explication de cette prophétie.

Dans l'explication d'une prophétie aussi importante que celle qui a pour objet le siége et la prise de la forteresse de Sébastopol, d'où dépend le sort de plusieurs Empires et sur laquelle toute l'Europe a les yeux fixés depuis un an, nous ne voudrions pas laisser subsister l'ombre d'un doute, même déraisonnable, que cette prophétie ne s'applique bien véritablement à la ville que nous venons de nommer et ne saurait, après elle, s'appliquer *à aucune autre du monde entier*. Car nous prévoyons que dans un siècle aussi contestateur, aussi passionné, aussi rebelle aux croyances et aux vérités que son matérialisme scientifique ne saurait expliquer, on ne manquera pas, faute de mieux, de s'ingénier pour trouver envers et contre toute logique, envers et contre toute évidence et toute bonne foi, quelques bons sophismes capables de sauver au moins pendant quelques jours le philosophisme de ce qu'il regardera comme une chute honteuse, comme une immense défaite, la nécessité de croire désormais à la vérité des prophéties d'un homme qu'il a tant raillé, tant conspué, tant insulté depuis trois cents ans, qu'il avait abaissé au rang d'un effronté charlatan et d'un prophète d'almanach. Mais si le philosophisme est certes très-coupable d'avoir jugé et condamné pendant trois siècles un grand homme *sans vouloir l'entendre* et *sans examiner les pièces de son procès,* il le serait infiniment plus aujourd'hui, que les pièces de ce procès sont mises sous ses yeux et que le droit de sa victime à une immense réparation, à une réhabilitation complète, est victorieusement démontré. Il faut donc que le philosophisme en prenne son parti, qu'il cesse de *se croire et de se faire croire infaillible,* et qu'en présence des salutaires confusions de tout genre que la Providence lui a réservées pour la seconde moitié du dix-neuvième siècle [1], il faut qu'il apprenne, comme cela convient à l'a-

[1] Confusi sunt sapientes : verbum enim Domini projecerunt. (Jer. 8.)

veugle humanité, à réciter de nouveau son *confiteor* et en se frappant humblement la poitrine, à dire : *meâ culpâ, meâ maximâ culpâ.* Car si, comme on l'a dit en latin, l'erreur est un fruit naturel de l'humanité, la persévérance, l'obstination dans l'erreur est un fruit naturel aussi..... de l'Enfer. Nous prévenons du reste le philosophisme qu'outre les preuves irréplicables que nous publions aujourd'hui en faveur du don de prophétie dont a joui Nostradamus, nous avons en portefeuille à l'appui de cette vérité, une foule d'autres preuves non moins incontestables, et, nous ajoutons, *non moins intéressantes,* que nous publierons successivement, et nous accomplirons ainsi, autant que cela peut dépendre de nos faibles moyens, cette prophétie de l'homme de Dieu que nous avons expliquée dans notre *Introduction* et où il annonce lui-même, comme le Christ, sa résurrection triomphante, non pas après trois jours, mais après trois siècles de tombe creusée par les scribes, les docteurs et les pharisiens de la philosophie.

En attendant, nous allons réunir dans un *Post-scriptum,* sous forme de résumé, tous les signes indicateurs qui démontrent la vérité de l'application que nous faisons de cette prophétie à la ville de Sébastopol ; ces signes indicateurs en effet sont trop disséminés dans nos explications ; leur rapprochement formera faisceau, formera foyer de lumière capable d'éclairer les plus myopes et d'illuminer même les aveugles volontaires. Ces signes caractéristiques sont au nombre de dix, qui se prêtent un mutuel appui, comme les membres d'un même corps, comme les bras multiples d'une charpente, et tous conspirent à produire en nous la conviction la plus irrésistible que le siége et la prise de Sébastopol sont annoncés dans la prophétie que nous venons d'expliquer.

RÉSUMÉ

des preuves démontrant la vérité et l'exactitude de l'application de cette prophétie à la ville de Sébastopol.

1° La première et une des plus grandes preuves que c'est à Sébastopol que s'applique cette prophétie, c'est l'indication exacte du *degré de latitude* sous lequel cette ville est située ; elle se trouve en effet entre le 44e et le 45e degré, mais plus près de ce dernier que du premier, de manière que, géographiquement parlant, on est obligé de dire qu'elle se trouve, comme dit le prophète, sous le 45e degré, en dépit des quelques minutes qui manquent pour l'exactitude complète ;

2° La seconde preuve c'est que le prophète l'appelle *la cité neuve,* caractéristique non moins exacte que la première, puisque nous avons prouvé que Sébastopol n'est guère âgé que de *trente ans;*

3° La troisième preuve, c'est que la prophétie qualifie cette ville *de grande ville* ou plus exactement, *de grande cité*, qualification qui lui convient également, à raison de ses 40000 habitants, *non compris* la garnison qui était toujours de cinq à dix mille hommes ;

4° La quatrième preuve c'est que, d'après le prophète, cette ville est habitée *par des Normands*, c'est-à-dire par *des hommes du nord* qui désignent évidemment *les Russes,* attendu *qu'aucun autre peuple du nord de l'Europe* ne possède de ville ni grande ni petite au *quarante-cinquième degré de latitude* dans cette partie du monde. Nous avons d'ailleurs prouvé que de toutes les villes méridionales de la Russie, Sébastopol est *la seule* à laquelle conviennent à la fois les *quatre* qualifications que nous venons de rappeler ;

5° La cinquième preuve qu'il s'agit ici de Sébastopol, ce sont les faits ou les événements dont nous sommes en quelque sorte témoins par les journaux depuis près d'un an que les alliés en ont commencé le siége. En effet, il n'y a qu'un siége fait par une armée qui puisse expliquer ce *rapprochement* successif *du feu* de l'artillerie *de la grande cité*, de la ville *neuve;* qui puisse expliquer ces constructions souterraines, ces terrains minés qui *sautent en un instant* avec *grande flamme éparse;* qui puisse enfin rendre compte de *cette mise à l'épreuve des Normands* qui se défendent par *l'explosion de leurs mines* contre l'ardeur des assaillants. Cette cinquième preuve se fonde, comme on voit, sur l'*ensemble* des circonstances qui devaient caractériser le siége de Sébastopol d'après la prophétie, et qui toutes se sont exactement accomplies, comme dociles et obéissantes à l'ordre qu'elles auraient reçu du prophète;

6° La sixième preuve, qu'il est question de Sébastopol dans la pensée du prophète, consiste dans les dispositions obsidionales prises par les alliés qui ont mis en position et rapproché toujours davantage de l'enceinte et des travaux de défense de cette forteresse environ 800 pièces d'artillerie, tant canons de siége que mortiers de gros calibre et obusiers, sans compter l'artillerie des flottes qui, de leur côté, agissaient sur les forts et la ville. On conviendra que toutes ces causes ou ces moyens de destruction par le feu qui ont attaqué la partie méridionale de *la grande cité neuve* et y ont produit les effets décrits d'une manière générale dans la prophétie, sous la dénomination *de feu* et *de brûler*, fournissent une preuve nouvelle que cette *grande cité neuve* n'est autre que la cité de Sébastopol. Du reste cette sixième preuve est encore, comme on voit, une preuve générale comme la cinquième, tandis que les deux suivantes, la septième et la huitième sont des preuves particulières;

7° Le premier vers de la prophétie, en disant que *le ciel au quarante-cinquième degré,* où est situé Sébastopol, *brûlera,* désigne les innombrables bombes et obus qui ont si fréquemment *éclairé le ciel* ou l'atmosphère au-dessus de cette ville, et, comme nous l'avons déjà dit, dépeint ou annonce également le vaste incendie que non-seulement l'artillerie des assiégeants mais les Russes eux-mêmes ont fait subir à cette ville au moment terrible où l'assaut général allait être livré et où tous les agents destructeurs des hommes et des choses se sont donné rendez-vous à Sébastopol, pour l'effacer de la manière la plus épouvantable de la carte de l'Europe. On conçoit d'ailleurs, comme nous l'avons déjà dit, que ce fut surtout pendant *la nuit* que *le ciel* au-dessus de cette forteresse paraissait *en feu* et *brûler,* soit par l'effet des centaines de bombes qui brillaient toujours en l'air, notamment dans les premiers jours de septembre, alors que quatre à cinq cents mortiers de gros calibre les y lançaient, soit par l'effet de la réfraction du feu des fréquents incendies que ces projectiles et les explosions de poudre y allumèrent et qui ont, comme le soleil, la propriété de se refléter dans le ciel.

On voit donc qu'il y a ici parfaite concordance des *effets* prédits avec les *causes* de destruction qui agissaient autour de Sébastopol. Ces causes et ces effets ainsi enchaînés les uns aux autres sont donc une nouvelle preuve que la prophétie s'applique à cette ville ;

8o Le deuxième vers de la prophétie en disant *que le feu* APPROCHE *de la grande cité neuve,* désigne d'une manière toute spéciale la forteresse de Sébastopol, dont nous avons vu, par les journaux de chaque jour, que *le feu s'approchait graduellement,* à mesure que le siége avançait et que l'artillerie de parallèle en parallèle ou de position en position enlevée à l'ennemi se *rapprochait* davantage de l'enceinte des remparts ou des bastions proprement dits.

Comme le fait de ce rapprochement annoncé dans la prophétie s'est réalisé chaque jour davantage autour de Sébastopol, on a le droit de conclure que *cette graduelle réalisation* est une nouvelle preuve que la prophétie s'applique à cette ville ;

9o Le troisième vers prouve encore mieux que cette prophétie s'applique à Sébastopol, puisqu'il suppose nécessairement des terrains ou constructions minés qui doivent SAUTER EN UN INSTANT AVEC UNE GRANDE FLAMME ÉPARSE et propager ainsi l'incendie dans toute la ville.

Et c'est précisément ce qui est arrivé à Sébastopol dans la

soirée du 8 septembre 1855 et dans la nuit suivante, comme nous l'ont appris les rapports du maréchal Pélissier, ceux du général en chef Simpson et du général en chef du génie Niel. Écoutons seulement un faible extrait de celui du maréchal d'Empire que nous venons de nommer :

« Dès que la nuit commença, *des incendies* se propagèrent » de tous côtés ; *des mines faisaient explosion ; des magasins* » *à poudre sautaient dans les airs ;* le spectacle de Sébastopol » *en flammes,* que toute l'armée contemplait, est un des » tableaux les plus imposants et les plus sinistres qu'ait pu » présenter l'histoire des guerres. Ce fut à l'abri de ces » explosions que les Russes opérèrent leur évacuation sur » l'autre rive de la rade. »

On se demande si l'histoire pouvait mieux confirmer la prophétie qu'elle ne l'a fait en ces quelques lignes d'un témoin officiel et oculaire, dont le témoignage fait autorité ;

10° Enfin le quatrième et le dernier vers, plus explicite encore que les trois précédents, précise le moment où ces explosions *instantanées* des mines et des magasins de poudre auront lieu. *Ce moment viendra*, dit le prophète, *quand,* dans un assaut général contre les remparts ou les murs proprement dits de la ville, les assaillants *voudront*, c'est-à-dire, *seront disposés* à poursuivre leur victoire décisive du boulevard redoutable de Malakoff, et par conséquent à attaquer le corps même de la ville de Sébastopol *en faisant preuve*, c'est-à-dire, en mettant à l'épreuve le courage *des Normands* à la défendre rue par rue et quartier par quartier.

Eh bien ! cette prophétie si explicite, qui détermine, qui précise clairement le moment où les explosions annoncées devaient s'accomplir, s'est-elle exactement réalisée?

Oui, exactement et très-exactement : Lisez le passage suivant du rapport, en date du 14 septembre, signé du maréchal Pélissier :

« Vers la fin du jour des incendies se manifestèrent sur » tous les points ; *j'*AURAIS VOULU *pousser en avant, gagner le* » *pont et fermer la retraite à l'ennemi,* mais l'assiégé faisait

» à tout moment *sauter ses défenses, ses magasins à poudre,* » *ses édifices, ses établissements;* ces explosions nous auraient » détruits en détail et rendaient cette pensée inexécutable; » nous restâmes en position, attendant que le jour se fît sur » cette scène de désolation. »

Ainsi, nos lecteurs le voient, c'est au moment même où les Russes devaient craindre une poursuite à fond dans l'intérieur de la ville et où les alliés, comme le dit expressément Nostradamus aussi bien que le maréchal Pélissier, *auraient voulu*, c'est-à-dire, étaient disposés à *faire une preuve* plus complète du courage *des Normands*, réfugiés dans la place, que ces derniers pour arrêter cette poursuite, cette disposition, cette *velléité* des vainqueurs, ont cru devoir mettre entre eux et les assaillants des retranchements de flammes, des remparts de feu entretenus par de nombreuses explosions de mines et de magasins à poudre, ce qui a déterminé les alliés à renoncer à leur projet. En d'autres termes, l'histoire s'est appliqué à exécuter docilement les prévisions et comme les ordres de la prophétie; la coïncidence est exacte; ce que l'une avait dit, l'autre l'a fait; le prophète et l'historien ne semblent être qu'un seul et même personnage, tant ils s'entendent, tant ils harmonisent parfaitement, et il n'en saurait être autrement, puisque pour Dieu il n'y a ni avenir ni passé, mais seulement un présent qui contient le temps et l'éternité.

C'est cette exacte coïncidence des paroles de la prophétie avec les faits qu'elles annonçaient, qui, dans cette dixième caractéristique, achève de prouver de la manière la plus irréplicable que ce quatrain s'applique au siége et à la prise de Sébastopol et ne saurait s'appliquer à aucune autre ville passée, présente ou future du monde entier. Car si, comme nous l'avons mathématiquement prouvé dans notre *Introduction*, il s'élève des chances fabuleusement énormes contre le devinateur d'un quaterne, de plus fortes encore contre le devinateur d'un quine, que sera-ce des chances qui s'élèveraient contre celui d'un double quine ou d'un *décaterne*, tel que celui qu'il s'agissait de deviner dans la présente pro-

21

phétie, où il se trouve au moins *dix faits* qui étaient destinés à passer un jour à la réalité historique, *dix faits* qui devaient se réaliser non pas d'une manière arbitraire et capricieuse, mais prendre dans la réalité *la place* qui leur avait été assignée par le prophète, *dix faits* en un mot qui devaient *concourir* sur un *seul point déterminé* de l'espace et dans un moment *donné* du temps, et concourir *de la manière* que l'oracle le leur avait *prescrit?*

N'y a-t-il pas là, nous le demandons, de quoi s'agenouiller devant l'immensité de la science de Dieu, de quoi adorer aussi l'immensité de sa bonté, qui pour l'instruction, pour l'édification des hommes et surtout des incrédules de nos jours, a bien voulu leur donner ces preuves nouvelles de l'universalité infinie de sa prescience, leur prouver d'une manière *positive et indéniable* qu'il a des yeux et des oreilles qui voient et entendent tout, leur prouver ainsi qu'il s'intéresse aux hommes et aux choses de ce monde ses créatures, leur prouver enfin que si de nos jours et du vu de nos yeux il nous fait des révélations prophétiques sur tels ou tels événements politiques, à plus forte raison ce Dieu de toute justice et de toute sainteté a-t-il dû nous en faire autrefois sur la manière de nous conduire ici-bas envers lui et nos semblables pour arriver un jour jusqu'à lui.

Du reste, nous ne pensons pas que le rationalisme le plus exigeant puisse, d'après le principe posé par le géomètre Dalembert, nous en demander davantage pour démontrer le parfait accomplissement d'une prophétie, ou pour démontrer qu'une prophétie donnée s'applique incontestablement à une série d'événements donnés. Bien loin qu'on puisse nous reprocher d'avoir laissé quelque chose à désirer pour mieux prouver la parfaite coïncidence qui existe entre la prédiction que nous venons d'expliquer et les faits aujourd'hui historiques qu'elle prédit, nous craignons plutôt que bien des lecteurs ne nous reprochent la surabondance et même la fastidieuse multiplication de preuves que nous avons apportées. Si c'est là un défaut, nous croyons que l'imputer aux rigueurs, aux sophismes, aux mauvaises fois et aux outrecuidantes subtilités dont s'arme l'incrédulité toutes les fois qu'il s'agit de contester l'existence véritable du don de prophétie en ce monde, sera plus juste que de l'imputer au peu de respect que nous aurions au fond du cœur pour l'intelligence de la saine et religieuse partie du public, laquelle se serait certainement contentée d'explications moins minutieuses et moins longues.

Chose que les amis de la vertu ne peuvent assez admirer ni déplorer, la vérité est odieuse dès ce monde à tous ceux qui semblent prédestinés à ne jamais adorer l'éternelle vérité dans l'autre monde, à tous ceux qui la considèrent comme l'ennemie de la pleine liberté qu'ils veulent avoir de faire le mal sur cette terre. Aussi, voyez l'acharnement avec lequel ils la combattent; la charité qui la défend contre leurs attaques ne sait plus quelles formes de langage ou de logique emprunter à l'évidence mathématique qui lui sert de base en dernière analyse; si ses démonstrations sont trop courtes, elles deviennent obscures, et on profite de leurs obscurités pour les contester; si elles sont trop longues, on dit qu'elles sont ennuyeuses. Mais l'éternité est longue aussi, et certes elle vaut la peine d'être achetée au prix de quelques pages ennuyeuses..., ennuyeuses d'ailleurs comme tout ce qui est beau et bon sur la terre, *la vertu, le sacrifice, le travail, le devoir, la science* même et *la culture des talents*. Oui, l'éternité est longue, et de plus elle sera très-ennuyeuse, si dans ce monde si peu heureux, nous nous sommes trompés sur la question de savoir ce qu'il faut y faire pour être plus heureux dans l'autre. Or cette question est *la seule* qui mérite d'être étudiée et résolue *à tout prix,* au prix de tous les efforts de la science, du talent et du génie. Mais s'il existe en ce monde des prophéties indéniablement authentiques, des prophéties qui jouissent de l'avantage d'une date certaine et qui comptent un grand nombre de publications, comme celles de ce livre, des prophéties surtout qui se soient accomplies et continuent de s'accomplir *avec une indubitable clarté*, la solution philosophique de cette question devient, *ipso-facto*, superflue, et la parole revient, comme le souhaitaient Socrate et Platon, aux révélateurs et aux prophètes.

Oui, qu'on ne s'y trompe pas, la réapparition, la résurrection de Nostradamus au milieu de nous est, *en dehors* de la foi révélée, *en dehors* de l'Église, la seule réponse rationnelle peut-être que le ciel entende faire à l'anarchie ecclectique, matérialiste et panthéistique qui dévore notre civilisation; c'est, nous l'avons déjà dit, une ressource dernière et comme une dernière planche de salut que la Providence, qui suscite les prophètes, a voulu offrir aux malheureux naufragés du philosophisme qui se débattent aujourd'hui sur la vaste mer des opinions humaines; cette ressource dédaignée comme tant d'autres, comme celles du christianisme surtout, nous craignons bien que la parole ne soit donnée aux châtiments diluviens dont l'orgueil païen et l'incrédulité scientifique du dix-neuvième siècle sont menacés depuis longtemps en Europe. Car il ne faut pas s'attendre que la Providence qui a promis à son Église que *les portes de l'Enfer ne prévaudraient pas contre elle,* permettra au philosophisme scientifique de nos jours de babyloniser Jérusalem, de repaganiser le monde, d'achever en un mot son œuvre de démolition anti-chrétienne; non, il n'en sera point ainsi; le philosophisme n'aura pas cette joie; il mourra à la peine du travail titanique qu'il a entrepris depuis plus de trois cents ans, et sur sa tombe, engraissée du sang de tant de millions de ses victimes, refleurira triomphante la plante céleste du christianisme, comme Rome chrétienne s'est élevée sur les débris des trente mille Dieux du Panthéon qui jadis régentaient le monde comme autant de célestes réalités et qui depuis le Christ sont devenus autant de fables.

PROPHÉTIE

SUR

LA PRISE, LE PILLAGE ET LE SAC

DE

SÉBASTOPOL.

Texte.

Grande cité à soldats abandonnée,
Onc n'y eut mortel tumulte si proche :
O quelle hideuse calamité s'approche !
Fors une offense n'y sera pardonnée. (C. 6, 96.)

Explication générale.

Quand on lit cette prophétie isolément, on n'y découvre presque rien d'abord qui annonce qu'elle se rapporte à Sébastopol plutôt qu'à une autre grande ville destinée à être prise d'assaut et *à être abandonnée aux soldats*. Il n'en est plus de même quand on est familiarisé avec les règles suivies dans la rédaction des prophéties en général et surtout avec le style, la manière et les habitudes du prophète que nous interprétons. On y aperçoit alors des *signes certains* que ces quatre vers prophétiques ne peuvent s'appliquer à *aucune autre ville du monde* qu'à celle que nous venons de nommer. Nous allons rendre compte de nos motifs de conviction.

Nous avons vu, dans la prophétie déjà expliquée sur Sébastopol, qu'il n'y est pour ainsi dire question que du siége de cette forteresse. En effet, chacun des quatre vers qui la composent, offre, on peut dire, un trait de feu qui nous dépeint une des circonstances terribles de ce siége. Le prophète n'avait donc plus à revenir sur cette peinture du siége ; il la suppose avec raison connue de celui qui voudrait se mêler d'expliquer la prophétie dont il s'agit en ce moment, et qui a pour objet de décrire les conséquences de cette opération préliminaire, nous voulons dire, la prise, le pillage et le sac de la ville.

Le prophète se préoccupe tout d'abord du soin de nous faire connaître le rapport d'identité qui lie cette prophétie à celle que nous venons d'expliquer, et pour nous le faire comme toucher au doigt, il *commence* sa prophétie par ces mots *grande cité,* c'est-à-dire qu'il appelle *grande cité* la ville qu'il nous montre ici *prise, pillée et saccagée,* comme tout-à-l'heure il appelait *grande cité* la ville qu'il nous montrait *assiégée.*

Cette *identité* de langage pour nous désigner tantôt la ville assiégée, tantôt la ville prise et saccagée, était calculée pour nous faire voir que ces deux villes n'en font qu'une, et que toutes deux se rapportent à Sébastopol.

Et pour que ce rapport d'identité nous frappe davantage, pour qu'il nous frappe au premier coup-d'œil jeté sur cette prophétie, que fait le prophète ? Il *commence* sa prophétie elle-même par ce rapport et s'écrie :

Grande cité à soldats abandonnée.

Mais ce rapport d'identité, tout lumineux qu'il est, eût été trop faible, s'il avait été le seul, pour nous convaincre parfaitement que *la grande cité* dont il est question dans cette prophétie du pillage est *la même* que celle dont il est question dans la prophétie du siége que nous avons déjà expliquée. Nous conviendrons même volontiers que si l'explication ne devait s'en faire qu'avec une aussi faible lueur, elle risquerait fort de ne se faire jamais, du moins d'une *manière péremptoire et victorieuse,* attendu qu'avec un peu de mauvaise volonté, et les adversaires des prophéties n'en manquent jamais, on pourrait toujours soutenir que cette prophétie s'applique avec un égal succès *à toutes les grandes cités* du monde qui seraient prises d'assaut. Ce serait pour le coup que les calomniateurs de notre prophète s'écrieraient de nouveau, comme ils l'ont tant de fois fait depuis trois siècles, disant, que ses prédictions ressemblent au *soulier élastique de Théramène* qui chaussait également tous les pieds. Car, pour nous qui avons un peu suivi de près l'histoire de la destinée des prophéties de notre grand oracle, nous sommes convaincu ou plutôt nous savons que c'est l'orgueil humilié, la fausse délicatesse révoltée par un langage en apparence barbare et inintelligible, que c'est, en un mot, le dépit de n'avoir pu, malgré de laborieux essais, pénétrer dans l'obscurité de ce langage et déchiffrer l'énigme de ses prévisions, qui lui a suscité une grande partie de ses nombreux adversaires. Et cependant c'était là une très-grande injustice et une déraison plus grande encore. Qu'on se persuade donc bien que, si on excepte les prophéties *comminatoires* qui sont toujours *claires*, l'obscurité *partielle* est, de par l'ordre exprès de Dieu *qui seul est prophète,* comme *essentielle* à toute véritable prophétie comme nous l'avons déjà expliqué dans notre *Introduction.*

On bâtirait aisément une ville comme Metz ou comme Sébastopol avec les *in-folio,* les *in-quarto,* les *in-octavo* et les *in-duodecimo* de commentaires et d'explications qui ont été écrits depuis vingt-quatre siècles par les rabbins, les Pères de l'Église, les docteurs et les théologiens sur les prophéties de l'Écriture sainte. Quand on réfléchit à cela, on est en vérité tenté de croire que Nostradamus n'est pas assez obscur pour être prophète, et on doit trouver les explications, que nous faisons de ses mystères, d'un laconisme effrayant et même impertinent. Mais revenons.

Pourquoi le prophète a-t-il épaissi ici les ténèbres, ou plutôt, pourquoi son langage *parfaitement clair,* quant aux détails, aux conséquences de la prise d'assaut, est-il si obscur quant à la question de savoir *à quel nom propre de grande ville* il faut appliquer cette prise d'assaut ? Car c'est là *le seul point obscur* de la prophétie ; *tout le reste est clair,* conformément à ce que nous avons dit dans notre *Introduction,* où nous avons expliqué que les obscurités prophétiques se compensent et se déplacent, de manière que lorsque le lieu de la scène sera clairement déterminé, l'obscurité se trouvera dans les faits qui s'y sont passés et réciproquement, comme on le voit ici.

C'est donc de la détermination du lieu de la scène prophétique que dépend ici toute la solution du problème, du nœud gordien qu'il s'agit de dénouer. Pour en convaincre le lecteur, nous le prierons seulement de nous accorder quelques instants d'attention.

Toutes les prédictions spéciales de notre prophète sont renfermées d'ordinaire dans une association de quatre ou de six vers qu'on appelle des *quatrains* ou des *sixains*. Habituellement, très-habituellement, les quatrains qui se rapportent aux mêmes personnages, aux mêmes lieux, aux mêmes événements, aux mêmes objets enfin, *ne se suivent pas immédiatement* comme se suivent les phrases d'un même morceau de littérature historique, lesquelles phrases suivent l'ordre chronologique dans lequel se sont succédé les faits qu'elles racontent. On peut dire que les quatre-vingt-dix-neuf centièmes de ces quatrains qui se rapportent aux mêmes événements ou aux mêmes personnages prédits seulement avec de nouvelles circonstances, *loin de se suivre immédiatement*, sont séparés les uns des autres par des centaines et des milliers d'autres prédictions qui toutes se rapportent à d'autres événements, à d'autres siècles, à d'autres personnages destinés à devenir historiques, de sorte que dans une succession de dix quatrains qui se suivent immédiatement dans le livre, vous pouvez trouver dix prophéties et plus qui se rapportent à dix siècles différents [1].

[1] Il ne faudrait pas croire que cette confusion apparente fut particulière à notre prophète. Elle n'est pour ainsi dire qu'une imitation des prophéties bibliques inspirées par le Saint-Esprit. En effet, tous les Pères et les commentateurs de l'Écriture ont remarqué que la plupart des prophéties qui ont pour objet, par exemple, le Christ ou le Messie, sont comme jetées par fragments au milieu d'autres phrases prophétiques *avec lesquelles elles n'ont pas le plus léger rapport*. Aussi, l'histoire prophétique du Christ est-elle disséminée non-

Cependant il arrive quelquefois, mais rarement, *très-rarement*, que deux quatrains qui se suivent *immédiatement*, se rapportent à un seul et même *grand événement* futur, et le prédisent chacun de son côté, seulement avec de nouvelles circonstances.

Eh bien ! par une exception bien remarquable qui n'a guère lieu qu'en faveur de quelques grands événements intéressant la France à un haut degré, et qui prouve la haute importance que le prophète et pour ainsi dire la Providence elle-même attachaient il y a trois siècles au siége et à la prise de Sébastopol, ce cas si excessivement rare se présente ici.

Le quatrain qui annonce le siége de Sébastopol et celui qui en prédit la prise et le sac *se suivent immédiatement* comme les chiffres d'ordre 96 et 97, qui les numérotent, se suivent eux-mêmes. C'est là une *immense* lumière que le prophète, qui est si avare de signalements trop lumineux, a voulu nous donner sur *l'identité* d'objet de ces deux quatrains; seulement, pour en tempérer quelque peu l'éclat et pour ne pas violer trop ouvertement la règle de l'obscurité prophétique, il a eu soin de placer le quatrain qui raconte la prise et le pillage *avant* celui qui raconte le siége, de

seulement dans plusieurs chapitres ou plutôt dans plusieurs passages souvent très-courts d'un même prophète, mais encore dans plusieurs passages de beaucoup d'autres prophètes. Pour avoir cette histoire prophétique à-peu-près complète, il faut compulser Moïse, Salomon, David, Isaïe, Daniel, Aggée, Zacharie, Malachie et d'autres prophètes encore, sans compter les prophéties figuratives. On voit donc qu'il y a, au moins sous ce rapport, moins d'obscurité encore dans le prophète français que dans ceux de l'Écriture sainte. En effet, la seule *Apocalypse*, qui cependant signifie *révélation*, a fait naître environ 72 systèmes différents d'interprétation, et les théologiens ne sont pas le moins du monde certains que parmi ce grand nombre d'explications il y en ait *une seule* qui mérite, d'un bout à l'autre, la confiance entière des Chrétiens, ou du moins qui l'ait obtenue jusqu'à présent. Et cependant le jour viendra où cette prophétie ténébreuse sera complètement expliquée, et où l'Église elle-même approuvera l'explication qui en sera faite; mais ce jour ne viendra pas une minute avant celui qui a été fixé par la Providence pour cette explication. Nous en avons donné déjà quelques raisons dans notre *Introduction* et dans la précédente prophétie.

manière qu'au premier abord on n'aperçoive pas trop facilement qu'il s'agit là d'un seul et même événement, d'une seule et même ville, de manière surtout qu'on ne puisse pas faire cette découverte *avant le temps* marqué par la Providence, c'est-à-dire avant le temps où les inconvénients de cette découverte auraient cessé d'exister. C'est encore dans cette même intention, dans ce même but, que dans l'un de ces quatrains le prophète appelle Sébastopol *grande cité neuve,* et que dans l'autre *qui le précède,* il se borne à l'appeler *grande cité,* de peur que s'il avait ajouté la seconde épithète *neuve,* le rapport d'identité ne fût trop lumineux et que par suite de cette véritable violation du principe d'obscurité *imposé par Dieu à tous ses prophètes*, on ne parvînt *avant le temps* à pénétrer dans le sens mystérieux de sa prophétie divisée en deux quatrains.

Nous le répétons donc, les temps sont arrivés où cette prophétie destinée plus tard à obtenir une partie de la célébrité attachée au siége de Sébastopol, doit être expliquée, publiée et livrée à l'attention des hommes. Nous affirmons de la manière la plus positive, et cela *en vertu des considérations* que nous venons de présenter sommairement, que les quatre vers que nous allons interpréter *s'appliquent à la prise, au pillage et au sac de cette colossale forteresse,* comme nous avons démontré avec évidence que ceux que nous venons d'expliquer s'appliquaient au siége et à l'assaut de cette ville. Si, dans le quatrain qui nous occupe en ce moment, les caractéristiques, les signes distinctifs qui s'appliquent spécialement à la ville de Sébastopol, sont, à l'exception du qualificatif *grande cité,* aussi rares pour les mots qu'ils sont multipliés dans le quatrain du siége, c'est que la multiplication de ces signes distinctifs y devenait inutile, parce que *l'identité de lieu* résulte avec une suffisante clarté de *l'identité des choses* qui sont traitées dans les deux quatrains. En effet, ces deux quatrains prédisant évidemment, l'un *le siége d'une grande cité* et l'autre *le pillage ou le sac d'une grande cité,* le prophète a voulu nous insinuer, que de même que dans nos livres d'histoire, le pillage est ordinairement placé à côté du siége, de même, lui, avait placé dans son livre la prophétie du siége à côté de celle du pillage, pour mieux faire voir que l'un et l'autre se rapportent à une seule et même ville qui est suffisamment désignée dans l'un de ses quatrains, et qui par conséquent, à raison même de *l'immédiate proximité* des deux quatrains, n'avait besoin que d'être légèrement indiquée dans l'autre par la répétition de l'un des quatres signes distinctifs qui décrivent cette ville dans les quatre vers du siége.

A ces considérations démonstratives de notre interprétation, nous en ajouterons encore une autre, savoir, que si le quatrain que nous expliquons ne se rapportait pas à la prise et au pillage de Sébastopol, et cela par les raisons mêmes que nous venons de donner à l'appui de cette explication, il resterait *à jamais* dans *un état d'inapplicabilité poussée jusqu'à l'absurde.* En effet, comme nous l'avons déjà dit et comme tout lecteur intelligent le dira après nous, il pourrait s'appliquer à la fois *à toutes les grandes villes prises d'assaut après une longue résistance, puis livrées à la fureur du soldat*, et en même temps il ne s'appliquerait *à aucune d'elles* en particulier, ce qui ne serait plus une obscurité modérée par un mélange de clarté, comme celle qui convient *à toutes les prophéties* en général, *même à celles de l'Écriture sainte*, ou comme celle qui *caractérise,* notez bien, *toutes les prophéties sans exception* de Nostradamus que nous avons étudiées ou examinées depuis près de huit ans, mais ce serait une obscurité *entièrement ténébreuse,* sans *aucun mélange* de lumière capable de guider l'interprète dans la question de savoir à quel nom propre elle s'applique. Mais il est impossible qu'un prophète de Dieu, démontré, mathématiquement démontré prophète de Dieu, tombe dans l'absurde, c'est-à-dire, impose à ses lecteurs ou plutôt à ses interprètes *des conditions inextricables.*

Donc et en vertu du principe de la réduction à l'absurde usité même dans les démonstrations géométriques, *il n'y a de possible et d'admissible* ici que l'explication générale que nous venons de donner et que l'événement, qui est l'expression de la volonté de Dieu, n'a pas manqué, comme nous l'avons vu, de confirmer, quoiqu'aient pu faire les Russes pour empêcher cette confirmation.

Ce problème résolu, nous allons procéder à l'explication particulière de chacun des quatre vers de la prophétie, vers qui, considérés en eux-mêmes, sont heureusement assez faciles à interpréter.

Explication particulière des quatre vers de la Prophétie.

Le premier vers nous annonce que *la grande cité sera abandonnée aux soldats* assiégeants; nous disons *la grande cité,* quoique le texte ait omis l'article et dise simplement *grande cité,* et cela non *sans raison;* car dans les prophéties en général et dans celles de Nostradamus en particulier, il n'y a jamais ni un mot ni même l'omission d'un mot qui n'ait un sens profond, comme cela convient à une langue inspirée de Dieu. Ici, par exemple, la suppression elliptique de l'article est un trait de lumière; au lieu de généraliser, comme on le croirait au premier abord, elle *particularise* davantage *la grande cité* dont il s'agit. En effet, on ne doit, d'après les règles communes à la plupart des langues, supprimer elliptiquement que les mots que le bon sens de chacun peut facilement suppléer, ou bien encore, ces suppressions elliptiques et notamment celles de l'article français ne doivent se faire que pour les substantifs supposés trop connus pour avoir besoin de la puissance déterminante des particules supprimées. Ainsi, pour nous servir d'un exemple qui rendra mieux notre pensée, qui exprimera mieux cette délicatesse à la fois ancienne et moderne de notre langue, lorsque nous supprimons l'article *le* devant ces mots: *prince, duc, comte, baron, maréchal, général,* nous faisons aux noms propres qui suivent et qui portent ces titres une plus grande politesse, nous les traitons plus honorablement que si nous les faisions précéder de cette particule. Nous avons l'air de dire que les personnes, qualifiées par ces mots, sont trop connues du public, trop célèbres pour avoir besoin encore du secours de ce petit déterminatif grammatical.

Voyez cette phrase: *l'Empereur ouvrait la marche; à sa suite on vit paraître successivement prince Eugène, prince Poniatowski, prince de la Moskowa, prince d'Eckmühl, prince Berthier, maréchal Bessières, maréchal Mortier, maréchal Soult, comte Friant, général Rapp, général Gudin, etc.* La suppression de l'article a l'air de dire que tous ces noms sont trop connus pour en avoir besoin; elle les pose avec une certaine ampleur, une certaine dignité, un certain aplomb et avec nous ne savons quel air de célébrité européenne que ne leur donnerait pas la présence de la particule supprimée.

Il en est absolument de même de la suppression de l'article dans le premier vers de la prophétie que nous expliquons. Nostradamus, qui était excellent grammairien et beaucoup plus fort sur les insinuations greco-latines de la langue du seizième siècle qu'on ne l'est généralement aujourd'hui, a supprimé à dessein l'article du substantif de son premier vers, et en disant :

Grande cité à soldats abandonnée,

il nous insinue, il a l'air de nous dire que *la grande cité* dont il nous parle n'a plus besoin de l'article déterminatif dans ce quatrain du pillage, attendu qu'il l'a déjà suffisamment déterminée par un article dans le quatrain du siége qui précède celui du pillage, dans l'ordre de *priorité chronologique,* quoique dans l'ordre matériel du livre il ait placé, pour plus d'obscurité, ce quatrain du siége après celui du pillage. Ainsi, le prophète en disant sans article, *grande cité à soldats abandonnée,* semble nous dire: *grande cité,* vous savez, cette grande cité dont je viens de vous parler il n'y a qu'un instant dans le quatrain du siége, en vous disant: *feu approcher de la grand cité neuve,* cette grande cité que vous connaissez déjà, ami lecteur, et devant laquelle par conséquent je puis me dispenser de mettre l'article, avec d'autant plus de raison qu'on ne *pille* guère que les forteresses qu'on a *assiégées et prises*. Les *deux grandes cités* dont il est question dans deux quatrains qui se suivent, n'en font donc nécessairement *qu'une;* vous le voyez, vous l'avez compris, et par conséquent la suppression de l'article devant l'une de ces grandes cités est un *nouvel indice,* un indice grammatical et certain que cette cité est *la même* que celle qui est précédée de cet article.

Ceux de nos lecteurs qui ne sont pas familiarisés avec ces insinuations du langage prophétique, seront peut-être étonnés de nous voir tirer un rapport ou plutôt une *nouvelle preuve d'identité* de ce qu'ils appelleront peut-être des subtilités grammaticales. Cette critique serait de tout point mal fondée, attendu que toute langue prophétique est presque nécessairement *savante, profonde* et même *subtile*. Nostradamus nous en prévient *lui-même* dans plusieurs endroits de ses deux préfaces; il a même fait un quatrain latin contre ce qu'il appelle les critiques ineptes, c'est-à-dire, *inhabiles, contrà ineptos criticos,* quatrain dans lequel il avertit les lecteurs de ses prophéties *d'y penser mûrement* avant de les expliquer ou de les juger, et où il invite *le vulgaire profane et ignorant* de ne pas même *les ouvrir,* de ne pas même *y toucher,* attendu qu'étant *profane,* c'est-à-dire n'ayant pas les *connaissances nécessaires* pour pénétrer dans le mystère de la pensée divine, il ferait de vains efforts pour la comprendre.

Qui legent hosce versus maturè censunto;
Profanum vulgus et inscium ne attrectato.

En résumé donc, le premier vers de cette prophétie signifie que *la grande cité* même, que dans le quatrain voisin il appelait *la grande cité neuve* qu'il *peuplait de Normands* et qu'il plaçait *sous le quarante-cinquième degré de latitude* où est situé Sébastopol, que *cette grande cité,* disons-nous, *sera abandonnée aux soldats.*

Et maintenant ce premier vers s'est-il exactement accompli ? Très-exactement. Tout le monde sait que dès le 9 septembre au matin *la ville de Sébastopol a été abandonnée à nos soldats*, qui se sont répandus dans ses rues désertes en dépit des dangers que présentaient encore les explosions partielles de mines ou les projectiles lancés par les Russes, et que de là pénétrant dans les maisons, ils y ont fait main basse sur tous les effets, les vêtements, les linges, les objets de literie, les meubles, les batteries de cuisine, les comestibles, les livres même, les tableaux et les instruments de musique qu'ils ont rencontrés, et que les Russes, dans la précipitation de leur retraite, n'avaient pas eu le temps d'emporter ni même de détruire selon leur coutume. On sait aussi par les rapports des chefs de l'armée alliée et les nombreuses lettres particulières qui ont été publiées dans tous les journaux, que ce pillage, ou *cet abandon de Sébastopol à nos soldats* a duré tumultueusement quatre ou cinq jours, jusqu'à ce qu'il n'y eut plus rien à piller que les matériaux des belles et élégantes maisons de la cité déjà *hideusement* saccagées par plusieurs bombardements et qu'on acheva de démolir pour en arracher jusqu'aux tuiles des toits, jusqu'aux boiseries et aux bois de construction qui pouvaient servir au chauffage du camp des alliés ou servir à rendre les habitations de ce camp plus confortables contre les rigueurs de l'hiver. Ainsi *l'abandon de Sébastopol à nos soldats* a été complet, et le premier vers de la prophétie s'est complètement réalisé.

Le second vers : *Onc n'y eut mortel tumulte si proche,* n'a guère besoin de commentaires, si on excepte le vieux mot *onc* qui signifie *jamais* et qui vient du latin *unquàm*. Ce vers exprime *le mortel tumulte,* c'est-à-dire le tumulte meurtrier, l'affreuse et homicide mêlée qui accompagne communément la prise d'assaut d'une ville assiégée et où la fureur du soldat s'exalte d'ordinaire à proportion de la longue résistance qui lui a été faite et du nombre de ses compagnons d'armes qui ont mordu la poussière pendant le siége et dans l'assaut.

En définitive, ce second vers signifie donc : *jamais il n'y eut tumulte meurtrier si proche d'une ville ou de l'intérieur de ses maisons*. Il ne faut pas en effet de grands frais d'imagination à ceux qui connaissent l'histoire du siége si pénible, si sanglant et si acharné de Sébastopol, pour croire que ce second vers a dû se réaliser et s'est réalisé effectivement dans toute sa plénitude *d'horreurs* pendant les dix assauts meurtriers qui eurent lieu le 8 septembre tant de la part des alliés que de celle des Russes. Ceux là savent que *jamais*, depuis que le monde existe, qu'*à aucune époque* des annales militaires de quelque nation du globe que ce soit, il n'y a eu un siége où dans l'espace de *quatre à cinq heures deux mille pièces d'artillerie* aient de part et d'autre vomi la mort dans les rangs opposés, aient de part et d'autre produit, comme dit le prophète, un *tumulte aussi mortel*, c'est-à-dire un *vacarme*, un *mouvement de troupes* et une *mêlée* aussi *meurtriers*, et d'autant plus meurtriers que dans si peu de temps il y a eu coup sur coup *dix assauts* qui furent tour à tour livrés ou repoussés tant par les Russes que par les alliés.

Et remarquez comme ce mot de *mortel tumulte* dont se sert le prophète était bien d'une divine exactitude pour peindre et pour raconter ce qui devait se passer à Sébastopol dans l'après-midi du 8 septembre. Ce mot *tumulte*, d'après la plus récente édition *du dictionnaire de l'Académie*, signifie un *grand mouvement accompagné de bruit, de désordre et de confusion ;* mais nous avons déjà fait observer plusieurs fois dans le cours de nos explications que Nostradamus, comme d'ailleurs la plupart des écrivains de son siècle, attachait fort souvent aux mots français dérivés du latin les différents sens que ces mots avaient chez les Romains. Or, chez les Romains, le mot *tumultus*, dérivé, dit Servius, de *timor multus*, c'est-à-dire de la grande frayeur qu'inspirait aux soldats romains l'irrésistible impétuosité des attaques gauloises, ce mot disons-nous, emportait toujours l'idée *d'attaque* ou de *mêlée impétueuse*, d'attaque pleine de cet élan, de cette vivacité, de cette *furia francèse* qui distingue encore aujourd'hui les combattants issus du sang gaulois. Et de là vient cette expression des historiens romains, *tumultus gallicus*, pour dire une guerre à soutenir contre les Gaulois, guerre *pleine de périls*, disaient-ils, et contre laquelle les Romains ne suivaient pas les lentes formalités de leur conscription militaire, mais faisaient une sorte de levée en masse qui *jurait* en masse aussi de défendre la patrie *déclarée en danger;* c'est ce qu'on appelait *conjuration*, et c'est aussi ce qui se pratiquait naguère en Russie, où l'on convoqua le ban et l'arrière-ban pour résister à cette invasion gauloise dans l'arche *sainte* de la *sainte* Russie.

On voit par ce peu de détails combien l'expression de *tumulte* était, dans son laconisme antique, heureusement choisie pour prédire l'immense *vacarme* des détonations de deux mille pièces d'artillerie, puis pour peindre le *grand mouvement des troupes* dans la journée à jamais célèbre du 8 septembre, puis pour annoncer *le désordre et la confusion* qui devaient régner dans Sébastopol et sa garnison incessamment assaillis par une grêle de bombes, d'obus, de boulets, lesquels, comme eût dit César, *injiciebant tumultum civitati*, puis enfin pour décrire l'*impétueuse et irrésistible* attaque de Malakof, sur les hauteurs duquel les modernes Gaulois devaient s'élancer en un clin-d'œil, et en un clin aussi inspirer une telle terreur, *tàm multus timor*, aux Russes qui le défendaient, qu'après un peu d'hésitation, ils se sont constitués prisonniers: Ajoutons encore que tous ces différents sens, renfermés, d'après le dictionnaire même de l'Académie, dans le mot *tumulte*, ont été également *meurtriers* pour les alliés sans doute, mais *cinq ou six fois* plus pour les Russes, et nous conviendrons que l'épithète *mortel* ajouté *à tumulte* s'est pleinement justifié, aussi bien que le mot *proche* qui explique que ces gigantesques luttes et ces effroyables boucheries auront lieu *tout près* de Sébastopol, c'est-à-dire *tout autour* de ses murs, comme l'événement l'a prouvé. Ainsi le second vers de cette prophétie s'est *complètement accompli*, s'est accompli avec une fidélité et une exactitude qui ne laissent *absolument rien à désirer*.

Le troisième vers :

O quelle hideuse calamité s'approche!

se comprend également de lui-même. Il renchérit encore par les expressions et par son exclamation sur les tumultueuses boucheries annoncées dans les deux premiers vers. Les assiégeants, on l'a vu dans les divers assauts et surtout lors du bombardement exterminateur, du bombardement implacable et sans relâche qui a précédé l'évacuation de la ville et qui seul a tué ou blessé aux Russes plus de trente mille hommes, les assiégeants, disons-nous, n'ont été que trop excités à faire payer chèrement à leurs ennemis les souffrances, les surprises, les sorties et les pertes qu'ils ont essuyées pendant onze mois d'un siége meurtrier, et pendant cinq mois d'un hiver rigoureux.

Il y a des éditions de notre prophète qui portent le mot de *mortalité* au lieu de *calamité*. Mais comme le mot de *calamité,* modifié par l'adjectif *hideuse* et par le sens général du quatrain, a ici la signification que le mot de *mortalité* avait plus souvent au seizième siècle, nous pensons que ce changement de mot ne change rien à la signification de ce troisième vers. Du reste, l'expression de *hideuse calamité* ou de *hideuse mortalité* est parfaitement justifiée par les seize cent mille projectiles de toute dimension qui ont été lancés par les alliés sur Sébastopol et sur sa garnison, par les *ruines ensanglantées* d'une ville si belle et si bien fortifiée, et par les cinquante mille hommes que, de leur aveu, les Russes ont sacrifiés pendant les vingt derniers jours du siége de cette place, sans compter plus de deux cent mille hommes, *au minimum,* qu'ils ont perdus aux époques antérieures de ce siége, qui est ainsi devenu pour eux une *hideuse calamité* et une véritable *mortalité,* surtout à l'époque du dénouement de ce drame guerrier, dénouement qui a plus particulièrement confirmé l'*exactitude prophétique* de ce troisième vers.

On voit que les Russes ne manqueront pas de motifs pour insérer désormais le 8 septembre au nombre des jours néfastes de leur histoire, et comme ce jour est aussi celui où l'empereur Titus, de glorieuse mémoire, a pris la ville de Jérusalem après un siége non moins mémorable que le sera celui de Sébastopol, comme en outre ce jour est encore celui où l'Église *universelle* célèbre la naissance de la patronne de la France, cette toute puissante et *irréconciliable* ennemie de tous les schismes, on voit que les Russes schismatiques, qui vingt-trois jours auparavant avaient célébré l'*Assomption* de la Reine du ciel par une autre désastreuse défaite, sur la Tschernaïa, auront par la suite de très-graves raisons de se méfier du protectorat de *la Panagia* qui pense avec Rome que l'Esprit saint, son époux, *procède non-seulement de son Père,* comme le disent les Grecs schismatiques, *mais encore de son Fils,* de *la Panagia* qui depuis quatre cents ans tient sous le joug des Philistins et des Ninivites les fils de Photius et de Michel Cerularius, leurs *infaillibles apôtres,* de *la Panagia* enfin qui, soit qu'elle vienne en ce monde soit qu'elle en parte pour régner dans l'autre, leur fait également fêter ou sa bien-venue ou ses adieux par deux sanglantes humiliations de leur orthodoxe orgueil.

Le quatrième et dernier vers :

Fors une offense n'y sera pardonnée.

signifie que *pas une offense ne sera pardonnée* dans le siége et la ruine de Sébastopol, c'est-à-dire que tous les comptes arriérés que la *sainte* Russie a encore à solder à la justice vengeresse du Ciel, y seront exactement apurés. Le prophète fait allusion ici aux nombreuses cruautés, aux innombrables iniquités, aux atroces exécutions militaires, enfin aux épouvantables et criantes exactions qui ont été commises par les Russes, lorsque, sous Catherine II, en 1783, ils se sont emparés de la Crimée, et qu'au mépris des traités et de la foi jurée qui n'obligent pas les Moscovites ni leurs docteurs pharisiens les Grecs[1], ils en ont massacré les ha-

[1] On disait autrefois de la *subtilité grecque* : Ayez contre elle dix serments, dix contrats, dix jugements et dix commandements, et elle trouvera moyen de vous échapper. Qu'on dise encore que l'étude de la dialectique et du philosophisme grec ne sert à rien. Il n'en faudrait pas davantage pour convertir en véritables démons négateurs tous les individus d'une nation, et pour frapper cette nation elle-même d'une perversion rebelle à toute autre médiation qu'à celle des cataclismes diluviens. Qu'on juge après cela de la puissance obliga-

bitants Tartares, n'épargnant ni les femmes, ni les enfants, ni les vieillards, ni rien de ce qu'ils possédaient.

L'historien Levesque, dans son histoire de Russie, tome V, dit que des 220000 Tartares qui peuplaient, en 1783, cette péninsule, leur patrie, il n'en resta plus, après les exécutions du féroce Potemkin, le digne amant de Messaline II, qu'environ 30000, et encore ce quart restant de tant de massacres froidement ordonnés et exécutés, fut-il beaucoup diminué depuis cette époque par les vexations et les oppressions de tout genre que les Russes firent subir *aux vaincus,* et par la ruine complète de leur pays[2].

toire qu'aurait sur des consciences russes, sur des consciences hellénisées par la morale du Bas-Empire, un traité de paix qui contrarierait leurs vues ambitieuses et qui ne serait pas garanti par d'*insurmontables impossibilités matérielles!!*

[2] Peu de nos lecteurs sans doute n'ont été à même de se former une opinion exacte de l'audacieuse perfidie, du véritable brigandage et des atroces cruautés auxquels les Russes durent, en 1783, l'acquisition de la Crimée qui leur mettait en main les clefs de Constantinople et la conquête de tout l'empire ottoman. Nous croyons donc leur rendre un véritable service en leur mettant ici sous les yeux l'extrait suivant que nous avons fait du volume V de l'*Histoire philosophique et politique de la Russie, par Esneaux et Chennechot.* Ils verront une relation historique de la manière dont les Russes ont *pris* la Crimée; *pris* est le mot; car ils n'y ont pas mis d'autre forme de procès que le loup n'en met à égorger l'agneau, ou que le voleur de grand chemin n'en met à dépouiller le voyageur qui vient à passer près du lieu où il est embusqué.

INVASION DE LA CRIMÉE EN 1783

par Potemkin, le complice de la Messaline du Nord, Catherine II, et le généralissime de ses armées.

« L'or et les intrigues de l'impératrice maintenaient le trouble en Crimée » jusqu'à ce que la conclusion du traité de Tzarskoé-Sélo lui eût permis d'y » établir le repos de la servitude. Le khan des Tartares de la presqu'île, » Sahim, décoré ou plutôt, aux yeux des Tartares, flétri des grades, des » titres, des cordons d'une cour étrangère, devenait de plus en plus odieux » à son peuple. Les Russes lui suggérèrent d'exiger de la Porte la cession de » la forteresse d'Oczakoff; l'imprudent obéit, et sur un acte de cruauté commis » sur un de ses envoyés par un pacha qui venait prendre possession de l'île de » Taman (située à l'entrée du détroit d'Iénikalé et près de la presqu'île de » Kertsch), il ouvrit à ses *protecteurs* les Russes *prompts à lui offrir de l'aller*

Tous ces crimes de la barbarie et de la perfidie russe ont été payés avec usure dans le siége et la ruine de Sébastopol, dont les murs restaient souillés du sang de tant de milliers de victimes innocentes et dont les pierres elles-mêmes criaient vengeance à Dieu. Cette vengeance a éclaté dans le sac et le pillage de cette ville coupable, et *pas une offense*, pas un seul des crimes qui *avaient été commis pour la bâtir* trois ans après la prise ou plutôt la surprise de la Crimée, *n'y est resté sans expiation, n'y a été pardonné,* comme l'avait dit le prophète. Car Dieu, conformément à son Ecriture, poursuit le crime *jusque dans la troisième et la qua-*

» *venger*, un passage dans ses États, c'est-à-dire en Crimée. C'est là où la » perfidie moscovite l'attendait.

» Les Russes une fois entrés dans la Crimée, au lieu de la traverser seulement » pour marcher sur Taman, se replièrent subitement et s'étendirent sur toute » la presqu'île. Pendant ce temps le Kouban et le Budzing étaient occupés par » un autre corps russe aux ordres de Souwarow. Les Imans, les Merzas et le » khan lui-même *furent contraints* de prêter serment de *fidélité* à l'impératrice. » Ce prince, *obligé* de céder sa souveraineté pour une pension *qu'on ne lui* » *paya même jamais*, relégué ensuite à Kalouga (au sud de Moscou), *aban-* » *donné à la misère,* exposé aux plus durs traitements, et, pour comble, livré » aux Turcs, fut décapité à Rhodes, malgré les efforts du consul français pour » le sauver. Beaucoup de ses sujets ne furent pas plus heureux. Potemkin » donna *l'ordre d'en massacrer un grand nombre,* et son cousin, Paul Potem- » kin, fit *de sang-froid répandre le sang de 30000 Tatares de tout âge et* » *de tout sexe.* Dès-lors la licence et la barbarie des oppresseurs *n'eurent* » *plus de bornes.* »

« Que si l'on me demande, dit l'anglais Clarke, ce que les Russes firent en » Crimée, après cette conquête obtenue par tant d'atrocités et d'excès, je » réponds en peu de mots : Ils ont dévasté le pays, coupé les arbres, abattu » les maisons, renversé les temples et les édifices publics, détruit les aqueducs ; » ils ont ruiné les Tatars, outragé leur culte, exhumé les corps de leurs aïeux, » jeté aux vents leurs cendres, ou abandonné leurs restes sur le fumier aux » animaux immondes. Détruire, ravir, massacrer, voilà ce qu'ils appelaient » établir leur empire ; créer la solitude, voilà ce qu'ils appelaient ramener la » paix. »

« Tel est le véritable caractère de la protection russe. Une telle usurpation » était trop scandaleuse, trop flagrante pour que l'impératrice n'essayât pas » d'en pallier l'injustice. Elle fit donc une déclaration dans laquelle elle dit » que, déterminée par *la considération de ce qu'elle se devait à elle-même* et » A LA SURETÉ DE SON EMPIRE, elle réunissait cette péninsule à la Russie

trième génération, c'est-à-dire, *toujours,* puisque nous pourrions citer des nations entières qui depuis dix, quinze, vingt et trente siècles, n'ont pas cessé d'être en butte à la vindicte céleste. Faut-il s'étonner d'après cela que les Russes, si on excepte quelques attaques de leurs gros bataillons, bien armés et bien disciplinés, contre les Cosaques turcs du Caucase, n'aient encore obtenu ni sur le Danube, ni en Crimée, ni dans la Baltique *le moindre succès,* et que toutes leurs attaques, leurs sorties, leurs combats et leurs batailles rangées soient devenus pour eux et *en dépit de l'immense avantage de leurs positions fortement retranchées, en dépit de leur innombrable artillerie, autant de défaites et de revers sanglants.* Le bras vengeur de Dieu pèse sur la Russie et lui demande compte aujourd'hui de la schismatisation sanglante

» *pour mettre un terme aux troubles de la Crimée,* » notez bien : un terme aux troubles qu'elle y excitait elle-même à force d'argent, pour se procurer l'occasion d'un prétexte quelconque de s'emparer d'un pays qui, avant elle, *avait toujours été le séjour d'une paix profonde.*

En un mot, Messaline II fit en Crimée ce qu'elle avait fait en Pologne, où, de concert avec deux autres puissances, qui ont donné les premières leçons publiques aux *partageux* de nos jours, elle semait la division et les troubles pour les moissonner quand ils seraient mûrs.

Ce sont ces partages, ces vols et ces assassinats publics de nations que le prophète flétrit ici, en disant que l'éternelle justice du Ciel, pour lequel le crime ne se prescrit *jamais,* et qui tient la hache vengeresse toujours suspendue sur la tête des coupables, se prépare à les punir aujourd'hui, de manière à apprendre de nouveau aux ravisseurs couronnés du bien d'autrui que le *vol,* entendez-vous bien, et la *perfidie des conseils* pour s'être commis sur une grande échelle et s'être appliqués à des nations, n'ont changé ni de nature ni de culpabilité. Tout va se solder, et, dit le prophète, *pas une offense n'y sera pardonnée* tant en Crimée qu'ailleurs.

Du reste, la Providence a déjà prophétisé, par le genre de mort des principaux coupables, le châtiment qu'elle fait et fera subir aux Russes coupables, jusqu'au dernier, du système d'usurpation et d'invasion de leurs souverains. Le Potemkin, que l'Écriture sainte eût appelé *equus et mulus,* est mort disgracié et abandonné au pied d'un arbre sur le bord d'*un grand chemin,* là même où ont coutume de finir les voleurs de grand chemin, et Messaline II, que sa police historique a fait mourir d'une honnête apoplexie, a expiré comme une prêtresse à chevrons de son espèce le méritait, dans un de ces accès connus des *lupanars* qu'elle avait établis dans son palais impérial.

ou violente de tant de millions de catholiques et des centaines de mille atrocités d'une politique impitoyable et enragée, commises notamment en Pologne, en Crimée, en Bessarabie et dans tout ce qu'on appelle la Russie méridionale et occidentale.

Que la France et l'Angleterre aient donc confiance, confiance dans la justice de leur cause et dans la puissance de leur armes, évidemment protégées du Ciel. La France notamment combat, comme toujours, pour la défense de l'Église contre son plus redoutable et son plus acharné ennemi; elle combat pour la satisfaction, pour la verge de la justice divine; elle combat, avec sa sœur l'Angleterre, pour le châtiment de la nation la plus corrompue et *la plus insolemment coupable qui soit sur le globe;* elle combat encore avec elle pour la protection des faibles contre les forts; et si nous en croyons certaines prévisions prophétiques, lesquelles, comme on peut le voir par celles que nous publions aujourd'hui, ont une puissance que n'ont pas les diplomates et les publicistes, celle de dévoiler avec *certitude* l'avenir de l'Europe, toutes deux combattent, *sans le savoir,* pour la résurrection de toute une vaillante nation catholique, seul boulevard assez puissant, ou *susceptible d'être rendu assez puissant,* pour diguer cette dernière invasion de Huns en Europe[1]. Nous disons *seul,* car on dirait que l'Allemagne catholique, à moitié schismatisée elle-même par l'astuce et les promesses du machiavélisme slave, que l'Allemagne comme aveuglée, comme fascinée par le triple lacet du panslavisme qui l'étrangle au Nord, à l'Est et au Sud, ne sait plus jouer e rôle que jouait autrefois le catholique Sobiesky, pour sal défense, ne sait plus jouer le rôle que lui imposent et son

[1] Les plus savants historiens de la Russie, Karamsin, Lévesque, Esneaux, ne sont pas d'accord sur l'origine orientale des Russes. Le judicieux Lévesque, membre de l'Institut et professeur d'histoire au collége impérial de France, croit et même démontre, dans son *Histoire de Russie,* que les Russes sont d'origine Hunique. Nous avons adopté son opinion, après avoir examiné les preuves qu'il nous en donne dans la savante dissertation faite par lui à ce sujet.

antique foi, et sa position géographique, et ses intérêts politiques ou commerciaux les plus positifs.

Oui, l'Angleterre et la France combattent aujourd'hui pour la sécurité de toute l'Europe centrale, occidentale et orientale, contre les envahissements successifs d'une réunion de hordes huniques qui sont venues d'Asie chercher fortune parmi nous, et qui, matérialistes, spéculateurs, rapineurs, calculateurs en tout, ne voyant comme les loups cerviers, comme les bêtes fauves de leurs frimats, que le résultat de la force et de la ruse pour toute justice, ont sucé dès le commencement le ferment pharisaïque de la pourriture grecque qui allait à leur génie, ou même n'ont consenti à accepter pour bannière religieuse la sophistique du Bas-Empire, que parce qu'ils y voyaient un moyen de fraterniser avec l'Orient, jusqu'à ce que, serpents réchauffés, ils se crussent assez forts pour le dévorer.

Que la France, encore une fois, et l'Angleterre ne se laissent pas détourner par la grandeur des sacrifices et bien moins encore par les vils calculs et les épouvantes de leurs baissiers de toutes couleurs. Dieu et ses prophètes marchent avec elles; car jamais, peut-être, guerre ne fut plus juste ni plus nécessaire que celle qui est faite aujourd'hui à ces Huns envahisseurs, qui tout en clamant sans cesse l'ordre, la religion et la légitimité, ont englouti les provinces légitimes de tous leurs voisins et ont notamment, dans le scandaleux partage de la Pologne, détruit complètement l'ancien équilibre de l'Europe et donné à la chrétienté le premier exemple du socialisme partageux de la démagogie moderne.

Et voyez, vous qui avez des yeux pour voir :

Depuis le jour même où une armée française versait son sang sous les murs de Rome pour la défense de la papauté opprimée par une bande de socialistes ramassés dans tous les coins de l'Europe, Dieu, en quelque sorte, reconnaissant pour ce service, n'a-t-il pas dissipé *aussitôt, jour pour jour,* et *comme par enchantement,* les socialistes français au milieu même de Paris, ne les a-t-il pas mis en fuite *sans verser une goutte de sang* et forcés à se sauver ridiculement à travers les fenêtres du *Conservatoire* comme une troupe de chats effrayés ou plutôt de tigres domestiques? Et depuis le coup du 2 décembre qui, pour la sagesse des conceptions, pour l'heureuse exécution des moyens adoptés et la défaite soudaine des factions nombreuses qui se disputaient la France, tient du prodige, la Providence, qui *seule* gouverne ce monde, n'a-t-elle pas élevé le restaurateur du vicaire de Jésus-Christ sur l'immense pavois de la nation, et n'a-t-elle pas conduit le protecteur de l'Église, de succès en succès, jusque sur les marches du trône impérial, où elle a placé l'*Élu du peuple?* Et depuis encore, quand le moment fut venu de punir, comme elle le mérite depuis si longtemps, une nation sacrilége et impie sous le masque de la piété, une nation de persécuteurs du catholicisme et des catholiques, une nation d'hypocrites, qui pour la religieuse observation du mensonge, de la perfidie, de la violation des serments et de la forfanterie en tout genre, était bien digne assurément de sortir de l'école des Grecs du Bas-Empire, n'est-ce pas encore par un prodige que la Providence a opéré la merveille depuis tant de siècles inconnue d'une alliance intime entre la France et l'Angleterre, et notre grand prophète national, confident des desseins du Très-Haut, ne s'est-il pas écrié aussitôt, comme nous l'avons vu, que l'*Élu nouveau* de la France *soutenu* par l'Angleterre ferait *trembler* le *grand* du Nord? Et docile à la parole du prophète, n'a-t-il pas *tremblé* le *grand* autocrate, et tremblé tellement, nous le répétons, que pour repousser quelques régiments anglais et français débarqués à Eupatoria, selon lui et ses généraux *la véritable clé* de la conquête de la Crimée et de la prise de Sébastopol, il a décrété, quelques jours avant sa mort, la convocation du ban et de l'arrière-ban de l'Empire, décrété une levée en *masse de deux millions d'hommes?* N'a-t-il pas tremblé et tremblé tellement encore, que peu rassuré même par cet immense concours d'esclaves, et toujours poursuivi par la frayeur, le remords et les humiliations de son orgueil, il a, nous l'avons déjà dit, fini, pour mieux se sauver, par se sauver dans l'autre monde. Car on ne doutera pas un jour, comme l'insinue le prophète, que la peur, la frayeur, l'épouvante, la divine panique n'ait été choisie tout exprès par la justice vengeresse du Ciel pour punir dignement l'orgueil immense de cet autocrate, qui croyait et voulait faire trembler toute l'Europe, l'orgueil cupide et insatiable de ce Nabuchodonosor cosak qui, dans le paroxisme de ses fatuités, avait eu le front d'offrir l'*Égypte* et *Candie* à l'Angleterre et *la ligne du Rhin* à la France, à la condition d'être ses complices dans la spoliation de la Turquie; l'orgueil sacrilége de ce laïque impérial qui usurpait la tiare, fut-ce une tiare schismatique, l'orgueil homicide et impitoyable de ce tyran, qui du fond de son palais ordonnait à ses sbires de verser des flots de sang humain, fut-ce celui des Russes, qui ordonnait à ses séides de prendre, *coûte que coûte* la forteresse de Silistrie, *coûte que coute* les tranchées des Anglo-Français, *coûte que coûte surtout* les *remparts d'Eupatoria*, et qui, après avoir ainsi bravé l'irrésistible puissance du Ciel, eut chaque fois l'affreux déboire d'apprendre une sanglante et ignominieuse défaite.

Et nous croirions que tant de cruels châtiments, assénés pendant une année entière sur la nuque de ce superbe despote par le roi des épouvantements, n'aient pas brisé ce cœur infatué de lui-même, ne lui aient pas inspiré *le plus profond dégoût* pour une vie désormais *condamnée* aux humiliations, aux abaissements de l'orgueil, et n'y aient pas déposé le germe de cette maladie divine, qu'on appelle *la terreur,* et qui, sœur de la mort, est si puissante à creuser des tombes?

Oui, Dieu lui-même, protecteur de son Église, combat dans les rangs des armées alliées, et il y combat non-seulement pour la conquête de la Crimée, mais pour la conquête de la France et de l'Angleterre..., *qui potest capere, capiat.* C'est lui qui a transporté sur les ailes d'une électricité divine nos bombes de Sébastopol jusqu'à Pétersbourg, jusqu'au palais impérial, et qui les a fait douloureusement retentir dans le cœur du tyran schismatique. C'est encore lui qui naguère a fait pleuvoir en France, par trois fois et par centaines de millions, les sommes nécessaires pour organiser la victoire et pour démolir le colosse qui voulait poser l'autre pied sur Constantinople, et faire passer l'Europe et l'Asie sous le joug de son immense enjambée. C'est lui, le Dieu des armées, qui jusqu'à présent a refusé *la moindre victoire* aux persécuteurs, aux assassins de la Pologne catholique, aux persécuteurs et aux assassins de la Tartarie taurique[1]. Enfin, c'est lui, qui pour mieux encourager les braves des armées alliées à persévérer dans l'œuvre héroïque qu'ils ont entreprise, leur a fait prédire par un prophète français, que *la grande cité leur sera abandonnée,* qu'ils s'y *abreuveront du sang de leurs ennemis,* qu'ils y *feront peser sur eux* toute une iliade *de hideuses calamités*, et qu'enfin *pas un seul* des innombrables crimes de férocité commis par les Russes pour s'assurer par le sang et les larmes l'inique possession de la Crimée et de la Pologne, *n'y restera sans expiation.*

Quelle plus glorieuse et plus efficace protection l'Angleterre et la France pouvaient-elles attendre dans cette guerre sainte, dans cette véritable sainte alliance, que d'avoir jusqu'à présent obtenu toujours l'assistance du Ciel dans tous les combats qu'elles ont livrés à ces envahisseurs asiatiques de l'Europe, à ces barbares qui, à peine sortis de l'état sauvage, à peine décrassés par la science de l'Europe occidentale, ne sachant *absolument rien par eux-mêmes,* ne pouvant rien apprendre à personne, misérables singes, couverts de la friperie de tous les peuples civilisés de l'Europe, ont affiché l'incroyable prétention de gouverner la civilisation européenne, la prétention de remanier à leur gré la carte de l'Europe, la prétention de donner, dans des congrès européens, des leçons de sagesse politique à la France et à

[1] Maltebrun et tous les voyageurs sont d'accord sur le caractère simple, honnête, hospitalier, paisible, plein de douceur et de générosité qui distinguait la population tartare de la Crimée que les Russes de Messaline II n'ont tant calomniée que pour masquer la férocité de bête fauve qu'ils ont exercée sur ce peuple inoffensif.

l'Angleterre, préconisant naïvement le régime du knout et de la Sibérie, qui peut convenir à des sauvages et à des barbares, comme le *nec plus ultrà* de ce que le genre humain peut atteindre en fait d'institutions politiques.

Oui, nous le répétons, quelle plus visible, quelle plus palpable protection les puissances occidentales pouvaient-elles demander à Celui par qui triomphent les rois, que d'*avoir reçu d'avance la certitude prophétique* que des victoires éclatantes viendraient en définitive les récompenser de tous leurs sacrifices, et inscrire, en attendant, au nombre de leurs exploits passés un trophée immortel qui, sans le moindre doute, manquait encore à l'histoire de leurs gloires guerrières. Nous voulons dire, la gloire d'avoir pris une forteresse réputée imprenable, qui à elle seule rendait possible la conquête de Constantinople, méditée depuis près de 800 ans par les Russes, la gloire d'avoir, sans courir après les Russes comme en 1812, forcé la Russie à amener *elle-même* ses plus beaux et ses plus vaillants hommes à la boucherie de Sébastopol pour les y immoler, la gloire de les avoir mâtés, domptés et démoralisés au point de les forcer à demander *eux-mêmes* la paix aux conditions qu'on leur dictera, la gloire d'être sortis victorieux, à mille lieues de nos capitales, du siége le plus difficile, le plus périlleux, le plus héroïque et le plus gigantesque dont il soit fait mention dans les annales militaires d'aucune nation du monde, d'un siége où tous les avantages *possibles* étaient du côté des assiégés et tous les désavantages *possibles* du côté des assiégeants, d'un siége qui a coûté aux Russes plus de sang, d'argent et de matériel qu'ils n'en eussent perdu dans vingt batailles rangées à vingt mille hommes chacune, d'un siége enfin qui laissera bien loin derrière lui tout ce que la renommée raconte depuis tant de siècles du siége de Troie, du siége de Tyr, du siége de Jérusalem et du siége de la Rochelle!!!

PROPHÉTIE

SUR

LA CHUTE DU MAHOMÉTISME EUROPÉEN

ET LA CHUTE DU SCHISME GRÉCO-RUSSE

OPÉRÉE

PAR LE RÉTABLISSEMENT DE L'ANCIENNE POLOGNE.

Texte.

La loy moricque on verra defaillir
Après une autre beaucoup plus seductive :
Boristhènes premier viendra faillir
Par dons et langue une plus attractive. (C. 3, 95.)

Explication.

La loy moricque ou, selon l'orthographe actuelle, la loi maurique ou mauresque, c'est-à-dire la loi des Maures, la loi religieuse des Maures, est une expression qui signifie la religion des Maures ou des Mahométans, auxquels les peuples du midi de la France, où écrivait notre prophète, appliquaient autrefois d'une manière générique le nom particulier des Maures d'Espagne et du nord de l'Afrique, les seuls qu'ils eussent plus spécialement connus. Cette expression comprise, le premier vers s'explique en quelque sorte de lui-même, et signifie qu'un jour *on verra défaillir le mahométisme;* car pour les Mahométans comme pour les anciens Israélites la loi religieuse est aussi la loi civile, de manière que le prophète, qui imite d'ailleurs fréquemment les locutions bibliques, pouvait désigner le mahométisme sous le nom de *la loi des Mahométans,* tout comme les Juifs désignaient le judaïsme sous le nom de *la loi des Juifs* ou de celle de Moïse.

Du reste, il est à peine utile d'expliquer le sens du verbe *défaillir;* car, quoique peu usité aujourd'hui, tout le monde comprendra cependant que ce mot a toujours, comme autrefois, la signification *de tomber* ou de *dépérir,* de sorte que cette prophétie annonce véritablement la *chute du mahométisme,* notamment celle du mahométisme qui était et qui est encore en relations plus spéciales avec la loi religieuse qui règne aujourd'hui sur les bords du Borysthène ou du Dniéper, par conséquent la chute du mahométisme européen, comme nous l'avons dit dans le titre de cette prophétie; car nous aurons occasion de prouver plus tard que le mahométisme asiatique et africain ne tombera pas avec celui de l'Europe, mais plutôt sera conservé pour devenir un jour, entre les mains du Christ, une verge vengeresse qui punira les débordements de ses prétendus disciples. Car il convient que Jacob prévaricateur soit châtié par Esaü et que le faux spiritualisme des enfants de Sara soit puni par le sensualisme des enfants d'Agar. Les Philistins ont dans l'ordre des créations de la Providence leur mission à remplir en ce monde, comme les enfants d'Abraham, les damnés comme les élus, les démons comme les anges.

Ceux de nos lecteurs qui sont un peu familiarisés avec la littérature prophétique du moyen-âge savent que plusieurs autres prophètes, même parmi les saints et les docteurs de l'Église, ont également annoncé, avant et après l'époque de Nostradamus, la chute du mahométisme, laquelle a même été prédite *indirectement* par des *voyants* appartenant à cette dernière croyance. Mais ils n'ont pas fait la distinction que nous venons de faire d'après nos études de ces prophéties si importantes pour l'avenir de l'Europe civilisée, et sur l'exactitude de laquelle on peut compter.

Le second vers nous annonce que cette chute du mahométisme européen n'aura lieu qu'*après* celle d'*une autre loi* religieuse, ou d'*une autre religion beaucoup plus séductive,* c'est-à-dire beaucoup plus séduisante pour les peuples de l'Europe orientale que celle de Mahomet.

Quelle est donc cette autre religion qui doit disparaître *avant* celle des Musulmans? Le troisième vers nous l'apprend. C'est celle qui, *avant la chute du mahométisme,* sera dominante sur *les bords du Borysthène.* Or, la religion qui domine aujourd'hui sur les bords du Borysthène ou du Dniéper, c'est le schisme gréco-russe qui, depuis deux cents ans environ, est, à force de persécutions, à force de perfidies, d'astuce et de promesses fallacieuses, à force d'exils en Sibérie, et surtout à force de coups de bâton, de coups de sabre et de coups d'oukases, parvenu à se substituer au catholicisme qui régnait autrefois chez les anciens Polonais, dont le royaume s'étendait encore, en 1772, jusque sur les bords de ce fleuve de la Russie soi-disant occidentale.

Le second et le quatrième vers nous apprennent que cette religion du schisme grec qui domine en Russie et notamment dans les provinces baignées par le Dniéper, est beaucoup *plus séduisante* et *plus attrayante* que celle du mahométisme. Nos lecteurs admettront ceci sans démonstration de notre part.

Il est certain, en effet, que sans même parler de *la séduction* des pompes orientales qui abondent dans ce culte schismatique, une secte chrétienne, fût-elle même hérétique comme celle des Grecs et des Russes leurs élèves, sera toujours *beaucoup plus séduisante, plus attrayante* pour d'autres peuples chrétiens que le mahométisme qui rejette avec la divinité de Jésus-Christ la doctrine fondamentale de la rédemption, et qui, par conséquent, ne peut convenir qu'aux athées ou aux renégats nés dans le christianisme. Mais le prophète va plus loin, et dans le quatrième vers il nous annonce que la *puissance de séduction* du schisme grec des Russes est due encore à d'autres causes qu'à l'espèce d'attraction naturelle qu'une secte chrétienne peut exercer sur les partisans d'une autre secte également chrétienne, ou même sur ceux qui sont nés dans le sein de l'Église catholique. Ces causes,

Nostradamus les spécifie et les réduit à deux: ce sont, dit-il, *les dons et la langue.*

Expliquons ce laconisme habituel au prophète et en général à tous les prophètes. Tous ceux qui connaissent par expérience ou qui ont seulement lu l'histoire du prosélytisme gréco-russe, savent que le gouvernement *papal* de Pétersbourg, dans son système ou plutôt dans sa tactique de recrutement religieux, commence presque toujours par essayer la *séduction* des caresses, des promesses, des *dons* ou des présents, lesquels, du reste, diffèrent ou se modifient selon les personnes, les circonstances et les époques.

S'agit-il, par exemple, de corrompre la conscience d'un membre du clergé catholique ou protestant? on fait chatoyer à ses yeux l'appât d'un avancement brillant dans l'ordre hiérarchique du schisme; de simple prêtre, curé ou pasteur on le fera monter sur un siége épiscopal et on fera briller à ses yeux la séduction d'une mitre orientale étincelante de pierres précieuses. Car il n'y a rien d'ignare comme ces popes, ces archimandrites et ces évêques de l'orthodoxie grecque ou russe, et le dernier élève, nous ne disons pas d'un séminaire français, mais d'un séminaire catholique quelconque, serait toujours encore un aigle dans le clergé schismatique.

S'agit-il de la conscience d'un militaire, d'un fonctionnaire public ou d'un membre de quelque corps enseignant? On lui offrira le même avancement rapide dans la carrière à laquelle il appartient. Le sujet à conquérir est-il peu favorisé des *dons de la fortune?* Ce sont ces *dons mêmes* qu'on lui proposera ou qu'on lui montrera en perspective. Serait-il né dans les derniers rangs de la société, on fait tout simplement prix avec lui, et on achète son âme comme on achèterait toute autre denrée. En un mot, le recrutement spirituel de l'orthodoxie russe s'opère à beaux deniers comptants, comme autrefois le recrutement militaire en France, et dans tous les cas ne réussit guère qu'en vertu des avantages matériels ou officiels offerts au catéchumène réduit à battre monnaie avec ses croyances religieuses. Toutes les fois donc que ces *con-*

versions ne sont pas le fruit d'une *séduction* par des *présents*, par des promesses capables de tenter la cupidité ou l'ambition, elles ne sont autre chose que des actes de vente d'un côté et des emplettes de l'autre.

Il est bien entendu, du reste, qu'il n'est fait usage de ces moyens d'un prosélytisme toujours dispendieux que dans les cas où il ne conviendrait pas, pour un motif ou pour un autre, de débuter par les voies plus économiques des coups de bâton, des coups de sabre, des pendaisons ou des victimations cosaques plus particulièrement réservées à ceux qui auraient résisté aux diverses *séductions* dont nous venons de parler.

L'autre moyen de *séduction* par lequel se recrute le schisme de la papauté tzarienne, c'est, dit le prophète, *la langue*.

Qu'a voulu nous apprendre Nostradamus par cette expression si laconique et si obscure de *la langue?* Rien ne paraîtra plus exact et même plus clair que cette expression à ceux qui sont familiarisés avec l'histoire de la linguistique septentrionale et orientale de l'Europe. Ceux-là savent que la *langue* slave que parlent les Russes est répandue sur un immense territoire dans le nord, l'est, le nord-est et le sud-est de cette partie du monde. Ils savent qne cette *langue,* grâce à ses nombreux dialectes, est comprise d'une infinité de peuples qui habitent les latitudes que nous venons de désigner et qui tous, malgré la diversité de leurs noms, appartiennent à la grande famille des Slaves. Ils savent, en un mot, que la langue russe n'est pas seulement comprise des Russes de la grande Russie, de ceux de la petite Russie, de ceux de la Russie Blanche, Noire et Rouge, mais encore des Lithuaniens, des Courlandais, des Livoniens, qui forment le rameau letto-slave; comprise aussi des Polonais, des Rutheniens de la Gallicie, de la Hongrie septentrionale et de la Bukovine; comprise des Bohêmes, des Bulgares, des Serviens, des Croates, des Illyriens; comprise assez généralement des Slaves qui habitent la haute et basse Lusace, l'Herzegovine, la Bosnie, le Monténegro, la Dalmatie, l'Esclavonie, la Carniole, la Carinthie, la Styrie, une partie de la Hongrie méridionale et occidentale, une partie de l'Istrie et du littoral de l'Adriatique, etc.

A l'appui de ce que nous venons de dire sur l'énorme diffusion des langues slaves qui ont donné et donnent toujours aux Russes tant de facilités pour faire des conquêtes d'abord religieuses, puis politiques, écoutons ici un savant linguiste d'Allemagne, le docteur Schleicher, auteur d'une histoire estimée *des langues de l'Europe.*

« Les idiômes slaves, dit-il, diffèrent beaucoup moins » entr'eux que ceux de la souche germanique, ceux des Allemands, des Anglais et des peuples Scandinaves. Un voya» geur qui connaît à fond *une seule langue slave* peut se » faire comprendre dans *chaque endroit slave,* depuis les » péninsules Ounalachka et Kamtchatka jusqu'aux monts » Noirs, près la mer Adriatique, et depuis le Caucase jus» qu'aux frontières de Bavière et de Saxe. »

Ailleurs encore, le savant que nous venons de citer revient sur cette universalité septentrionale, orientale et même méridionale de la langue des Russes, et dit : « Depuis le fleuve » Dwina, à l'est, jusqu'aux *monts des Métaux,* à l'ouest, et » depuis la mer Glaciale jusqu'aux mers Adriatique et Noire, » même jusqu'à l'archipel grec, voilà l'énorme domaine des » Slaves d'Europe, et leurs limites ne s'arrêtent pas là encore, » elles franchissent toute l'Asie septentrionale pour pénétrer » de là jusqu'en Amérique. »

Ceci bien compris, nos lecteurs comprendront sans peine les immenses dangers dont le présent et surtout le futur panslavisme menace l'équilibre et la liberté de l'Europe, menace notamment l'indépendance des peuples de l'Allemagne et plus spécialement ceux de la monarchie autrichienne presqu'entièrement composée de peuples slaves. Ils comprendront les grandes facilités que cette communauté d'origine, de *langue,* de mœurs et même de croyances ou de tendances religieuses donnent à l'ambition moscovite pour schismatiser d'abord selon le rite russe, puis pour réunir à son vaste empire les peuples du Midi qui la séparent de la Turquie proprement dite, comme déjà elle y a réuni les peuples du Nord qui la séparaient de la Baltique et de l'Allemagne. Ils comprendront l'aveuglement naïf de cette Allemagne et surtout de l'Autriche qui, bloquée au nord, à l'est et au midi par le panslavisme et comme par la future avant-garde du colosse russe, présente sa main blanche à la patte blanchie des loups-cerviers du Nord, et au mépris des plus vulgaires traditions de l'expérience des siècles, semble avoir pris à tâche de rendre de nouveau historique la vieille fable du *Lion chasseur* et de ses chiens de chasse. Ils comprendront en un mot et ils admireront la prescience du prophète qui, vers 1545, vingt-cinq ans avant que les Tartares Nogaïs de la Crimée incendiassent Moscou, la capitale de la faible Russie d'alors, avait prévu qu'un jour le gouvernement de cet empire, par ses funestes *présents*, par ses présents *danaïques,* et surtout par l'espèce d'universalité septentrionale, orientale et méridionale dont jouirait *sa langue,* réussirait à subjuguer spirituellement et ensuite politiquement une foule de peuples d'origine slave ou asiatique, comme l'histoire ne nous l'a que trop prouvé depuis deux siècles, depuis le second Romanow, depuis le règne d'Alexis, qui gouverna de 1645 à 1676, et le premier, faisant usage des moyens ou des facilités indiqués dans cette prophétie, enleva à la Pologne l'Ukraine, les Cosaques, la Russie Blanche et une partie de la Russie dite méridionale, et jeta ainsi les fondements du règne de Pierre I, qui ne fit que continuer plus ouvertement et plus largement le système de conquête dévoilé ici par le prophète.

Oui, le prophète français avertit ici l'Europe et surtout l'empire d'Autriche que si une barrière catholique infranchissable n'est pas posée de nouveau devant l'ambition russe, devant cette ambition insatiable qui, non contente de régner sur d'immenses territoires en Europe, en Asie et en Amérique, menace, depuis Pierre le Brutal et Messaline II, de s'ingurgiter les heureux climats du Midi habités par les Slaves de l'Autriche et de la Turquie, cette ambition un moment interrompue *faute de chemins de fer* qui lui permettent de jeter rapidement de grandes masses de troupes sur le point de ses frontières qu'on viendrait attaquer, cette ambition opiniâtre et incorrigible comme tout ce qui est russe, si elle parvient à endormir l'Europe occidentale par une paix hypocrite, reprendra tranquillement, comme si les années 1853, 1854 et 1855 n'avaient jamais existé, le fil systématique de ses intrigues diplomatiques, de ses conspirations anti-germaniques et de ses influences occultes sur les peuples méridionaux d'origine slave qui entendent *sa langue,* et après les avoir séduits par *ses dons* et *ses promesses* de tout genre, par les nombreux moyens de corruption que lui procurent, nous le répétons, la communauté d'origine, de race, de mœurs, de *langues* et de croyances religieuses, elle profitera d'un moment où la France et l'Angleterre seront divisées ou éprouveront, l'une ou l'autre, des embarras intérieurs, pour démasquer ses batteries et absorber ces Slaves méridionaux comme elle a absorbé leurs frères des contrées septentrionales. Car tout le monde sait aujourd'hui qu'à Pétersbourg la Prusse n'est qu'une avant-garde russe, et l'Autriche n'y est considérée que comme une proie future qu'en attendant on soigne, on choie, on berce de *souvenirs* et même de nouvelles espérances *partageuses,* en un mot, qu'on engraisse comme un dindon jusqu'au moment où elle sera bonne à immoler à l'appétit russe. Il arrive aujourd'hui à l'Autriche et même à la Prusse ce qui arrive aux malades qui se croient bien portants; tout le monde sait qu'ils sont condamnés à périr, *excepté eux-mêmes.* Et cependant il y a longtemps que l'Autriche et la Prusse, gouvernées par deux rois philosophes, socialistes et partageux, Joseph II et Frédéric II, ont, lors des partages de la Pologne, reçu les *présents danaïques* que leur avait offerts Messaline II, autre roi philosophe et partageux, s'il en fût. Car il est très à remarquer, dans l'ordre des châtiments providentiels, que la Pologne catholique, alors malheureusement imbue des principes philosophiques et anti-religieux du dix-huitième siècle, fut punie par où elle avait péché, de manière à réaliser de nouveau la menace prophétique de l'Écriture, *per quod quis peccaverit, per hoc et torquetur.*

Nous venons de parler des *dons*, des *présents danaïques* que Catherine II, d'astucieuse, de perfide, d'audacieuse et de scandaleuse mémoire, avait offerts, aux dépens de la Pologne, à Frédéric II et à Joseph II, et que ces princes *philosophes* n'avaient pas *craint* d'accepter en dépit de l'antique proverbe et surtout des *malédictions* dont leur père et mère, Frédéric-Guillaume I et la grande Marie-Thérèse, avaient d'avance frappé tout partage de l'héroïque Pologne au profit des Russes et même *au profit de leurs États propres.* Il doit paraître en effet très-étonnant au rationalisme politique et diplomatique de notre époque, que ces deux souverains, encore éclairés quelque peu des lumières du christianisme, aient mieux compris les dangers d'un partage de la Pologne et par suite du voisinage *immédiat* de la Russie, que ne les ont compris, quelques années plus tard, leurs fils et successeurs, éclairés des lumières de la philosophie. Marie-Thérèse surtout, avec son instinct, avec sa pénétration de femme, avait deviné les projets astucieux de la politique slave qui *donne* pour *recevoir,* qui donne ou plutôt qui prête pour reprendre, qui, dans tous les cas, ne donne un œuf que pour prendre un bœuf; elle voyait, avec une juste défiance, les branches principales de l'immense baobab slave se rapprocher de leurs rameaux autrefois coupés par les empereurs d'Autriche et même par deux princes de Prusse, pour se les assimiler par la *greffe en approche,* par la greffe du contact et de l'adhérence; elle voyait la séduction russe préparer de loin ses filets par la voie des *dons* et de *la langue,* comme l'a dit le prophète; elle voyait d'avance le mineur slave, par un travail souterrain et incessant, creuser sous ses pas l'Allemagne et souffler le feu de la division et des jalousies parmi ses nombreux souverains; elle voyait les autocrates travailler de longue main à la vassalisation des princes germaniques, de manière à établir une sorte d'Empire d'Allemagne dont ils seraient les chefs véritables sans en porter le nom, de manière surtout, comme l'expérience des trois dernières années l'a prouvé avec une si éclatante évidence, *à n'avoir absolument rien à craindre des Allemands* le jour où il leur plairait enfin, soit par mer soit même par terre, de pousser en avant sur Constantinople. Et franchement, il n'était point nécessaire d'être doué du don de prophétie pour prévoir toutes ces choses dès 1770; il suffisait de connaître par l'histoire la tenace, l'opiniâtre, l'imperturbable ambition des Russes, qui ne lâchent jamais prise dans leurs projets de conquêtes, qui ne reculent un jour que pour mieux avancer le lendemain, et qui se glorifient d'avoir pour Évangile politique le testament d'une espèce de brute ou de Brutus sauvage qui aima mieux immoler de sa propre main son fils unique Alexis, que d'avoir pour successeur un prince coupable d'être né avec un caractère doux et pacifique, coupable ou même soupçonné seulement de ne pas vouloir continuer son plan de conquêtes à l'ouest et au sud de l'empire, coupable enfin de n'avoir pas l'outrecuidant, l'impertinent orgueil qu'il fallait pour oser, en face de l'Europe, écrire sur la porte de Kherson ces paroles menaçantes ou plutôt insultantes : *c'est ici le chemin de Constantinople.*

Qu'eût dit la prudente Marie-Thérèse, si elle avait vécu assez longtemps pour voir que, sous ses petits-fils, l'Empire d'Autriche serait composé de plus de vingt millions de Slaves plus ou moins affiliés aux Slaves de la Russie par leur origine, leur *langue,* leurs mœurs et leurs croyances religieuses; si elle avait pu voir les Russes maîtres de la Pologne, maîtres de la Bessarabie et des bouches du Danube, maîtres de la mer Noire, jouir d'une influence dominatrice dans les principautés circonvoisines de la Moldavie et de la Valachie, obtenir déjà une prépondérance menaçante sur les Slaves de la Turquie et même sur ceux de l'Autriche, stipendier incessamment une légion d'écrivains, de journalistes, d'historiens, de prédicateurs et de savants allemands en tout genre pour répandre parmi les populations Slaves du midi les idées du panslavisme, et en outre travailler sans relâche à la dissolution de l'Empire Ottoman, tant par les invasions que par la corruption, les intrigues, les soulèvements et les protectorats exercés sur onze millions de grecs? Ce qu'elle eût dit? mais eût-elle, dans de semblables circonstances, donné seulement dix années d'existence à l'Empire d'Autriche, surtout si elle avait pu voir ce que nous avons vu tous en 1828, en 1853, 54 et 55, les nombreux souverains de l'Allemagne déjà panslavisés par l'or, les présents, les alliances, les cordons et les caresses diplomatiques de la Russie, abandonner ou à-peu-près la cause et la position pleine de périls de leur ci-devant empereur, le véritable boulevard oriental de la Germanie, et dans leur fascination russo-phile, qui tient du prodige, s'obstiner à ne voir que les Napoléons qui pourraient leur venir du sud-ouest, et pas le moins du monde les Napoléons bien plus redoutables qui leur viendraient du nord-est.

Et certes il n'est point aujourd'hui, dans l'Europe occidentale un seul publiciste un peu avisé, un peu clair-voyant, qui ne souscrivit à ce jugement de l'impératrice Marie-Thérèse. Comment en serait-il autrement alors que c'est aujourd'hui un secret de comédie, pour ainsi dire, qu'on a fait briller aux yeux des Slaves méridionaux *l'attrait séducteur*, a dit le prophète, d'un empire universel fondé sur le panslavisme, fondé sur la réunion de tous les Slaves sous un seul et même sceptre, sous une seule et même autorité gouvernant avec une *bonté paternelle* tous les enfants de la grande famille; alors qu'on a cherché et qu'on cherche toujours à leur persuader que la fondation de cet immense empire, basé sur l'*unité de langue, de religion* et d'origine, leur livrerait non-seulement, sans coup-férir, les dépouilles de la Turquie, mais encore, en supprimant tout simplement l'Autriche, dont l'autorité sur eux n'est, dit-on, qu'une avilissante usurpation germanique, leur livrerait les richesses de toute l'Allemagne et celles même de toute l'Europe occidentale, incapable de leur résister sur un terrain si éloigné de ses ressources. Bien plus, les Slaves du Nord, tant par les nombreux agents de leur police politique, que par leurs apôtres clandestins, leurs prêtres voyageurs, leurs littérateurs à gages, leurs journaux stipendiés et leurs livres embaucheurs qu'ils font imprimer jusque dans la confiante Allemagne, n'ont-ils pas cherché à faire pénétrer chez leurs frères du midi cette conviction : que la reconstitution en un seul arbre de tous les rameaux slaves coupés par le sort, la réunion de tous les enfants dispersés en une seule famille était aussi le seul moyen de les sortir de cet état d'humiliation, d'infériorité, de servitude et de déconsidération politique où ils végètent sous le joug de l'étranger, le seul moyen de les faire arriver à la vie de nationalité qui fait une grande partie du bonheur de ce monde, le seul moyen de les arracher à cet état de misère, de pauvreté et de barbarie où ils paraissent comme destinés à languir sous le sceptre des races germanique et turque, sans communauté de *langue nationale* et par conséquent sans nationalité, sans avenir possible, sans espoir d'évolution civilisatrice, sans littérature, sans lumières, sans industrie, sans commerce, sans débouchés et même sans encouragements de la part de leurs gouvernants, appartenant d'ailleurs à une race, à une religion étrangère et hostile.

On conçoit qu'un jour, lorsque toutes ces *séductions* si propres à flatter l'orgueil de race, l'orgueil ethnique des peuples Slaves qui se croient, en vertu de la prophétie étymologique de leur nom, comme appelés à un splendide avenir *de gloire et de puissance*[1], auront produit l'effet calculé qu'on leur attribue très-rationnellement à Pétersbourg, il ne faudra plus qu'une occasion favorable, qu'une étincelle électrique pour mettre le feu à des mines si savamment, si habilement préparées, et cette occasion favorable ne saurait manquer de se produire, au moins d'après les prévisions de

[1] Les érudits slavologues vous prouveront que le mot *slave* vient du radical primitif *slu*, j'obéis, ou du radical secondaire *slava* qui signifie *gloire, honneur, célébrité;* ils en concluent prophétiquement que les peuples slaves arriveront *par l'obéissance à la gloire*. Les Slaves appellent les peuples qui ne parlent pas leur langue des *nemecs*, c'est-à-dire *des muets;* les Russes appellent particulièrement les Allemands de ce nom, qui a pour but de les entretenir dans un sentiment de mépris pour les races germaniques, et de leur insinuer prophétiquement aussi que ces races sont comme prédestinées à accepter le joug russe *sans mot dire*. On peut dire à cela que du train dont marche la russophilie en Allemagne, les Russes n'ont pas tout-à-fait tort de croire à cette prophétie étymologique.

la raison, de la science humaine, et d'après les probabilités ordinaires de l'histoire et des vicissitudes de ce monde.

Mais toutes les habiletés et les calculs de la politique russe ont compté sans leur hôte, sans ce grand hôte qui nous héberge tous ici-bas, qui, lui, a tout vu, tout calculé d'avance, et qui nous annonce aujourd'hui par son prophète français et catholique qu'il *confondra cette sagesse des sages* de Moscou et qu'il *perdra cette prudence des prudents de Pétersbourg*.

Écoutez donc, sages de Moscou et prudents de Pétersbourg, écoutez la sentence prononcée par ce même oracle qui a prononcé la chute de Sébastopol, et qui vous a annoncé, il y a trois cents ans, que *le nouvel élu de France, le neveu du grand Napoléon, soutenu par l'Angleterre et la Turquie,* dont *l'alliance avec la France était prédite par lui*, comme vous venez de le voir, *ferait trembler,* comme nous le voyons aujourd'hui mieux que jamais, *le grand* autocrate de Russie déjà réduit, après deux années de guerre, à demander la paix. Écoutez, vous disons-nous, la sentence prononcée contre vos trames ourdies depuis deux siècles pour attraper au piége le slavisme méridional et du même coup escamoter l'Allemagne.

On verra, dit le grand oracle de la France, on verra *tomber la loi de Mahomet,* mais auparavant, *avant cette chute* qui ôtera à tout jamais aux Russes l'espoir de conquérir Constantinople et la Turquie, on verra *tomber,* dit-il, *la loi du schisme gréco-russe* qui règne *sur le Borysthène,* encore, ajoute l'infaillible prophète, que les conquérants, qui ont implanté cette loi sur les bords de ce fleuve, c'est-à-dire dans l'ancienne Pologne bornée par ce cours d'eau, aient, par leur habileté, par *leurs libéralités* en fait de *présents* de tout genre et l'universalité orientale de *leur langue,* sur les croyances mahométanes, l'avantage d'une incontestable supériorité quant à la puissance de *leurs séductions* sur les prosélytes et les catéchumènes à conquérir.

Mais, dira-t-on, comment serait-il possible que les Russes qui sont le schisme incarné, quoiqu'ils ne l'aient pas inventé, songeassent jamais à changer le culte religieux qui règne aujourd'hui sur les bords du Dniéper, alors que ce culte schismatique, qui a donné une tiare à leurs autocrates, fait partie de la constitution même de leur empire? L'accomplissement d'un semblable changement n'est-il pas, pour le moins, hautement improbable?

Nous sommes tout-à-fait de l'avis de l'objection qui nous paraît en effet très-rationnelle et par conséquent très-hostile à l'accomplissement de notre explication et surtout de la prophétie. Aussi disons-nous que cette prophétie se réalisera en dépit de tous les efforts que feront les Russes pour en combattre la réalisation.

Oui, la religion catholique, apostolique et romaine sera *rétablie* sur les bords du Dniéper, c'est-à-dire dans toute l'ancienne Pologne que ce fleuve, par une métonymie familière, comme chacun sait, au langage poétique et prophétique, représente ici nominalement en indiquant exactement ses anciennes limites orientales; cette religion, la seule antique, la seule antérieure à tous les schismes, à toutes les hérésies, et par conséquent la seule *vraie,* sera restaurée dans l'ancienne Pologne telle qu'elle y existait lors de la première moitié du seizième siècle. Ce grand changement arrivera *en dépit* des flots de sang et d'argent que verseront les Russes pour s'y opposer, et les flots de sang et d'argent qu'ils répandront feront partie du châtiment qu'ils ont mérité pour avoir éteint, par la violence et la persécution, ce phare de la vérité chrétienne que la Providence avait fait allumer dans les régions du septentrion oriental, pour leur servir d'étoile polaire sur la vaste mer des erreurs humaines. En d'autres termes, la prophétie que nous expliquons annonce clairement, quoiqu'implicitement, que l'ancienne barrière catholique, que Dieu avait établie dans le Nord pour protéger l'Europe et l'Allemagne catholique contre les invasions du schisme gréco-russe, sera complètement rétablie, et cela, dit laconiquement, mais ouvertement le prophète, dans les limites mêmes que cette barrière occupait jadis sur les rives du Borysthène.

Mais, dira-t-on encore, comment ce phare de l'Église catholique pourra-t-il se maintenir, s'il n'est pas protégé lui-même contre le schisme russe qui continuerait à lui être si hostile. Notre réponse est qu'il sera protégé par le rétablissement intégral de l'ancienne monarchie de Pologne, telle qu'elle était avant le tzar Alexis, dans la première moitié du seizième siècle, alors qu'elle était limitée par les rives du Borysthène et que même elle les dépassait à l'Est, dans certaines provinces. Car Dieu lui-même obéit d'ordinaire à ce principe naturel et rationel : *qui veut la fin veut les moyens ;* mais il arrive souvent que dans ses prophéties Dieu n'indique pas les *moyens* tout en indiquant *la fin* qu'il se propose d'atteindre ; il suppose avec raison que l'intelligence humaine qui s'applique aux prophéties doit suppléer au défaut d'indication des *moyens,* quand *la fin* clairement indiquée les suppose *rationellement* et même *nécessairement,* comme dans le cas actuel. Aussi arrive-t-il fréquemment dans les prophéties que la parole de Dieu, qui est brève parce qu'elle voit tout, se borne à révéler *les dernières conséquences* d'une série de causes, et supprime *l'expression* de ces causes, parce qu'elle est *superflue,* comme le dit en propres termes Nostradamus dans une de ses préfaces.

On nous demandera sans doute *à quelle époque* doit se rétablir *l'ancien* royaume de Pologne. Les douze apôtres firent jadis la même question au Christ, disant : *Seigneur, sera-ce dans ce temps-ci que vous rétablirez le royaume d'Israël?* Le Seigneur leur répondit : *ce n'est pas à vous qu'il appartient de connaître les temps ni les moments que le* ***Père*** *a fixés dans sa sagesse.* Effectivement les prophètes sont extrêmement réservés quant à la fixation chiffrée ou numérique des époques auxquelles doivent s'accomplir les événements futurs. Dans toutes les prophéties bibliques, si nombreuses pourtant, nous ne connaissons guère que trois exemples où les époques futures aient été exprimées par des chiffres. Cependant il arrive assez souvent encore qu'à défaut de chiffres la chronologie des événements futurs est indiquée d'une autre manière, par exemple, par la réalisation d'autres événements destinés à précéder plus ou moins immédiatement ceux dont les époques ne sont pas positivement désignées. C'est ce qu'on appelle des événements avant-coureurs ou symptomatiques destinés à annoncer la prochaine arrivée de ceux dont l'époque n'est pas fixée [1].

Les exemples de cette espèce de chronologie ne sont pas bien rares tant dans le nouveau que dans l'ancien Testament. Le Christ, après avoir refusé à la curiosité de ses apôtres des chiffres positifs sur l'époque du rétablissement du royaume d'Israël, leur apprend cependant, peu de moments après ce refus, l'époque de la destruction de Jérusalem par l'indication succincte des événements ou des faits qui devaient précéder immédiatement cette destruction. Il en est ainsi fort souvent dans les prophéties de Nostradamus, notamment dans celle que nous expliquons en ce moment, où la chute du schisme gréco-russe dans l'ancienne Pologne est indiquée comme le signe avant-coureur de la chute du mahométisme Européen. En outre, il arrive quelquefois dans les prophéties non bibliques et bien plus souvent dans les prophéties bibliques que les omissions chronologiques d'un prophète sont réparées par d'autres prophètes, de sorte que pour acquérir

[1] On nous a objecté que le changement de religion dont parle Nostradamus, comme devant s'opérer dans les régions baignées par le Dniéper, pourrait bien s'appliquer à celui qui s'y est opéré dans les 17 et 18me siècles, lorsque les Russes firent substituer le schisme grec au catholicisme. Nous répondons que cette interprétation est contredite par le texte même de Nostradamus qui, comme nous l'avons fait voir dans tout le cours de nos explications, ne s'applique et ne peut s'appliquer qu'au schisme que le gouvernement russe a fait fructifier tant par *ses dons* corrupteurs des consciences que par les facilités que lui donnait dans ce but l'universalité septentrionale et orientale de *sa langue*. Donc il s'agit ici du schisme et non du catholicisme dont la langue latine est plutôt un obstacle qu'une facilité pour la conversion des peuples slaves à l'Église universelle, outre que cette Église ne fait aux peuples qu'elle veut amener à elle d'autres *dons* que celui de sa foi et de ses vertus. Il faut d'ailleurs remarquer que quand un événement est présenté comme *avant-coureur* d'un autre événement, comme dans la présente prophétie, les époques d'accomplissement de ces deux événements ne doivent pas être séparées par *des siècles*, mais bien par l'intervalle d'un petit nombre d'années.

une connaissance complète d'un événement ou d'une série d'événements prédits, il faut connaître les prédictions de tous les prophètes qui en ont traité. C'est ce qui arrive précisément dans la prédiction que nous expliquons en ce moment.

Nos lecteurs viennent de voir par le texte de cette prédiction qu'elle n'indique pas l'époque à laquelle doivent se rétablir l'ancien royaume de Pologne et la religion catholique qui régnait jadis sur toute cette région de la Russie méridionale et occidentale, aujourd'hui occupée par le schisme grec. Mais si cette époque n'est point marquée dans la prophétie de Nostradamus, elle l'est dans une autre prophétie, émanée d'un autre prophète. Cette prophétie, à la vérité, n'a pas trois cents ans de date comme celles de Nostradamus ; elle ne jouit pas non plus, comme ces dernières, du genre d'authenticité que donnent de nombreuses et d'anciennes éditions parfaitement connues du public, mais elle a l'avantage d'être, depuis environ quatre-vingts ans, parfaitement connue, crue et admise, comme réelle et véridique, d'une nation entière; elle a de plus, ainsi que nous allons le faire voir, l'avantage précieux de s'être déjà *réalisée en partie*, d'avoir déjà reçu un *commencement d'exécution*, commencement d'exécution qui était de nature à rester impénétrable à toutes les pénétrations de l'esprit humain élevé à son maximum de puissance. Cette prophétie a encore d'autres priviléges: elle vient d'un saint, d'un saint polonais béatifié par l'Église; d'un saint qui est mort martyr de son dévouement héroïque pour le maintien du catholicisme dans l'ancienne Pologne; d'un saint qui fut, en 1657, il y a maintenant cent quatre-vingt-dix-neuf ans, martyrisé, après beaucoup d'autres apôtres polonais de la Russie Blanche, de l'Ukraine, de la Lithuanie et de la Polésie, et martyrisé de la manière la plus féroce par les Cosaques, pour son zèle à prêcher la foi catholique dans les provinces jadis polonaises que le tzar de Moscou voulait schismatiser. Ce grand saint était par conséquent, sous tous les rapports, digne d'être choisi par la Providence pour devenir le prophète du rétablissement de la Pologne et de la foi catholique dans cette ancienne monarchie. Il le devint en effet, et voici en peu de mots comment : car l'histoire du père Bobola est si généralement connue en Pologne depuis quatre-vingts ans, pour sa première apparition prophétique, et depuis trente-sept ans, pour la seconde, que nous pouvons nous dispenser de grands détails. Mais avant d'en venir à ce double récit, nos lecteurs voudront sans doute connaître, au moins de profil, quelques-unes des circonstances où ce saint personnage vint à fixer sur lui les regards de la Pologne et de l'Europe catholique, en subissant, avec toute la patience et toute la charité de l'héroïsme catholique, la mort la plus cruelle, et comme dit le décret de béatification, les *tortures les plus raffinées, tormenta exquisitissima,* qui jamais peut-être aient glorifié la couronne d'un martyr de l'Église.

Chaque nation a une mission providentielle à remplir sur cette terre. La Pologne semble avoir été créée et mise au monde pour prouver aux siècles modernes, comme autrefois le peuple de Dieu aux siècles antiques, ce qu'une faible nation catholique, mais une nation de héros et surtout de martyrs de la foi, peut, avec l'aide de Dieu, dans la position la plus difficile peut-être où il était possible de la placer : entre un schisme ardent et ultra-fanatique d'un côté, une hérésie haineuse et puissante de l'autre ; entre l'infidélité triomphante d'un troisième côté, et un catholicisme bâtard, égoïste, indolent et sans entrailles d'un quatrième ; le tout dans un pays ouvert à tous les vents des passions et des influences ennemies.

Que fera cette poignée de héros et de martyrs de la foi, cette poignée de Machabées contre tant d'ennemis conjurés à sa perte ? Toutes les fois qu'avant de combattre, elle mettra le genou en terre et invoquera le Dieu de ses pères, le Dieu des armées, elle triomphera de tous ses ennemis, quelque nombreux et quelque puissants qu'ils soient. Voilà ce qu'attestent cent victoires glorieuses remportées sur les Moscovites, les Turcs, les Tartares, les Transylvains, les Suédois, etc. ; par les légions polonaises dociles à la voix des Étienne, des Jean Casimir, des Czarniecki, des Sobieski, et de tant d'autres grands hommes de guerre et de foi qui illustrent l'histoire catholique de la Pologne.

Mais, dira-t-on, à quoi, en définitive, ont servi à la Pologne partagée entre la Russie, la Prusse et l'Autriche, à la Pologne écrasée sous le joug de fer de ses ennemis, cette protection céleste dont vous la gratifiez et ces brillantes victoires qui font l'admiration de l'Europe et qui ont fait tant de fois la sûreté du monde catholique et même celle du monde anti-catholique? A quoi lui ont servi le sang de ses milliers de héros et de martyrs qui ont si vaillamment combattu pendant près d'un siècle pour la défense ou la propagation de leur foi contre les schismatiques du Nord?

Sans vouloir ici sonder les desseins de la Providence qui, le plus souvent, laisse arriver les persécuteurs de la foi catholique à l'apogée de la puissance pour les en précipiter; sans examiner si les Polonais n'ont jamais sacrifié aux faux dieux du philosophisme ou du patriotisme, ni adoré les idoles d'une liberté liberticide; sans vouloir rechercher s'ils ont toujours eu pour le Dieu de leurs pères la confiance et la constante fidélité que méritaient les preuves nombreuses de protection qu'ils en avaient reçues jusqu'au sein de leurs plus douloureuses épreuves, nous demanderons au rationalisme qui nous interroge, à quoi ont servi aux premiers chrétiens les trois cents ans de martyres et de persécutions violentes qu'ils ont subies de la part des païens et des empereurs romains? A quoi ces persécutions ont servi? A ruiner à tout jamais la cause de la persécution et celle des persécuteurs eux-mêmes; à planter dans tout l'Empire romain, avec les croix des martyrs, la croix expiatoire du Sauveur; à victimer les bourreaux avec le sang de leurs victimes; à les blesser avec leurs blessures; à les tuer avec leurs morts.

Hé bien! il en sera de même des persécuteurs de la Pologne, qu'ils soient schismatiques, hérétiques ou perfides catholiques. De tant de milliers de victimes choisies dans les saints ordres de Dominique, de François et d'Ignace, dont, notamment sous les règnes d'Alexis, de Pierre I, de Catherine II et de Nicolas, la férocité schismatique des

Russes a gratifié la Pologne, il ne faudrait qu'*une seule* criant vengeance à Dieu pour en obtenir la ruine de dix nations schismatiques comme celle des Russes, ou pour en obtenir le rétablissement de la sainte barrière catholique qui existait dans les seizième et dix-septième siècles en Pologne, contre les Gogs et les Magogs du Nord.

Non, quelque vaincue que soit aujourd'hui la Pologne philosophique, patriotique et libérale, la Pologne du *liberum veto* et de la royauté élective, la Pologne aristocratique, anarchique et séditieuse, et même la Pologne héroïque, chevaleresque, militaire et pleine de confiance dans la science, l'habileté ou la valeur humaine, la Pologne catholique, la Pologne de Jean Casimir et de Sobieski, qui tous deux ont prédit la situation actuelle, la Pologne *mère des martyrs* qui a produit André Bobola, le saint archevêque Josaphat et tant de centaines d'autres saints apôtres, la Pologne, en un mot, qui en 1656 eut le bonheur d'accepter pour Reine la Reine même du ciel, n'est pas vaincue et ne périra pas, dussent périr, pour la sauver, tous les schismatiques, tous les hérétiques et tous les faux catholiques qui, après cent cinquante ans d'habiles conspirations diplomatiques, l'ont enfin partagée. On l'a dit avant nous : Dieu eût créé un monde de boue et d'ordures pour en tirer une seule paillette d'or spirituel digne de refléter l'éternelle gloire des cieux, l'éternel éclat du soleil de justice. Et voyez :

Que fit la Reine du ciel, qui est aussi la Reine des martyrs, lorsque dans la position la plus périlleuse peut-être où se fussent jamais trouvés les Polonais, elle accepta la couronne de Pologne, qu'au nom de toute la nation lui offrit le roi Jean Casimir, éclairé par une pensée inspirée et inspiratrice qui lui fut envoyée de Naples, de l'autre extrémité de l'Europe? Elle prit cette couronne, la Reine des martyrs, et la posant, *dès l'année suivante,* sur la tête d'un de ses plus fervents serviteurs, sur la tête d'un des plus saints, des plus savants, des plus éloquents et des plus intrépides missionnaires qui formaient, à cette époque, en Pologne, l'héroïque phalange, l'inébranlable corps d'élite, la sainte garde impériale de son divin Fils, elle lui dit : Expie par ton sang les fautes, les erreurs, les méfaits de ta nation ; par ton humilité, ton obéissance, ta charité et ta patience à supporter le plus atroce des supplices, corrige ou contre-balance les duretés, les jalousies, les orgueils, les séditions, les égoïsmes des principaux de ton peuple qui ne savent ni obéir ni commander chrétiennement ; vers la fin des épreuves et des corrections providentielles par lesquelles doit passer la Pologne, pour lui apprendre, sous le joug de ses ennemis, l'absolu devoir de l'obéissance sociale et sa véritable mission catholique au nord de l'Europe, tu deviendras son prophète consolateur, son patron et son libérateur céleste.

Ce peu de paroles, qui sont l'expression de faits déjà historiques ou destinés à le devenir, dénouent tous les nœuds, expliquent toutes les énigmes, éclairent tous les mystères de l'histoire si éminemment providentielle de la Pologne. Car toute histoire est un enseignement symbolique, un langage d'action plein d'une profondeur souvent prophétique par lequel Dieu parle aux hommes.

Pourquoi Sobieski mérita-t-il de devenir non-seulement le plus grand roi mais le plus grand des grands hommes de la Pologne? Parce qu'avant de combattre, par exemple, avec sa poignée de braves catholiques les trois cent mille Turcs jusque là toujours victorieux qui assiégeaient Vienne et étaient à la veille de la prendre, il humilia, selon sa coutume, sa royauté d'un jour devant le roi des rois, en servant lui-même, les bras en croix, la messe qui précéda la bataille, et remporta ainsi la plus glorieuse victoire qui illustre l'histoire d'aucun peuple du monde. Pourquoi le palatin Étienne Czarniecki fut-il toujours le plus heureux, quoique le plus intrépide et même, selon les rationalistes, *le plus téméraire et le plus imprudent* des grands capitaines polonais? Parce que plein de confiance dans le Dieu des armées qui seul remporte la victoire, qui seul est la raison, la science des batailles, et seul dispose de cette puissante *terreur panique* qui joue un si grand rôle dans les luttes sanglantes, il n'a jamais tiré l'épée du fourreau sans mettre avec toute son armée le genou en terre, et invoquer humblement le secours de Celui à qui seul appartiennent la gloire, la victoire et le butin. Pourquoi le roi Jean Casimir fut-il jugé digne de sauver la Pologne de la position la plus critique, du plus effrayant concours d'hostilités extérieures qu'elle avait encore essuyées, alors que dans les premières années qui suivirent le milieu du dix-septième siècle, elle fut attaquée à la fois au Nord, à l'Est, au Sud-Est et au Midi par les trois cent mille Cosaques du fameux schismatique Chmilniecki, par trois armées moscovites non moins fanatiques dans leur schisme, par une armée de Suédois protestants, par une autre armée de Turcs et de Tartares infidèles, enfin par une nuée de Transylvains, de Moldaves, de Valaques, de Hongrois et d'autres Transdanubiens combattant tous sous la bannière de l'hérésie grecque contre l'Église catholique de Pologne?

Pourquoi, avez-vous demandé? La réponse sera bien simple; parce qu'avant d'être nommé, en 1648, à la royauté de Pologne, ce prince avait, par sa piété et ses lumières chrétiennes, mérité d'être admis dans cette célèbre phalange du Christ dont nous venons de parler, puis appelé par le Souverain-Pontife à la plus haute dignité de l'Église. Eh bien! ce sont les vertus et les sentiments de haute piété dont ces honneurs ecclésiastiques étaient pour le monde l'expression symbolique, qui ont fait obtenir à Jean Casimir, comme autrefois à Josué, à David, à Ézéchias et aux Machabées, cette sagesse, cette puissance ou plutôt cette protection surnaturelle qu'il fallait pour, avec des ressources minimes et une poignée de soldats, triompher de cet immense concours d'ennemis acharnés, pour remporter sur eux des victoires marquées à tous les coins du miracle et pour dissiper enfin en peu de temps tous les dangers de ces invasions diluviennes.

N'était-ce pas, nous le demandons, proclamer à haute et intelligible voix dans toute la Pologne l'inappréciable avantage qu'il y avait pour une nation de placer la vertu et la piété sur le trône de ses rois, puisque de *cette seule vertu* de son souverain avait dépendu tant de fois le salut *de toute la nation?* N'était-ce pas annoncer à son de trompe qu'au jugement de Dieu les rois sont les véritables têtes des peuples, lesquels, en qualité de leurs membres, sont solidaires à la fois pour leurs vertus et leurs crimes, c'est-à-dire sont récompensés pour les unes comme ils sont châtiés pour les autres?

Mais si la piété et les vertus d'un souverain exercent une si grande influence sur les destinées de son peuple, que sera-ce de la puissance céleste d'un saint et d'un saint reconnu par l'Église, d'un saint qui, après une vie tout entière passée dans la pratique des vertus les plus austères du sacerdoce et de l'apostolat, les a couronnées par une mort et des souffrances atroces dignes de toutes les palmes du martyre?

Maintenant le lecteur du dix-neuvième siècle est assez avancé pour concevoir au moins des yeux de l'esprit, sinon pour admettre avec ceux de la foi, la haute importance du rôle que le R. P. Bobola, le martyr par excellence de la Pologne de Jean Casimir et de Sobieski, est aujourd'hui appelé à jouer dans les destinées de la nation polonaise. Et maintenant aussi nous pouvons procéder au récit succinct de quelques faits historiques qui feront mieux connaître le futur libérateur de la Pologne.

Le révérend Père Bobola, un des membres polonais de la Compagnie de Jésus les plus distingués par la piété, la science et l'éloquence, parut dans la carrière publique de l'apostolat vers 1655, à l'époque la plus critique et la plus malheureuse qu'eût encore essuyée l'Église catholique du Nord, à l'époque où tous ses ennemis schismatiques, hérétiques et infidèles, qui depuis longtemps la tenaient assiégée de toutes parts, s'étaient, par une formidable coalition ou plutôt par une sorte de conjuration dirigée par les Tzars de Moscou, rués tous à la fois sur la Pologne, comme pour l'effacer de la liste des terres habitées, comme pour l'exterminer tout entière avec son peuple, ses croyances et son culte. Les Cosaques surtout et les Russes, animés par tout ce que le fanatisme schismatique peut inspirer de fureurs plus atroces, promenaient le fer et la flamme dans les provinces polonaises qu'ils avaient envahies, massacrant les prêtres et les religieux catholiques, pillant, dévastant ou brûlant les églises, les couvents, les presbytères et les écoles; forçant, par les questions et les tortures les plus raffinées, les nobles et les fidèles convertis au catholicisme d'abjurer leurs saintes croyances; démolissant ou incendiant surtout les établissements des Jésuites, des Dominicains et des Franciscains polonais qui, par leurs courageuses prédications, avaient propagé la vérité parmi les Ruthéniens naguère schismatiques de la Pologne, ou l'avaient maintenue et fortifiée dans le cœur des anciens et des nouveaux convertis.

De tous ces héroïques défenseurs de la foi, le plus intrépide et le plus célèbre à la fois par la puissance de son zèle et de son éloquence, était le pieux Père Bobola qui bravait tous les dangers et tous les complots de ses ennemis pour leur arracher une seule âme. Tous ceux qui l'entendaient une fois se convertissaient; sa parole était un foudre, un fléau, un marteau qui brisait tous les subterfuges, tous les mensonges du schisme ou de l'incrédulité; aussi l'avait-on surnommé *l'apôtre de la Polésie* qui lui était échue en partage, le *vainqueur*, le *conquérant des âmes*. Les Cosaques furieux de voir les fruits de leurs coups d'épée anéantis par le glaive de son éloquence, se persuadèrent enfin que tant que vivrait ce saint homme, qui dans ses missions ne se nourrissait que de pain d'orge, ils se flatteraient en vain d'obtenir quelque résultat solide avec leurs torches et leurs massacres; ils résolurent donc d'envoyer leurs hordes meurtrières à la recherche du grand apôtre de la Polésie. Après bien des courses inutiles, elles l'atteignirent enfin le 16 mai 1657 près de la petite ville de Janow, à 10 lieues est de Sandomir, et après lui avoir offert la vie pour une abjuration, lui firent subir, avec toute la férocité de cannibales qui caractérise ces barbares, cinq ou six espèces de martyres dont le moindre eut suffi pour faire béatifier la douceur, la charité et la résignation avec laquelle cet athlète catholique sut les endurer jusqu'à sa mort qui fut affreuse, ayant été, après beaucoup d'autres douloureuses blessures, écorché tout vif, et pour comble de cruauté raffinée, dépouillé de cette langue éloquente qui avait si courageusement prêché contre le schisme de ses assassins, langue qui lui fut arrachée jusqu'à la base par un large trou charpenté au revers du cou par ses bourreaux.

Un long et morne silence plana, comme un crêpe funèbre, sur toute la Polésie, après cet attentat commis sur la sainteté; une terreur divine s'empara de tous les cœurs, même de ceux des Cosaques qui s'enfuirent à toute bride comme poursuivis par la vindicte céleste, et évacuèrent dès ce moment un pays qui semblait, comme un témoin, comme un remords extérieur, leur reprocher leurs cruautés; il n'y eut pas jusqu'aux schismatiques qui, craignant le renouvellement du châtiment providentiel qui naguère avait vengé la mort du saint archevêque Josaphat, martyrisé à Witepsk, ne voulussent décliner toute responsabilité de ce nouveau crime et ne s'écriassent avec les catholiques: « *oh! le saint martyr Bobola!* »

Mais la patience de Dieu est longue, si longue qu'elle lasse quelquefois celle des fidèles, impatients de voir les humiliations de l'Église militante vengées par de prompts et de mémorables châtiments. Toutefois, quelque grande que soit la longanimité divine, le jour de la vengeance, si longtemps attendu, arrive enfin, et il arrive d'ordinaire quand la *mesure des iniquités est comble* pour les nations coupables, ou encore quand les persécuteurs de l'éternelle, de l'universelle vérité sont parvenus à ce point de grandeur qui rendra leur châtiment plus frappant et leur chute plus éclatante. La Russie de Pierre I et de Catherine II, quelque coupable qu'elle fût déjà, n'était pas encore arrivée à ce haut degré de culpabilité qui provoque violemment la vindicte céleste. Il était réservé à l'immense orgueil de l'autocrate Nicolas, à cet orgueil qui endurcit le cœur de Pharaon et qui frappe son esprit d'aveuglement, de faire arriver, par ses scandaleuses violations des traités, par ses incessantes persécutions de l'Église de Pologne et de Lithuanie, surtout par l'amère dérision des réparations qu'il avait promises personnellement en 1845, au vicaire de Jésus-Christ, dans la personne de

Grégoire XVI, de faire arriver, disons-nous, la Russie à ce point de titanisme qui brave le ciel, qui déchaîne la foudre divine et appelle fièrement les humiliations.

Et la Pologne, la Pologne catholique, la Pologne de Jean Casimir, de Sobieski et de Czarniecki, n'était-il pas à craindre qu'après la mort ou la retraite de ces héros chrétiens, opprimée de plus en plus, affaiblie, trahie tant par ses propres rois que par les puissances anti-catholiques qui l'assiégeaient au dehors, ou par les factions et les guerres intestines qui la désolaient au dedans, n'était-il pas à craindre qu'elle ne se laissât aller au découragement, au désespoir, qu'elle ne se prît à croire qu'elle était abandonnée jusque de son Dieu qui seul pouvait la secourir dans sa triste situation, ou qu'elle ne se lassât d'attendre du ciel un secours, une délivrance qu'elle devait attendre pendant plus de 160 ans?

Oui, cela était effectivement à craindre; aussi la Providence y pourvut-elle, en faisant, dès le commencement du dix-huitième siècle, dès l'année 1702, éclater la gloire et la puissance d'intercession du grand martyr que la Reine du ciel, devenue Reine de Pologne, avait fait obtenir à son nouveau peuple; du grand saint qui était dès-lors appelé à devenir son consolateur, son recours, son espoir, son protecteur dans les tribulations privées, en attendant qu'il devînt son patron, son sauveur et son libérateur dans les tribulations publiques ou nationales.

Depuis le commencement du dix-huitième siècle jusqu'à l'époque de la béatification itérativement demandée pendant plus d'un siècle par les rois, le clergé et la noblesse de Pologne, les guérisons miraculeuses et les autres grâces obtenues par l'intercession du saint martyr se succédèrent sans interruption. On en compta, pendant l'espace d'environ 150 ans, plus de trois cents, parmi lesquelles, outre l'état d'*incorruption séculaire* du corps martyrisé, six résurrections de morts, dix guérisons subites d'épilepsie, dix autres guérisons subites de la lèpre, sept d'hydropisie avancée et un assez grand nombre d'apparitions du bienheureux.

Ce fut dans deux de ces apparitions que le grand apôtre

de la Pologne prédit le rétablissement futur de sa chère patrie et la délivrance de tous ses ennemis après une grande victoire remportée sur les Russes, dans le territoire même de la petite ville de Pinsk où ses reliques furent ensevelies et non loin de laquelle il avait reçu un glorieux martyre de la main des Cosaques excités contre l'Église par l'or et les promesses du père de Pierre I. Les rois de la terre ont coutume de faire quelquefois exécuter les assassins sur les lieux mêmes qui furent témoins de leur crime, et c'est ainsi que le roi des rois, à l'imitation de ces rois de la terre, conduira les Russes sur les lieux qui furent témoins de l'assassinat de son pieux ambassadeur, et les condamnera à y subir une sanglante, une immense défaite, après laquelle les iniques partages de la Pologne seront annulés de fait et de droit, et la Pologne des Jagellons sera rétablie avec sa foi catholique dans toute son antique splendeur. Les Russes apprendront ainsi par les faits ce que pèse dans la balance divine des destinées humaines un seul des nombreux martyrs polonais dont ils ont, sans le vouloir, enrichi la protection céleste de la Pologne; ils apprendront surtout de quel poids y a pesé le glorieux apôtre de Janow et de Pinsk, dont leur autocrate Nicolas eût voulu empêcher la béatification avec des menaces et des intrigues, lesquelles, pour être toutes puissantes sur les consciences du clergé gréco-russe, n'ont aucune valeur à Rome ni surtout au tribunal de Pie IX. Ils apprendront enfin par les faits, c'est-à-dire par les coups de canon, les seuls coups d'éloquence qui apprennent quelque chose aux Russes, la différence qu'il y a entre l'*orthodoxie* du nommé Photius et l'immutabilité catholique qui seule peut caractériser l'immuable vérité. A en juger par les conversions en masse qui auront lieu à cette époque sur les bords du Borysthène, on peut croire que cette mission sanglante et vengeresse du Dieu des batailles produira sur les barbares de la Russie plus d'effet que n'en eût produit la douce et persuasive éloquence des plus savants orateurs de l'apostolat catholique.

Mais il est temps de communiquer à nos lecteurs le récit circonstancié de la double apparition que fit à deux religieux polonais le consolateur, le protecteur céleste de la Pologne, apparition dans laquelle il leur prédit de quelle manière et vers quelle époque serait, par la volonté divine, opérée la complète restauration de ce royaume catholique du Nord. Nous donnerons la première partie de ce récit telle qu'on la rapporte dans toute la Pologne depuis 80 ans, sans y rien ajouter et sans en rien retrancher.

Peu de temps avant la suppression pontificale de l'ordre des Jésuites en 1773, et par conséquent peu avant que ceux de la Polésie eurent quitté leur collége de Pinsk, vivait dans ce monastère un frère coadjuteur qui, comme la plupart des catholiques Polonais, était, depuis les nombreuses grâces obtenues en Pologne par le saint martyr Bobola, plein de confiance dans la puissance de son intercession et ne cessait de l'invoquer avec une ferveur extrême pour la protection de sa patrie et celle de son Église catholique. Un jour que ce pieux coadjuteur venait d'adresser ses ardentes prières au protecteur de la Pologne, le saint martyr lui apparut au milieu d'une des salles du couvent où il se trouvait seul en ce moment, et après lui avoir déclaré qu'il était celui qu'il avait coutume d'invoquer, il le pria d'aller ouvrir la fenêtre de cette salle; le frère coadjuteur obéit, mais quel ne fut pas son étonnement de voir la plaine spacieuse qui environne la petite ville, couverte d'une immense quantité de troupes de différentes nations, rangées en bataille et sur le point d'en venir à une lutte sanglante. Le saint, après lui avoir fait connaître que ces troupes représentaient d'un côté les Russes et de l'autre les Français, les Anglais et les Turcs, lui annonça *que l'année même, où il serait béatifié, commencerait contre les Russes une grande guerre où ils auraient pour adversaires les Anglais, les Français et les Turcs; que par suite de cette guerre une très-sanglante bataille serait livrée dans le territoire de la ville de Pinsk, non loin de laquelle il avait été martyrisé par les Cosaques et dans les murs de laquelle son corps avait été enseveli; que les Russes seraient complètement défaits dans cette grande bataille; qu'après cette défaite des Russes, la Pologne et son Église délivrées de leur joug seraient rétablies dans leurs anciennes limites* et *qu'il en deviendrait lui-même le patron; que telle était la volonté de Dieu.*

A peine cette révélation prophétique était-elle exprimée, que le saint disparut, et laissa l'humble coadjuteur, qui avait été l'objet de cette céleste et consolante ambassade, dans des sentiments de stupeur, d'admiration, de joie et de gratitude plus faciles à imaginer qu'à décrire. On rapporte cependant que lorsque dans la suite la réflexion put faire place à ces sentiments qui se pressaient dans son cœur, ce qui l'étonnait le plus dans cette vision, dans cette révélation prophétique *faite en plein jour,* c'était d'avoir entendu sortir de la bouche du saint martyr, que les Turcs, qui avaient tant de fois combattu l'ancienne Pologne, et qui passaient pour les ennemis acharnés du nom chrétien, deviendraient un jour entre les mains de la Providence les instruments dociles du rétablissement de la foi catholique dans cette même ancienne Pologne. On ajoute que beaucoup de polonais s'étaient, dans le temps, notamment *pour cette raison,* refusé à croire à la vérité de cette révélation qui leur paraissait manquer de toute vraisemblance et contredire toutes les données de l'expérience historique.

La seconde apparition ou révélation prophétique du saint protecteur de la Pologne eut lieu plus tard, plus de cinquante ans après la première, en 1819. Elle s'opéra à Wilna, dans la capitale de la Lithuanie, comme la première s'était opérée dans une ville de Pologne, afin de confirmer de nouveau comme par un sceau céleste l'*union* de ces deux nations catholiques, faites sous tant de rapports et par tant de graves motifs pour être *une,* comme l'a dit le décret d'union de leur roi Alexandre en 1501 [1], et d'ailleurs prédestinées à servir, à tous les peuples scandinaves, germaniques et slaves du Nord et de l'Est méridional de l'Europe, comme de spécimen

[1] Uniantur et conglutinentur in unum et indivisum ac indifferens corpus, ut sit una gens, unus populus, una fraternitas et communis conditio, eidemque corpori unum caput. (25 octobre 1501.)

et de modèle de l'éternelle vérité qui a été révélée à cette planète que nous habitons.

Nous suivrons, pour cette seconde révélation, le récit tel qu'il a été fait en italien dans une lettre écrite à un prêtre de Lyon par un Père polonais de la *Compagnie de Jésus*, le révérend Grégorio Felkierzamb, et tel qu'il a été publié depuis dans plusieurs journaux catholiques, notamment dans *l'Univers*, *l'Union franc-comtoise* et le *Messager de la charité*.

« L'an du Seigneur 1819, vivait à Wilna, capitale de la » Lithuanie, un religieux dominicain, nommé Korseniecki, » prêtre d'une haute sainteté et célèbre prédicateur. Il com» battait avec un zèle infatigable les erreurs du schisme grec, » non-seulement du haut de la chaire, mais aussi dans de » savants ouvrages, qui lui valurent du gouvernement russe » la défense de prêcher, de publier aucun écrit et *même* » *de confesser, sous peine de l'exil en Sibérie*[1]. Ainsi confiné

[1] Ceci se faisait sous le règne d'Alexandre I qui passait pour un *modéré* en Russie. Ce fut bien pis, quand, avec Nicolas, la persécution et la tyrannie elles-mêmes montèrent sur les marches ensanglantées du trône. A peine ce nouveau Dioclétien fut-il maître du pouvoir que la persécution éclata sous toutes les formes contre les catholiques tant grecs que latins de la Lithuanie. Il lui suffit d'un trait de plume pour détruire à la fois deux cents couvents en Lithuanie et en Ruthénie, pour étendre *l'influence immédiate* de son gouvernement sur les séminaires et les consistoires catholiques, pour procéder à l'*anéantissement complet* de l'Église des catholiques grecs et pour fonder un archevêché schismatique jusque dans la capitale du catholicisme polonais, à Varsovie. Plus de trois millions de catholiques grecs furent, à cette époque, incorporés violemment ou par fraude dans le schisme russe; des professeurs schismatiques furent imposés aux séminaires catholiques; l'autorité canonique des évêques fut impudemment, scandaleusement entravée. Plus tard, après la défaite de l'insurrection hongroise que le tyran prenait pour un sourire approbateur du ciel en faveur de son gouvernement, vingt-deux couvents furent encore supprimés; les églises paroissiales catholiques, déjà si rares, furent confisquées au profit du schisme. Bien plus, écoutez, écoutez, vous tous catholiques, qui ne rougissiez pas de postuler la protection de ce persécuteur de l'Église catholique pour imposer à la France catholique un prince de son choix, écoutez ce qu'a fait ce tyran inventeur, qui a reculé les bornes de l'art de tyranniser, et qui aurait pu en remontrer à Julien l'Apostat lui-même. Il publia un ukase par lequel il contraignait les propriétaires catholiques *à bâtir à leurs frais* des églises et

» dans son couvent de Wilna, et condamné, au fond de sa » cellule, à l'inaction, à la solitude, le P. Korseniecki s'affli- » geait profondément de ne pouvoir désormais rien faire » pour la gloire de Dieu et le salut de ses frères.

» Dans un de ces moments de tristesse — c'était en 1819 — » je ne sais plus le jour ni le mois, il ouvrit, vers neuf ou » dix heures du soir, la fenêtre de sa chambre, et, les yeux » fixés au ciel, il se mit à invoquer le B. André Bobola, » pour qui, dès son enfance, il avait toujours eu une dé- » votion particulière, bien que l'Église n'eût pas encore » élevé sur les autels le martyr de Janow. Voici le sens de » la prière qu'il lui adressa :

« O bienheureux André Bobola, glorieux martyr du Christ! » voilà *bien des années* que vous avez *prédit* la résurrection » de notre malheureuse Pologne; quand donc s'accomplira » votre prophétie? Vous savez mieux que moi de quelles » jalousies, de quelles haines les schismatiques poursuivent » notre sainte foi; vous savez que ces mortels ennemis du » catholicisme sont maintenant nos maîtres absolus, et » que leur pensée unique est de pousser à l'infidélité, au » schisme, notre chère nation qui fut la vôtre. Ah! saint » martyr! ne permettez pas qu'un tel opprobre tombe sur » votre patrie, sur la terre que vous avez autrefois habitée!

des cures *pour le schisme, et, en cas de refus*, il les menaçait de confisquer immédiatement leurs propres églises, même paroissiales. Il en fit un autre, que Julien lui aurait certainement envié, et par lequel il *confia* exclusivement aux schismatiques toute l'éducation de la jeunesse catholique. Il en fit un autre encore par lequel il envoyait les jeunes polonais catholiques, au sortir de leurs études schismatiques, jusqu'au fond de la Russie en qualité de fonctionnaires civils ou militaires, afin d'achever là leur schismatisation.

Et voilà les résultats de la protection que les autocrates avaient, au congrès de Vienne, *juré* d'accorder à la nation polonaise et à la religion catholique!!! Faut-il s'étonner d'après cela que le terrible jugement de Dieu auquel Grégoire XVI avait cité, en 1845, le persécuteur de l'Église en parlant à sa personne, l'ait livré, dès ce monde, à tous les démons de l'orgueil, de manière que ne pouvant plus supporter les humiliations des continuelles défaites de 1854, il ait voulu, comme on le dit en Russie, *en finir* avec une vie désormais odieuse et insupportable.

» Faites, faites que la toute-puissance, que la miséricorde » infinie ait enfin pitié des pauvres Polonais! Qu'elle les » délivre du joug de l'étranger! Que la Pologne, libre de » professer la divine religion de nos aïeux et de réunir ses » peuples, comme au temps des Jagellons, forme encore un » seul royaume un royaume vraiment orthodoxe, un » royaume soumis à Jésus-Christ! »

» Quand le Père eut cessé de prier, la nuit était déjà fort » avancée. Il ferma sa fenêtre et allait se diriger vers son » lit, lorsque, en se retournant, il aperçoit, debout au mi- » lieu de sa cellule et portant le costume de jésuite, un » vénérable personnage qui lui dit : « Me voici, Père Kor- » seniecki; je suis celui à qui vous venez de parler. Rouvrez » votre fenêtre et vous verrez des choses que vous n'avez » jamais vues. »

» Malgré le saisissement qu'il éprouve, le dominicain » ouvre sa croisée. A sa grande surprise, ce n'est plus » l'étroit jardin du couvent avec son mur d'enceinte qu'il a » sous les yeux; ce sont de vastes, d'immenses plaines qui » s'étendent jusqu'à l'horizon. « La plaine qui se déroule devant » vous, continue le B. Bobola, est le territoire de Pinsk, où » j'eus la gloire de souffrir le martyre pour la foi de Jésus- » Christ; mais regardez de nouveau, et vous connaîtrez ce » que vous désirez savoir. »

» Le Père Korseniecki jette de nouveau les yeux sur la » campagne qui, cette fois, lui apparaît couverte d'innom- » brables bataillons Russes, Turcs, Français, Anglais, » Autrichiens, Prussiens, d'autres peuples encore que le » religieux ne peut distinguer, combattant avec un achar- » nement dont il n'y eut d'exemple que dans les guerres les » plus furieuses. Le Père ne comprenait pas ce que tout cela » signifiait; le bienheureux Bobola le lui explique en ces » termes :

« Quand la guerre, dont le tableau vous est révélé, aura » fait place à la paix, la Pologne sera rétablie, et moi j'en » serai reconnu le principal patron. »

» A ces mots, qui portent la joie dans son âme, Kor-

» seniecki s'écrie: « O mon saint! comment puis-je avoir la » certitude que cette vision, que cette visite céleste dont » vous m'honorez et la prédiction que vous me faites, ne » sont pas un jeu de mon imagination, un pur rêve? — » C'est moi qui vous l'assure, répond son interlocuteur; la » vision que vous avez sous les yeux est vraie, est réelle, et tout » s'exécutera de point en point comme je vous l'ai annoncé. » Maintenant, prenez votre repos; moi, pour vous donner » un signe de la vérité de ce que vous avez vu et entendu, » j'imprimerai sur votre bureau les traces de ma main. »

» En disant cela, le saint touche de sa main sacrée la » table du Père Korseniecki, et à l'instant même disparaît.

» Le religieux resta quelque temps comme hors de lui. » Quand il eut repris ses sens, il remercia avec effusion Dieu » et le saint protecteur de la Pologne de l'ineffable con- » solation qu'ils venaient de lui accorder dans cette nuit » heureuse; puis, s'approchant de son bureau, il vit très- » nettement dessinée sur le bois la main droite du saint » martyr. Ce ne fut qu'après l'avoir baisée bien des fois qu'il » alla prendre son sommeil. Le lendemain, à peine réveillé » il court à sa table pour s'assurer que les vestiges mira- » culeux subsistaient toujours; il les trouva parfaitement » visibles comme la veille; tous ses doutes s'évanouirent. » Pleinement convaincu dès-lors que c'est bien une appa- » rition divine qui a réjoui son cœur et relevé son courage, » il réunit dans sa chambre tous les pères et frères du cou- » vent, à qui il raconte la grâce insigne dont il a été l'objet; » chacun d'eux examine l'empreinte laissée par le bien- » heureux, en confirmation de la réalité de sa visite.

» Le religieux dominicain vivait dans la plus grande in- » timité avec les Pères de la compagnie de Jésus. Ne vou- » lant pas tenir caché un fait aussi consolant, il en donna » communication aux Jésuites du grand collége de Polosk, » parmi lesquels je me trouvais, et j'entendis de mes propres » oreilles, pendant la récréation commune, le récit détaillé » de tout ce que je viens de vous écrire.

» Nice, 13 avril 1854. GRÉGORIO FELKIERZAMB. »

Observations de l'auteur sur cette double révélation prophétique.

Nous convenons tout d'abord, conformément aux principes de crédibilité prophétique posés par nous dans notre *Introduction,* que le récit de cette double prophétie ne jouissant pas de l'avantage d'avoir été *imprimé et publié* depuis longtemps, ou du moins depuis une époque *antérieure* aux premiers conflits qui ont eu lieu en 1838 sur *la question d'Orient,* n'a pas et ne peut pas avoir sur *le rationaliste* la force d'authenticité ni la puissance de conviction que possèdent les prophéties de Nostradamus, imprimées, publiées et réimprimées plus de cinquante fois depuis trois siècles. Cette double prophétie, attribuée au grand martyr de la Pologne, n'est donc pas *rationellement* péremptoire comme celles qui sont en possession d'une invincible authenticité, d'une indéniable antériorité. Il ne manquera pas en effet, dans notre siècle si peu ductile, si peu malléable à l'endroit des prophéties, même sincères et véritables, il ne manquera pas, disons-nous, de gens qui supposeront, avec plus ou moins d'esprit et de vraisemblance, qu'il a pu se trouver en Pologne de bons patriotes ou même de bons catholiques qui auront pensé que les malheurs de la Pologne humiliée, persécutée, trahie, abandonnée, partagée et menacée de plus désastreuses infortunes encore, étaient si grands, si lamentables, que pour adoucir les rigueurs de ces douloureuses épreuves et aider la nation polonaise à les supporter avec une religieuse patience, il fallait absolument, ne fut-ce que par charité, verser un baume salutaire sur ses blessures saignantes, maintenir l'espérance au fond des cœurs, prévenir ainsi toute débandade de l'esprit de nationalité, et qu'en conséquence il fallait à tout prix, à l'exemple des anciens, placer le point d'appui au ciel, faire *poloniser la sibylle* et promettre dans l'avenir aux Polonais un vengeur, un sauveur, un libérateur céleste, qui aurait au moins l'avantage de faire attendre des temps meilleurs.

Quelqu'ingénieuse et quelque séduisante que paraîtra cette

explication du rationalisme ou du publicisme moderne, comme elle ne repose en définitive que sur des suppositions, les catholiques polonais et même la plupart des catholiques du reste de l'Europe se permettront de n'en pas croire un seul mot. Les catholiques, en effet, se souviennent qu'une partie de leurs croyances religieuses repose sur *l'autorité des traditions;* ils ne méprisent donc pas, comme les rationalistes, le *témoignage oral*, surtout quand il est constant, persévérant, déjà ancien, et que d'ailleurs il émane de leurs guides spirituels dont ils savent apprécier la véracité et honorer le caractère respectable. Ils savent, en outre, qu'un très-grand nombre de faits historiques *dont personne ne doute*, n'ont eu pendant longtemps d'autre base que *la tradition,* et que même tout ce qui est aujourd'hui écrit ou *imprimé* a d'abord été un *témoignage oral,* de sorte que l'histoire elle-même tout entière n'est qu'une *tradition écrite.*

Mais ici, vous diront-ils, il y a plus : il y a non-seulement deux prophéties qui reposent sur une tradition constante, une tradition nationale et respectable de quatre-vingts années pour la première, et de trente-sept pour la seconde, mais il y a deux prophéties qui se supposent et *se confirment l'une l'autre ;* il y a plus encore : il y a deux prophéties qui, contre toutes les prévisions humainement possibles, se sont déjà réalisées en partie, ont déjà reçu un quadruple commencement d'exécution. Nous allons le prouver :

1° Le prophète céleste a prédit, il y a quatre-vingts ans passés, *qu'un jour il serait béatifié,* et il a été béatifié solennellement le 30 octobre 1853, quoiqu'il ne fut pas le seul des nombreux martyrs de la Pologne qui fut digne de ces honneurs ecclésiastiques ;

2° Il a prédit que *l'année même de sa béatification commencerait la guerre contre les Russes,* et dans l'année, bien plus, dans le mois même de cette béatification, la guerre a commencé contre les Russes, puisque les premières hostilités entre Omer-Pacha et les Russes datent du 14 octobre 1853 ;

3° Il a prédit que les adversaires des Russes seraient *les Français, les Anglais et les Turcs,* et nous savons tous que cette prédiction s'est encore exactement accomplie, quelque difficile qu'elle fût à croire ou à imaginer si longtemps avant l'événement ;

4º Enfin il a prédit qu'il deviendrait un jour *le patron principal de la Pologne,* et quoique cette glorieuse qualification ne lui soit pas encore officiellement décernée par l'Église de Pologne, elle lui est comme *assurée de fait depuis longtemps,* tant par suite de la confiance que les Polonais ont généralement placée dans ce saint national martyrisé pour leur foi et leur patrie, que par suite des grâces abondantes qu'il a obtenues en faveur *d'un si grand nombre* de ses anciens compatriotes, surtout par suite de ses prophéties à la fois nationales et religieuses, prophéties où il annonce la résurrection de la Pologne confisquée à leur profit par l'insatiable rapacité de ses ennemis, et prédit de concert avec le prophète français le rétablissement du catholicisme dans les anciennes limites de la monarchie polonaise. Il faut d'ailleurs remarquer que sur plusieurs milliers de saints canonisés, il n'y en a pas un qui obtienne l'honneur de devenir *le patron principal de toute une nation,* surtout d'une nation qui fut la sienne pendant son existence terrestre; cette circonstance, très-exceptionnelle, et par conséquent infiniment plus difficile à deviner, *ajoute donc beaucoup* à la force probante de cette prophétie, elle en confirme la vérité comme aussi l'origine qui lui est attribuée; enfin elle autorise pleinement la croyance *très-logique* à celles de ses prédictions *qui ne sont pas encore accomplies.*

Tels sont quelques-uns des motifs par lesquels les catholiques polonais justifieront leur croyance à ces deux révélations prophétiques, quoiqu'elles ne jouissent pas d'une authenticité fondée sur une publicité typographique faite depuis une époque déjà reculée. Nous pourrions les corroborer par des considérations d'un autre ordre, tirées de l'histoire très-remarquable de la béatification du saint martyr, tirées aussi de la concordance chronologique d'un certain nombre d'événements importants de l'histoire de Pologne; mais des considérations de ce genre trouveraient à notre époque peu de lecteurs ou de juges compétents. Nous dirons seulement que, selon toutes les apparences, ce n'est pas sans une intervention providentielle que la publication typographique de cette révélation, laquelle était aussi facile il y a quatre-vingts ans qu'elle l'est aujourd'hui, n'a cependant pas eu lieu, soit en Pologne, soit ailleurs, ou du moins a passé inaperçue. Nous pourrions ajouter que l'histoire traditionnelle est pour certains faits d'ordre mystique, surtout pour des révélations prophétiques émanées d'un député céleste, et par conséquent destinées au *pusillus grex* et non à la multitude des profanes, beaucoup plus conforme au caractère mystérieux ou religieux de ces apparitions, comme aussi plus conforme à l'esprit et même à l'histoire de l'Église, que ne l'eût été une publication typographique retentissante, faite au grand jour et à grand renfort de journaux et de bruit. Disons aussi qu'il était essentiel pour le piège divin où la Providence voulait prendre les persécuteurs et même les partageurs de la Pologne, que cette prophétie fût privée du caractère d'authenticité typographique, qui seul eût pu la rendre un peu croyable aux yeux des rationalistes, des rois et de la plupart des politiques du siècle, afin que, pesée dans la balance de leur logique, elle fût trouvée trop légère, de trop mauvais aloi, et par suite considérée tout au plus comme une historiette inventée à plaisir par les Pères Jésuites ou les Pères Dominicains pour maintenir leurs ouailles polonaises dans la fidélité aux croyances qu'ils leur avaient prêchées.

Ce mode de communication traditionnelle avait donc, pour la Pologne, ce grand avantage, qu'une prophétie céleste, si hautement consolante pour toute la nation et si menaçante pour les persécuteurs, pouvait être connue de tous les Polonais, sans violer les règles de la prudence humaine, sans irriter contre eux leurs dominateurs jaloux de s'incarner la proie qu'ils avaient dévorée, et sans porter ceux-ci à appesantir leur joug déjà si pesant. La divine menace était méprisée de la haute sagesse du rationalisme dominateur, de sorte qu'il faisait de nouveau nuit close pour les Égyptiens, tandis qu'Israël était inondé de lumière. La superbe incrédulité était prise dans ses propres filets.

On nous demandera sans doute si ce *sera dans ce temps-ci*, si ce sera en 1856 ou 1857, ou plus tard, *que sera rétabli le royaume de Pologne?* Nous répondrons de nouveau avec le divin révélateur de l'Évangile, que ce *n'est pas à nous*, humble interprète, *qu'il appartient de connaître les temps ou les moments* que *le Père s'est choisis* et qu'il n'a pas même confiés à ses prophètes. Sans doute, la logique humaine voudrait que, puisque l'épée est tirée du fourreau, elle n'y rentrât pas sans avoir obtenu ce grand résultat qui doit rétablir l'équilibre Européen troublé par les agrandissements de la Russie. Mais la logique humaine, dit le Dieu de l'Écriture, n'est pas la logique divine. Puis, la Providence n'a pas coutume de se lier les mains par des dates fixes; elle n'a jamais pris et ne prendra jamais l'heure de la curiosité humaine, comme un histrion qui s'engage à suivre le programme de son affiche, ou comme un comédien qui, à l'heure placardée, nous donne sa pièce en trois ou cinq actes ni plus ni moins. Il y a, dans les grands drames historiques que joue le Dieu des armées en ce monde, des entr'actes imprévus et mystérieux qui ont échappé jusqu'à présent à la plupart des prophètes, et souvent entre deux guerres acharnées qui se suivent de près, il s'est placé des intermèdes remplis par les danses et les fêtes de la paix que viennent troubler tout à coup les foudres de la guerre, comme pour mieux apprendre aux nations, que la guerre et la paix sont également l'œuvre non des diplomates mais bien de Celui qui a appelé *la guerre, la peste et la famine son triple jugement.*

C'est Celui-là qui mettra fin au scandale des Gogs et des Magogs du Nord, dont l'insolence toujours croissante, sous le Nabuchodonozor cosak, maintenant la proie des vers, était arrivée à ce point de démence, de blasphémer l'Église de Dieu, en l'appelant ni plus ni moins que *l'hérésie de l'Occident,* et en décorant, le croira-t-on jamais, Moscou, *la sainte orthodoxe,* du titre *de troisième Rome!!!*

Puisque la permanence du joug philistin et assyrien sous lequel la Providence, vengeresse de son Église, a courbé, depuis plus de cinq cents ans, la tête rebelle des Grecs, des docteurs de la Russie, n'a pas suffi pour ouvrir les yeux aux Russes, et que d'un autre côté leur stupidité naturelle non moins que leur crasse ignorance n'a pu, depuis huit cents ans, enfanter le moindre petit théologien qui valût la peine qu'un docteur catholique l'honorât d'une réfutation scientifique de leurs ridicules prétentions, il ne reste, pour les éclairer, que le knout des fustigations nationales, que les abaissements par le fer et par le feu de leur autocratique orgueil, et surtout, pour modérer l'appétit régio-phage qui les dévore, il reste la voie des *restitutions forcées* de tous les territoires successivement enlevés à l'Europe par les ducs de Moscou se faisant Empereurs de toutes les Russies.

La cognée est aujourd'hui au pied de l'immense baobab qui ombrage quatre mers; espérons qu'elle ne s'en retirera pas qu'il ne soit, sinon coupé, du moins dépouillé de toutes les branches fruitières que ce sauvageon s'est successivement insérées aux dépens du monde européen. Oui, espérons que ces deux dernières prophéties s'accompliront comme se sont accomplies déjà la plupart de celles publiées dans ce volume, et qu'un peu plus tôt ou un peu plus tard, justice sera faite, selon qu'il plaira au tribunal sans appel devant lequel tous les colosses ont des pieds d'argile et sur les rôles duquel la cause gréco-russe, la cause des oppresseurs de la Pologne catholique, est maintenant inscrite.

PROPHÉTIE

SUR

LE PRINCE LOUIS-NAPOLÉON

PRÉDESTINÉ

A OBTENIR L'IMMENSE MAJORITÉ DES SUFFRAGES

POUR LA PRÉSIDENCE DE LA RÉPUBLIQUE

ET A BRISER L'OPPOSITION DES PARTIS SÉNATORIAUX

Par le Coup d'État du 2 décembre 1851.

Texte.

Un dubieux ne viendra loing du regne ;
La plus grand'part le voudra soustenir;
Un capitole ne voudra pas qu'il règne;
Sa grande charge ne pourra maintenir. (C. 6, 13.)

Explication.

Cette prophétie nous reporte, dès le premier mot, aux premiers temps de la République de 1848. Reportons-nous donc à cette époque, et souvenons-nous de l'état des esprits et des opinions qui agitaient toute la France dans ces temps de crise et de révolution. Nous le demandons à tous les souvenirs de l'année 1848 : y eût-il jamais personnage en France qui ait autant, que le prince Louis-Napoléon, excité de *doutes,* qui ait autant que lui *partagé* les esprits, non pas ceux de la masse des Français qui étaient au contraire à son sujet d'une admirable, d'une prodigieuse unanimité, mais ceux des différents partis politiques qui, à cette époque, divisaient notamment la capitale et quelques autres villes principales, et s'efforçaient d'amener à eux les suffrages des électeurs.

Dès les premiers bruits de l'arrivée du prince Louis-Napoléon en France, les *doutes* et avec eux les divisions commencèrent. Que vient-il faire en France, se demandaient les républicains inquiets? Voit-il déjà dans cette république naissante une place vacante pour un nouveau trône? Laissez donc, répondaient d'autres du même parti, ne voyez-vous pas qu'il y a place pour tout le monde au foyer de la patrie, et que Louis-Napoléon n'y sera qu'un républicain de plus. Voulez-vous déjà commencer le règne de l'égalité et de la liberté par des proscriptions? — Toutefois, les prudents, les docteurs, les trembleurs, qui doutaient du républicanisme de Louis-Napoléon, ou plutôt craignaient les vœux secrets de la nation, l'emportèrent en ce moment dans le gouvernement provisoire et firent inviter le prince à repasser le détroit.

Dans les partis monarchiques on remarquait les mêmes *hésitations*, les mêmes *doutes*, les mêmes *scissions* en sens opposés. Les députés qui s'étaient, par eux-mêmes ou par les membres de leur famille, compromis sous les Bourbons vis-à-vis de la dynastie napoléonienne, votaient tout naturellement contre l'admission du prince Louis-Napoléon. Mais d'autres députés du même parti craignant, avec quelqu'apparence de raison, de voir leurs grandes propriétés chavirer dans quelque nouveau naufrage révolutionnaire, cherchaient à voir dans le neveu du grand Napoléon une garantie contre le pillage, un adversaire infiniment probable des confiscations, et en conséquence, immolant leurs opinions à leurs intérêts, votaient pour l'admission du prince dans le sein de l'assemblée et plus tard du gouvernement. D'autres encore moins prudents ou plus ardents dans leurs passions politiques, combattaient contre le prince, dans la crainte qu'il ne leur soufflât les désordres révolutionnaires sur lesquels ces légitimistes trouvaient juste et légitime de spéculer, ou même selon la portée de leurs lumières et de leur malice, combattaient pour lui, dans l'espoir que tout *possible* qu'il fût presque *seul* en ce moment, il ne triompherait cependant pas des obstacles qu'ils sauraient bien lui susciter, de manière qu'en définitive il serait forcé de laisser le trône soit à l'héritier de la branche aînée, soit du moins à quelque prince réputé plus populaire de la branche cadette.

Quant aux républicains exaltés, soit souvenir de leur histoire vers la fin du siècle dernier, soit instinct de conservation, soit crainte de voir s'évanouir en fumée les riches espérances qu'ils avaient fondées sur l'exploitation de leur république, soit enfin bonne mémoire des intentions manifestées à Strasbourg et à Boulogne, ils rugissaient de colère à la seule pensée qu'il put être sérieusement question d'admettre ce prince, selon eux, essentiellement anti-républicain, et n'avait été la superbe et la ridicule confiance que manifestait le rhéteur Ledru-Rollin dans la force invincible de sa république dont personne ne voulait dans la nation, peu s'en fallut que les clameurs forcenées de sa faction, réunies aux oppositions monarchiques de l'assemblée, ne produisisent une majorité négative contre Louis-Napoléon et contre les vœux réels de toute la France.

Puis venait la foule des journaux de l'époque, qui *mettaient en doute* la réalité des titres moraux, intellectuels, politiques et scientifiques que le prince apporterait à la république qu'il prétendait gouverner ou du moins conseiller comme membre du corps législatif. Par quels talents, quels services, quelles connaissances s'était-il signalé jusqu'alors? Etait-il distingué par une capacité politique réelle? Quels étaient son caractère, ses principes, ses opinions et surtout ses prétentions? Il va sans dire que *le doute* était toujours l'effet invariablement produit par toutes ces discussions, et qu'à toutes ces questions se faisaient des réponses aussi *diverses* que *la diversité* des esprits qui les soulevaient.

Bref, jamais sphinx n'excita autant de curiosité, autant d'examen, de *doutes* et par conséquent de diversité dans les opinions que n'en excitèrent, à cette époque, le génie politique et le caractère digne, grave et réservé du prince Louis-Napoléon. Et cependant, comme en dépit de toutes ces discussions, de tous ces examens sur la personne de ce prince, la Providence permit que les habiles, les prudents, les publicistes, les clair-voyants se trompassent, heureusement pour la France, dans les jugements qu'ils portaient sur lui, et dans la ligne de conduite politique qu'ils allaient adopter. Mais elle voulut en même temps que le gros bon sens ou plutôt la sagesse instinctive de la nation ne se trompât pas; qu'elle vit au contraire du premier coup-d'œil, d'un bout de la France à l'autre et avec un ensemble vraiment miraculeux, que cette nouvelle république que des gens inconnus, ou, comme dit le prophète ailleurs, que des *gens nouveaux nous apportaient,* allait à la ruine du pays; qu'il ne fallait rien moins qu'un homme puissant en œuvres et en paroles, un homme d'une race illustre et chère au peuple, pour l'en sauver, et que cet homme était celui-là même que la Providence, pour le mieux cacher aux prudents ou aux habiles et le mieux révéler à la sagacité native du peuple de France, avait *fait échouer deux fois* à Strasbourg et à Boulogne.

Et ici admirons toute la profondeur des jugements de Dieu qui destinait Louis-Napoléon au trône de son oncle, au trône de France. Si la Providence avait permis que ce prince, dont l'énergie et l'héroïque courage devaient, dans cette double expédition, se faire connaître au peuple d'une façon hardie et peut-être même téméraire que le peuple admire toujours, y eût fait paraître au contraire une partie de cette habileté ou de cette prudence précautionneuse qui était en lui, comme nous le voyons aujourd'hui, il jouait sa tête comme *prétendant très-redoutable* contre la dynastie d'Orléans entre les mains de laquelle il était tombé deux fois, et en supposant qu'il eût échappé à ce danger infiniment probable, il n'échappait certes pas, en 1848, à celui de se faire bannir avec toute sa famille du territoire français, et cela *par tous les partis réunis.* En effet, ces partis eussent vu en lui l'adversaire le plus dangereux, le plus capable, le plus puissant qu'ils avaient à combattre au nom de leurs intérêts républicains ou dynastiques; ils eussent, par conséquent, redoublé d'efforts pour faire maintenir, contre la dynastie de Napoléon, le principe de bannissement déjà en vigueur contre les dynasties bourboniennes, et au besoin ils eussent fait promulguer par toute la France, ce qui leur était si facile, une loi spéciale contre l'éligibilité des bannis. Mais la Providence obvia de longue-main à ce double danger en faveur de son candidat, et cela par un moyen qu'on ne saurait, nous le répétons, assez admirer, puisqu'il devait aveugler les prudents et les sages des partis politiques de l'Assemblée Nationale en même temps qu'il devait éclairer la masse de la nation sur la portée réelle du prince.

Effectivement il arriva, que pendant que les sages et les habiles finirent, après bien *des hésitations et des doutes,* par mépriser dans ce prince la faiblesse, l'insuffisance ou l'inhabileté des moyens employés dans la double tentative de Strasbourg et de Boulogne qui devait n'être qu'un piége, qu'une fallacieuse exhibition de l'homme, la masse de la nation, toujours gauloise et excellent juge en fait de courage, ne l'en estimait que davantage, et pensait avec Corneille, avec notre grand poète national :

> Quiconque pour l'empire eut la gloire de naître
> Est un lâche, s'il n'ose ou se perdre ou régner.

Et c'est ainsi que s'accomplit cette autre prédiction de notre prophète qui, en parlant de la révolution de février, avait dit, dès l'an 1555, que *lorsque la République serait apportée* en France *par gens nouveaux, lors les Blancs et les Rouges jugeraient à l'envers* (sic).

Ils ont effectivement, et très-heureusement pour la France, *jugé à l'envers* la portée politique et personnelle du prince Louis-Napoléon, *les Blancs et les Rouges* de l'Assemblée Nationale, dont le prophète avait entendu, il y avait trois siècles, jusqu'aux noms de guerre politiques qu'ils porteraient en 1848.

Oui, Louis-Napoléon, connu et dignement apprécié de toute la nation qui s'est levée pour lui comme un seul homme, était providentiellement resté, pour les habiles *des*

Blancs et des Rouges une sorte d'énigme, un mystère, un homme d'une capacité *douteuse,* à qui on devait, pour le plus grand bien de la chose publique, préférer ..... le général Cavaignac! et qu'on pouvait même, suivant les circonstances, sans trop de risques, sans trop d'inconvénients, concéder momentanément aux aveugles engouements de la multitude, pour ne pas trop l'irriter contre ceux qui étaient censés *la représenter.* En un mot, le neveu de Napoléon, malgré tous les enthousiasmes de la nation, était devenu, en fin de compte, pour les partis politiques, un adversaire d'une *puissance douteuse,* ou, comme le dit très-bien le prophète, *un dubieux* [1], c'est-à-dire encore une fois un homme qui, à le juger par les faits, ceux de Strasbourg et de Boulogne, les seuls qu'on connût généralement de lui, ne saurait jamais acquérir qu'une *influence douteuse,* et malgré tout l'éclat de son nom, ne pourrait jamais devenir un homme bien dangereux pour les projets ultérieurs de ces partis qui sauraient bien, par leurs oppositions de chaque jour, contenir, contreminer, contrebalancer et même annuler cette influence, si elle essayait ou même si elle n'essayait pas de sortir jamais des pouvoirs restreints que lui laisserait la Constitution.

Comme la plus grande partie du mystère de cette prophétie repose sur le mot par lequel elle commence, nous avons dû insister sur l'explication de cette qualification de *dubieux,* si étrangement mais si rigoureusement exacte dans l'histoire des passions, des préventions et des illusions politiques de 1848; de cette qualification qui devait comme voiler, comme cacher aux plus clairvoyants les hautes qualités personnelles du prince, pour rendre *possible* son admission en France et dans l'Assemblée Nationale; de cette qualification qui, dans l'histoire sainte, a servi si fréquemment au *Dieu caché* pour faire accomplir les plus grands événements; de cette qualification

[1] Ce mot, jadis français, vient du latin *dubius* qui signifie *douteux;* ce dernier mot appliqué aux noms de personne auxquels on ne l'applique plus guère de nos jours, signifierait un homme sur le jugement ou l'appréciation duquel on est *dans le doute,* ce qui revient encore au sens dans lequel le prophète a évidemment employé son expression.

enfin par suite de laquelle ont pu seuls s'opérer en France tant d'heureux changements politiques et religieux dont on *ne se doutait pas* le moins du monde en 1848, 1849, 1850 et 1851. Et maintenant le reste du premier vers et le suivant s'expliqueront en quelque sorte d'eux-mêmes.

En effet, il est évident aujourd'hui que, quand le prince Louis-Napoléon est arrivé à la présidence de la République, en décembre 1848, il montait, en quelque façon, les marches du trône ou, comme dit le prophète, *il n'était pas loin du règne*. Il est encore historique aujourd'hui *que la plus grande partie de la nation a voulu le soutenir,* c'est-à-dire, comme *le tenir sur le pavois,* puisqu'il a obtenu près de six millions de suffrages pour la présidence.

Les deux premiers vers de la prophétie se sont donc *littéralement* accomplis. Il en est de même du troisième vers qui, toutefois, demande une courte explication lexicographique et historique.

Ceux qui se rappellent quelque chose de l'histoire romaine, peuvent se souvenir que le sénat romain se réunissait souvent au palais ou au temple qu'on appelait le *Capitole,* et qui était bâti au sommet du mont Capitolin à Rome. Par suite de cet usage les Romains disaient quelquefois le *Capitole* pour dire le *Sénat,* comme à Toulouse on appelle encore aujourd'hui, par imitation, *Capitoul,* l'édifice où se réunissait jadis le sénat de cette antique capitale des Tectosages de la *Première Narbonnaise,* et où se réunit encore aujourd'hui le conseil municipal de cette ville.

Cicéron, par exemple, a dit *Capitolium fréquens,* pour dire une réunion nombreuse de sénateurs au Capitole. Or, notre prophète, qui imite habituellement les locutions des latins et même celles des grecs ou des hébreux dont il connaissait les langues, s'est servi ici du mot *capitole* pour dire une *assemblée délibérante,* et par cette expression il désignait *l'Assemblée Nationale* qui législatait sous la Présidence de la République française de 1848 à 1851.

Ceci posé, il n'est personne en France qui ne se rappelle que toutes les oppositions ou plutôt les hostilités systématiques que le Président de la République éprouvait de la part de ce *sénat capitolin,* provenaient de la crainte qui travaillait celui-ci, que Louis-Napoléon ne voulût profiter de la puissance populaire de son nom et de son pouvoir présidentiel pour proroger indéfiniment *sa grande charge*, ou pour substituer la monarchie à la république, et s'élever ainsi au trône au détriment des princes bourboniens protégés par les deux partis monarchiques de l'Assemblée. C'est cette situation des esprits et des choses qu'avait parfaitement vue 300 ans auparavant le prophète, lorsqu'il a dit :

Un capitole ne voudra pas qu'il regne.

Cette troisième partie de sa prophétie ne s'est donc pas moins fidèlement, moins rigoureusement accomplie que les deux premières parties. Reste la quatrième dont nous allons démontrer également le parfait et le merveilleux accomplissement.

Tous les partis, tant monarchiques que républicains de l'Assemblée Nationale, dissidents en général dans presque toutes les tendances de leur politique, concordaient en ce seul point, savoir: que tous voulaient empêcher le prince Président soit de proroger sa présidence, soit de la convertir en un trône pour lui-même. Mais, ô vanité, ô impuissance éternelle de tous les efforts de la science ou de la prudence humaine qui voudrait lutter contre ce qui est écrit dans une prophétie, dans une révélation divine ! !

Et voyez : ce furent précisément les moyens d'opposition employés par les *Rouges et les Blancs* qui devaient, dit le prophète ailleurs, *juger à l'envers*, c'est-à-dire *de travers* ; ce furent, disons-nous, précisément les moyens employés par eux pour empêcher ce changement de gouvernement et de constitution, qui le rendirent *nécessaire,* qui le *provoquèrent,* qui le *favorisèrent* et le *firent réussir complètement* aux applaudissements de toute la nation qui le ratifia par près de sept millions de suffrages.

En effet, il est aujourd'hui certain, incontestable, comme en est convenu le Prince dans sa proclamation du 2 décembre 1851, et comme nous le savions, nous, interprète du prophète, dès la fin de l'année 1849, il est certain que ce furent précisément les hostilités systématiques que le Président, au grand scandale de tous les bons citoyens, n'a cessé de subir pendant trois ans de la part des diverses factions de l'Assemblée Nationale, qui finirent par rendre *impossible,* comme dit la prophétie, une plus longue continuation de la République dans les conditions de vitalité que la constitution absurde de 1848 lui avait faites. Dès novembre 1851, une nouvelle révolution ou même la guerre civile était devenue imminente, imminente en dépit de ces bons citoyens qui demandaient surtout l'ordre, la tranquillité, et qui se trouvaient partout en immense majorité, comme les sept millions de suffrages qui sanctionnèrent le Coup d'État et la Présidence décennale, l'ont *mathématiquement* démontré.

Que devait donc, dans de semblables circonstances, faire le Président qui savait que les clameurs intéressées des partis n'étaient pas la voix de la France qui, lui, connaissait à fond les véritables vœux de la France véritable? Ce qu'il devait faire?

Il devait ne pas garder, ne pas conserver, ne pas *maintenir* plus longtemps *la grande charge* de la Présidence qu'il *ne pouvait plus garder* sans exposer la France à la révolution sanglante que tous les partis machinaient depuis longtemps contre lui et contre le pays dont il savait qu'il était le *représentant véritable.* Eh bien! c'est précisément là ce qu'il a fait; c'est aussi ce que le prophète avait vu, dès l'année 1555, qu'il ferait, et parce qu'il était prédit que cela lui réussirait, cela lui a réussi.

Que le lecteur devienne maintenant notre juge, et, la main sur la conscience, qu'en lisant ce quatrième vers :

Sa grande charge ne pourra maintenir,

il nous dise, si les événements n'ont pas fidèlement correspondu aux prédictions, et si ce serait une exagération de soutenir qu'il y a ici coïncidence géométrique des faits avec la prophétie ou de la prophétie avec les faits, et que la vérité de cette révélation se démontre comme on démontre l'égalité des triangles par la superposition.

Admirons ici l'omniscience et la prescience infinie de Dieu qui sait toutes choses si parfaitement d'avance, dont l'œil plonge dans les ténèbres des siècles futurs comme dans un océan de lumières, et qui, en dépit des perpétuelles variations des volontés humaines, voit des milliers d'années avant qu'elles n'existent incarnées dans les hommes, quelles seront en définitive et en jouissance d'une pleine liberté les résolutions qu'elles prendront peut-être après des centaines de délibérations. Et en effet, il ne faut rien moins que cette immense prescience divine pour faire la moindre prophétie; aussi, les prophètes sont-ils littéralement *des secrétaires de Dieu,* rien de plus, rien de moins.

Et maintenant, grands rationalistes, publicistes, discoureurs parlementaires, vous qui vous adjugiez sérieusement naguère le titre d'hommes sérieux, positifs et sensés, vous qui avez ri tant de fois de tout surnaturel qui ne tombait pas sous le scalpel de votre pauvre logique, si, pendant les quatre années de votre défunte République, vous aviez su vous expliquer les oracles insensés, barbares, inintelligibles de ce Nostradamus que vous ne daigniez même plus, comme un homme à terre et cent fois pulvérisé par vous, accabler de vos superbes dédains, si vous aviez su les inextricables nœuds politiques que vous faisaient filer les Parques de ce ridicule astrologue, vous eussiez pu vous épargner, épargner aussi à la France, les cent mille articles de journaux, les cent mille discours, les cent mille brochures et, ajoutons, les cent mille *prophéties rationelles* dont vous avez fait retentir l'Europe contre le Président et son gouvernement présidentiel; vous eussiez pu, surtout, vous épargner les perpétuelles conspirations orléanistes, légitimistes ou républicaines qui, malgré vos serments, remplissent si tristement l'histoire de ces quatre années.

Vous avez, sans le vouloir, longuement et largement réfuté vous-mêmes les intrépides dénégations que vous avez faites tant de fois de l'esprit de prophétie qui préside à l'histoire passée ou future de ce monde; vous avez fait d'amples réparations d'honneur à Nostradamus; vous l'avez surabondamment vengé des mépris et des sarcasmes dont vous et les vôtres vous l'avez poursuivi pendant trois cents ans ; vous avez même poussé la bonté jusqu'à réaliser vous-mêmes la prophétie citée dans notre *Introduction*, où il vous annonce que *celui qui avait été l'ornement de son temps,* deviendrait un jour l'ornement du vôtre, et que *ressuscitant, comme il l'avait dit,* du sépulcre où l'avaient, pendant 255 ans, enterré les Scribes du pharisaisme philosophique, *il donnerait tout à coup une grande clarté,* c'est-à-dire, la grande clarté même qu'aujourd'hui il donne dans cette claire explication de ses prophéties. En d'autres termes, en termes plus saisissants, vous avez, tout faux-prophètes que vous êtes, merveilleusement accompli cette prophétie très-véritable où le prophète catholique vous insinue que, semblable à un aigle ou à un phénix ressuscité de sa cendre, il planerait un jour triomphant, comme vous le voyez, sur l'histoire *prédite* de vos défaites parlementaires, sur l'histoire *prédite* aussi de vos défaites philosophiques et même universitaires ; car l'aigle impérial, qu'il avait aperçu au haut des cieux adorant le soleil de justice, a, du bout de ses ailes et de sa griffe, biffé et balayé tout cela.

Amère ironie, s'écriait naguère Lamartine, en récapitulant l'histoire de ses déceptions pendant les quatre sinistres années où régna son *alea jacta est,* où régna le hasard philosophique de ces messieurs qui, *ennuyés* un beau jour du monde idéal, leur domaine, voulurent essayer du monde réel, essayer de faire à leur tour de l'histoire dont ils seraient les héros et les chantres, et, pour cela faire, jouer aux événements, aux révolutions, à l'*imprévu,* et dans un véritable paroxisme de l'orgueil littéraire, dans une véritable orgie du titanisme rationaliste de notre époque, escalader un trône, puis jouer à croix ou pile les destinées de la France.

Oui, amère ironie, comme vous le dites très-bien, mais ironie énigmatique et divine, dont Nostradamus, comme vous le voyez à présent, eut pu vous donner le mot ; amère ironie sans doute, mais ironie qui rappelle les divines subsannations, les célestes dérisions que le Dieu de l'Écriture a promis de verser à pleines mains sur les rebelles du rationalisme qui, pour faire place apparemment à leur Dieu fétiche du sort, ou à leur Dieu satyre du Panthéisme, nient le Dieu de l'univers, le Dieu de l'histoire et le Dieu du Calvaire. Comprenez du moins maintenant, vous qui vouliez donner les Invalides au Christ, que ce Nostradamus, que ce moindre des prophètes *christicoles* que la Providence a traitreusement laissé illustrer de vos crachats pendant trois siècles, était un piège calculé tout exprès pour confondre un jour cette haute opinion que vous aviez de vos talents, de votre pénétration et de vos philosophiques connaissances, surtout pour confondre cette haute sagesse politique dont vous étiez si fiers et dont la France de Napoléon III se passe si admirablement. Comprenez encore, ou plutôt apprenez de Nostradamus qui, par ses prophéties si *ponctuellement* accomplies, vous le démontre *en quatre lignes,* mathématiquement et *sans réplique possible ;* apprenez, de ce mort ressuscité qui vous tue aujourd'hui et ne vous permet même pas de balbutier une objection, apprenez que ce n'est pas le rationalisme politique ou diplomatique, ni l'aveugle hasard de votre atomiste Épicure, ni celui de votre atomistique chimie ou de votre *incomprise* et *toute puissante* électricité, mais la Providence elle-même, maintenant *géométriquement prouvée,* qui gouverne les états, les peuples, les rois, les événements publics, les conspirations, les révolutions, tout enfin, jusqu'aux moindres faits de la vie privée, tout, jusqu'aux moindres cheveux qui tombent de vos têtes. Comprenez aussi que vous, les astres du siècle des lumières et du progrès, vous êtes, après dix-huit siècles de révélations divines parties du ciel, infiniment en arrière de ces profonds publicistes, de ces grands hommes d'état du paganisme qui, pleinement convaincus, quant à eux, de l'omnipotence providentielle de Dieu et de la parfaite insuffisance de l'homme, logiciens conséquents, n'entreprenaient jamais rien dans les affaires publiques de la guerre ou de la paix sans consulter leurs oracles ou même leurs livres sibyllins, et par là, s'ils se trompaient sur la personne des véritables prophètes qui leur manquaient souvent, rendaient du moins à la Toute-Puissance un hommage que vous, anges déchus, vous, chrétiens apostats, vous lui refusez.

Comprenez enfin, *intelligite,* vous *qui vouliez juger la terre,* comprenez, car c'est ici comme la moralité pratique plus spéciale de cette prophétie, que, dociles à l'esprit de vertige qui devait vous perdre, vous avez, pendant les trois années de la République présidentielle, très-doctement, très-éloquemment et très-habilement fait l'opposé tout diamétral de ce *que vous vouliez faire.* Oui, convenez aujourd'hui qu'en mettant, par vos incessantes oppositions et vos perpétuelles conspirations, Louis-Napoléon dans *l'impossibilité,* dit le prophète, *de maintenir sa grande charge, qu'en ne voulant pas,* a-t-il ajouté, que le *Président vint à régner sur le capitole français,* vous avez, par un juste jugement de Dieu dont vous aviez méprisé la grande voix populaire, la voix *de la plus grande part,* dit Nostradamus, vous avez, disons-nous, été condamnés à bâtir au Prince, de vos propres mains, un trône impérial, et à lui fournir tout juste le plus heureux, le plus merveilleux concours de circonstances favorables qu'il put souhaiter pour y monter aux acclamations de toute la France, charmée d'être enfin délivrée de vous et de votre haute sagesse rationaliste qui lui apportait le fléau de la guerre civile [1].

[1] La note, étendue, ci-devant annoncée pour la fin de ce volume, a dû, faute d'espace, être ajournée à une édition subséquente; nous réservons également pour cette édition une nouvelle série de prophéties hautement intéressantes qui regardent *l'avenir* de la France et de l'Europe, ainsi qu'un certain nombre d'explications à la fois philosophiques et théologiques qu'à notre époque de matérialisme réclame *la nouveauté* de ce sujet cependant aussi vieux que le monde.

FIN.

www.ingramcontent.com/pod-product-compliance
Ingram Content Group UK Ltd.
Pitfield, Milton Keynes, MK11 3LW, UK
UKHW012207240726
13966UKWH00002B/620